JN025810

経済価値ベースの保険ERMの本質

第2版

キャピタスコンサルティング

森本祐司・松平直之・植村信保［著］

一般社団法人**金融財政事情研究会**

第2版まえがき

　初版を発刊してから、まもなく4年になろうとしている。その間に起きた、保険ERMに対して最も大きな影響を与えうる出来事といえば、やはり2019年から2020年にかけて行われた金融庁の「経済価値ベースのソルベンシー規制等に関する有識者会議」であろう。その議論過程や報告書で重要と考えられるポイントについて本書にも織り込んでおくべきであろうと考え、第2版発刊にあたり、各章において必要な追記を行った。また、海外の規制動向等の、ERMに関連するその他の事項についても内容の更新を行った。

　第1章にも記したとおり、今回の有識者会議報告書において、明示的に「3つの柱」の考え方を用いて進めていくとしたことは特筆すべきかと思われる。ここには2つの意味があると考えている。1つは、経済価値ベースという考え方の重要性を十分に享受するために、第1の柱（＝規制上の経済価値ベースソルベンシーマージン比率（ESR））の計算方法・ルールに縛られすぎないように仕向けたことである。それにより、報告書の「制度の導入にあたり留意すべき点」にあるように、ESRの計算手法等を機械的・画一的に理解することによって保険会社の主体的なリスク管理高度化が妨げられることを回避することができる。言い換えれば、各保険会社が主体的にERMを高度化することがより強く推進される。そして、もう1つの意味は、これら3つの柱はすべて「経済価値ベースの考え方」を基本としているということである。第1の柱に過度に依存せず、多面的な見方をしていくべきと記されているが、多面的といってもそれらはすべて「経済価値ベース」という基本をふまえていなければならないのである。

　こうした有識者会議報告書の提言は、やや我田引水が過ぎるかもしれないが、本書が「こうすればERMができる」「これで経済価値が計算できる」といった形式的なマニュアルを目指すのではなく、経済価値の意味するところとその有用性の本質を説こうとしている、ということと共通するのではないかと感じている。保険会社、さらには保険会社に関与する多くの外部ステー

クホルダーが経済価値ベースの意義・本質を追求し、そのもとで議論を積み重ねていくことが、保険会社のERMや経営戦略の向上につながっていくはずである。

　最後に、本書の帯に推薦文を書いていただいた河合美宏氏をはじめとする、有識者会議やセミナー等の場で経済価値ベースのERMに関連した議論をさせていただいた多くの方々に感謝の意を表したい。

2021年4月

キャピタスコンサルティング

森本　祐司

松平　直之

植村　信保

初版まえがき

　本書の執筆者3名が所属するキャピタスコンサルティング株式会社は、2017年1月に設立10周年を迎えた。この10年間は、国内保険会社による経済価値ベースのERM（Enterprise Risk Management）が大きく進展した時期でもあった。この期間に、執筆者のうち森本と松平は会社設立以降のコンサルティング業務で、植村は格付機関と金融庁での経験を含めて、保険会社による経済価値ベースのERMにかかわってきた。

　この10年間で、保険会社による経済価値ベースのERM態勢の構築は順調に進んできたものの、日銀によるマイナス金利政策導入以降は、特に生命保険会社において経済価値ベースの経営指標が急速に悪化し、経済価値ベースの指標の使い方に関する疑問が生じることもあった。

　その一方で、疑問に対する答えを考えることによって、あらためて経済価値ベースのERMの意義を確認することができた。また、今が経済価値ベースのERMの意義を世の中に発信するときなのではないかと、執筆者3名が感じることにもなった。

　本書では、経済価値ベースのERMに関する過去10年間の動きを振り返ったうえで、ERMおよび経済価値ベースの管理の考え方を解説し、経済価値ベースのERMの意義を論じている。一般論や基本的な考え方の解説を行いつつも、形式に着目するのではなく、保険会社の経営において経済価値ベースのERMは何を意味するのか、という本質を重視していることが、本書の特徴である。

　第1章では、保険会社による経済価値ベースのERMに影響を与えることになった、金融庁による2007年の報告書公表の経緯をみたあと、金融危機がもたらした影響および経済価値ベースのERMとその関連動向の進展を概観し、マイナス金利政策が保険会社に与えた影響を確認する。

　第2章では、ERMの枠組みと考え方の解説を行う。ERMのPDCAサイク

ルを構成する取組みに加えて、ERMを十分機能させるために必要となるガバナンス、リスクアペタイト、カルチャーの解説を行い、ERMと個別分野の関係にも言及する。また、監督当局によるERM推進に関する考察も行う。

　第3章では、経済価値ベースのERMの考え方の準備編として、金利と価値評価の基礎に続き、経済価値ベースの保険負債評価手法を解説する。さらに、経済価値ベースの管理の考え方、リスク計測手法および経済価値ベースと財務会計上の損益の関係を解説し、経済価値ベースのERMに関連する動向を紹介する。

　第4章では、経済価値ベースのERMの考え方の実践編として、経済価値ベースで管理することの意味を整理し、経済価値ベースの指標の実務での活用分野を紹介する。さらに、考慮すべき保険負債の特性を解説し、経済価値ベースのERMに関する実務上の諸論点を取り上げる。

　第5章では、過去15年間の市場環境と保険会社の動向を確認し、マイナス金利政策以降に生じた疑問の背景を探ったうえで、経済価値ベースの経営指標への向き合い方を提案する。関連事項として、商品性およびプロシクリカリティに関する議論を取り上げ、最後に、経済価値ベースのERMが保険会社にもたらすものは何かを述べる。

　保険会社のERMに関与している読者やERMに関心をもつ読者が、経済価値ベースの保険ERMの本質を理解するうえで、本書が一助となれば幸いである。

2017年9月

キャピタスコンサルティング

森本　祐司

松平　直之

植村　信保

執筆者紹介

森本　祐司（もりもと　ゆうじ）
キャピタスコンサルティング株式会社　代表取締役
東京海上火災保険（当時）、複数の投資銀行を経て、2007年1月にキャピタスコンサルティング株式会社を共同設立。
東京大学理学部数学科卒業。マサチューセッツ工科大学経営大学院修了。東京リスクマネジャー懇談会共同代表、日本保険・年金リスク学会副会長。日本アクチュアリー会準会員、日本証券アナリスト協会検定会員。東京大学大学院経済学研究科および東京工業大学理学院数学系数学コース非常勤講師。

松平　直之（まつだいら　なおゆき）
キャピタスコンサルティング株式会社　マネージングディレクター
東京海上火災保険（当時）、タワーズペリン（当時）および投資銀行を経て、2007年1月にキャピタスコンサルティング株式会社を共同設立。
東京大学工学部計数工学科卒業。日本アクチュアリー会正会員、日本証券アナリスト協会検定会員。東京大学大学院経済学研究科非常勤講師。

植村　信保（うえむら　のぶやす）
福岡大学商学部教授
キャピタスコンサルティング株式会社　マネージングディレクター（非常勤）
安田火災海上保険（当時）、格付投資情報センター（R&I）、金融庁（任期付職員）を経て、2012年11月にキャピタスコンサルティングに参加。
東京大学文学部西洋史学科卒業。博士（学術、早稲田大学）。日本証券アナリスト協会検定会員。

目　次

第1章　経済価値ベースのERM：これまでの振り返り

第1節　金融庁の検討チーム報告書公表時の状況 ……………………… 2

　　1　検討チームの発足の背景 ……………………………………… 2

　　2　当時の国際的な潮流 …………………………………………… 4

　　3　検討チームでの議論 …………………………………………… 7

　　4　報告書の特徴 …………………………………………………… 9

　　[コラム]　検討チームに参加して ……………………………… 11

第2節　その後の市場の混乱がもたらした影響 ……………………… 12

　　1　金融危機による市場の混乱 ………………………………… 12

　　2　短期的見直し案の改定 ……………………………………… 13

　　3　金融規制全般への影響 ……………………………………… 15

　　4　EV原則への影響 …………………………………………… 16

　　5　ソルベンシーⅡの混乱 ……………………………………… 18

第3節　経済価値ベースのERMおよび関連動向の進展 …………… 19

　　1　保険業界におけるERMという用語の浸透 ………………… 19

　　2　金融庁のERMヒアリングとORSAレポート ……………… 21

　　3　IAISによるICSの検討 ……………………………………… 22

　　4　保険会社による経済価値ベースのERMへの取組み ……… 24

　　[コラム]　キャピタスコンサルティングのERMサーベイ …… 26

第4節　マイナス金利政策による影響 ………………………………… 28

　　1　黒田バズーカ第1弾からマイナス金利政策導入まで ……… 29

　　2　マイナス金利政策導入後の保険会社の状況 ………………… 30

　　3　低金利下での資産運用手段の多様化 ……………………… 32

第5節　有識者会議での議論 …………………………………………… 34

　　1　有識者会議の設置 …………………………………………… 34

　　2　有識者会議での議論 ··· 35

　　3　報告書のポイント ··· 37

　　4　3つの柱について ··· 38

●付録　IAISストラクチャー・ペーパーの概要

　　　（保険会社の健全性評価のための共通の構造）························ 42

第2章　ERMの枠組みと考え方

第1節　ERMとは何か ··· 50

　　1　保険会社の抱えるリスク ··· 50

　　2　従来型のリスク管理を超えた概念としてのERMの定義 ··········· 52

　　3　なぜ保険会社にとってERMが有益なのか ························· 55

　　4　保険会社のERMと経済価値ベースの評価 ························· 57

第2節　ERMの全体像とPDCAサイクル ····································· 59

　　1　保険会社のERMの全体像 ·· 59

　　2　ERMのPDCAサイクル ·· 61

　　3　リスクプロファイルの把握 ·· 63

　　4　リスクアペタイトに基づいた経営計画の策定 ····················· 66

　　5　ストレステストの実施 ··· 68

　　6　リスクテイクおよびコントロール ·································· 71

　　7　資本十分性のモニタリング ·· 71

　　8　パフォーマンスの評価 ··· 74

　　9　ITインフラと定量モデルの活用 ···································· 75

第3節　ERMのガバナンス ·· 78

　　1　ERMに求められるガバナンス ······································ 78

　　2　自らの組織のガバナンス構造の特徴をふまえたERM ············· 79

　　3　ERMの推進体制 ··· 81

　　4　リスク管理部門と各事業部門の役割 ································· 82

　　5　ERMと内部監査 ··· 84

第4節　リスクアペタイト ……………………………………………… 86

  1　なぜ「リスクアペタイト」なのか …………………………………… 86

  2　リスクアペタイトは戦略なのか、制約なのか ……………………… 88

  3　リスク対比リターン指標とリスクアペタイト ……………………… 88

  4　資本配賦のもつ意味 …………………………………………………… 92

  5　銀行のリスクアペタイト・フレームワーク ………………………… 94

第5節　ERMのカルチャー ……………………………………………… 97

  1　ERMを支える企業文化 ……………………………………………… 97

  2　ORSAレポートの活用 ………………………………………………… 99

  3　ERM情報の開示 …………………………………………………… 100

  [コラム]　破綻した生命保険会社の企業文化 …………………………… 101

第6節　ERMと個別分野との関係 …………………………………… 102

  1　保険引受分野との関係 ……………………………………………… 102

  2　資産運用分野との関係 ……………………………………………… 104

  3　健全性と資産運用のリスクテイク ………………………………… 106

第7節　ERMと健全性規制の関係 …………………………………… 107

  1　金融庁によるERMの活用 ………………………………………… 107

  2　保険会社のERMに関する監督当局の目線 ……………………… 109

  3　当局によるERM推進のメリットとデメリット ………………… 111

第3章　経済価値ベースのERMの考え方（準備編）

第1節　金利と価値評価の基礎 ………………………………………… 114

  1　金利とは ……………………………………………………………… 114

  2　債券価格と金利の関係 ……………………………………………… 117

  3　インプライドフォワードレート …………………………………… 123

  4　債券の金利感応度 …………………………………………………… 124

第2節　経済価値ベースの保険負債評価 …………………………… 128

  1　伝統的な保険数理に基づく保険料および責任準備金の計算 ……… 128

　　2　生命保険会社の損益および資産・負債の基本構造 ……………… 132

　　3　経済価値ベースの保険負債評価の考え方 ………………………… 134

　　4　経済価値ベースの保険負債の構成要素ごとの計算の考え方 …… 135

　　5　保険負債評価のための割引金利の設定に関する論点 …………… 144

　　6　経済価値ベースの保険負債と財務会計上の責任準備金の関係 …… 147

　　7　保険負債の金利感応度と資産・負債のマッチング状況の確認 …… 149

第3節　経済価値ベースの管理とは ………………………………………… 153

　　1　本書での「リスク」という言葉の使い方 ……………………… 153

　　2　経済価値ベースの純資産・リスク・リターンの概念 ………… 154

　　3　経済価値ベースの純資産・リスク・リターンの特徴 ………… 157

　　4　経済価値ベースのリターンの分解 …………………………… 160

第4節　経済価値ベースのリスク計測 …………………………………… 162

　　1　経済価値ベースのリスク計測の考え方 ……………………… 162

　　2　個別のリスク種類の特徴 ……………………………………… 164

　　3　経済価値ベースのリスク計測における論点 ………………… 166

第5節　経済価値ベースの管理と財務会計上の損益 ………………… 169

　　1　経済価値ベースと財務会計上の損益の関係 ………………… 169

　　2　経済価値ベースと財務会計上の損益の関係に関する数値例 …… 170

第6節　経済価値ベースのERMの関連動向 ………………………… 178

　　1　EV原則 ………………………………………………………… 178

　　2　ソルベンシーⅡ ……………………………………………… 181

　　3　ICS …………………………………………………………… 185

　　4　IFRS17号 …………………………………………………… 186

第 4 章　経済価値ベースのERMの考え方（実践編）

第1節　経済価値ベースで管理をする意味 …………………………… 190

　　1　経済価値ベースで価値とリスクをとらえる理由 ……………… 190

　　2　保険商品の原材料価格の把握と変動性のコントロール ……… 192

第2節　経済価値ベースの指標の使用方法 ･････････････････････ 196

　1　資本十分性評価における経済価値ベースの指標の使用 ･･････････ 196

　2　保険商品の収益性評価における経済価値ベースの指標の使用 ･･･ 199

　3　資産運用の管理における経済価値ベースの指標の使用 ･･････････ 203

　4　経済価値ベースの指標のその他の用途 ･･････････････････････ 208

第3節　経済価値ベースのERMで考慮すべき保険負債の特性 ････････ 209

　1　保険契約の超長期性とフォワード性 ････････････････････････ 209

　2　フォワード性によるレバレッジ効果の数値例 ････････････････ 211

　3　新契約と保有契約全体でのフォワード性の相殺効果 ･･････････ 221

　4　保険契約のオプション・保証特性 ･･･････････････････････････ 224

第4節　経済価値ベースのERMにおける実務上の論点 ･･････････････ 225

　1　保険商品の収益性評価において留意すべき事項 ･･････････････ 225

　2　長期商品のリスク対比リターン指標 ････････････････････････ 228

　3　プライシングと資産運用の関係 ････････････････････････････ 232

　4　金利リスクのリスクアペタイト ････････････････････････････ 235

　5　その他の資産運用リスクのリスクアペタイト ････････････････ 242

　6　低金利下での資産運用の機能の考え方 ･･････････････････････ 244

　[コラム]　ヘッジコストという言葉について ･････････････････ 248

　7　経済価値ベースと財務会計上の指標のバランスのとり方の類型 ･･･ 248

　8　経済価値ベースの指標の変動性に対する考え方 ･････････････ 250

　9　日本国債の信用リスクに関する議論と経済価値ベースのERM ･････ 251

第5章　経済価値ベースのERMの意義をあらためて考える

第1節　これまでの市場環境と保険会社の動向 ･･･････････････････ 256

　1　市場環境の推移 ･･ 256

　2　保険会社の資産・負債ポートフォリオと収益性の変化 ････････ 259

　3　経済価値ベースのERMの進展 ･････････････････････････････ 270

　4　マイナス金利政策への保険会社の対応 ･･････････････････････ 272

　　[コラム]　経済価値ベースの管理下での資産運用方針の転換事例 ····· 273
第2節　経済価値ベースのERMへの「疑問」とその背景 ················· 274
　　1　経済価値ベースのERMへの「疑問」··························· 274
　　2　「疑問」の背景として考えられること ························· 275
第3節　経営指標の不安定性にいかに向き合うか ····················· 278
　　1　財務会計上の指標の特徴 ··································· 278
　　2　短期的な安定性への慣れの恐ろしさ ························· 281
　　3　「先楽後憂」の危険性 ····································· 283
　　4　経営指標の不安定性への向き合い方 ······················· 284
第4節　商品性に関する議論 ······································· 285
　　1　なぜESRは変動しやすいのか ······························· 285
　　2　資本への負荷を考慮した商品改革 ························· 286
第5節　プロシクリカリティと経済価値 ······························· 289
　　1　プロシクリカリティとは ··································· 289
　　2　金融危機後のプロシクリカリティの議論 ····················· 291
　　3　リスク感応的でない手法のその後 ························· 294
　　4　保険会社のソルベンシー規制に対する示唆 ················· 296
　　5　経済価値はプロシクリカルなのか ························· 297
第6節　終わりに：経済価値ベースのERMがもたらすもの ············· 299

事項索引 ··· 302

第 1 章

経済価値ベースのERM：
これまでの振り返り

第 1 節　金融庁の検討チーム報告書公表時の状況

1　検討チームの発足の背景

　2007年4月3日に、金融庁から「ソルベンシー・マージン比率の算出基準等について」という報告書が公表された。この報告書の公表が、その後の国内での経済価値ベースのソルベンシー規制導入に関する議論の第一歩になり、保険会社による経済価値ベースのERMの導入に影響を与えることになった。最初に、あらためてこの報告書が完成するまでの経緯について、その背景も含めて簡単に振り返ってみる。

　ソルベンシー・マージン比率の算出基準等に関する検討チームは2006年11月に発足した。その背景にあったのは、2004年12月に公表された金融改革プログラムである。「金融サービス立国への挑戦」という副題が付されたこのプログラムは、1990年代の後半から続いていた不良債権処理の加速を目指した金融再生プログラム（2002年10月公表）での緊急対応フェーズから、未来志向フェーズへの転換のために、「金融システムの活力」を重視した金融行政へのシフトを目指したものであった。この挑戦のために重視されたのは、以下の5つの視点であった。

- ・利用者ニーズの重視と利用者保護ルールの徹底
- ・ITの戦略的活用等による金融機関の競争力の強化及び金融市場インフラの整備
- ・国際的に開かれた金融システムの構築と金融行政の国際化
- ・地域経済への貢献
- ・信頼される金融行政の確立

　2つ目の視点にはいくつかの論点が含まれており、金融機関の競争力の強化については、「金融機関のガバナンス向上とリスク管理の高度化を通じた健全な競争の促進」が求められていた。金融機関のリスク管理の高度化を促

すために、保険会社に関連する施策のひとつとして掲げられていたのが、「保険会社のソルベンシー・マージン比率の見直し」であった。

ソルベンシー・マージン比率の見直しの必要性は外部からも指摘されていた。それが、2002年から2003年にかけて、日本に対して行われたFSAP（Financial Sector Assessment Program）である。FSAPとは、金融システムの脆弱性がアジア通貨危機等を招いたという反省から、将来の危機に対応するために、IMF（国際通貨基金）が各国の金融システムの安定性を評価するものであり、1999年に開始された。当時の日本では、金融システムの脆弱性という観点では銀行セクターの不良債権にフォーカスが当たっていたものの、保険セクターに対しても、「現行のソルベンシー・マージン比率は健全性を適切に評価しておらず、金融庁はその計測を強化するべき」という指摘がなされていた。

金融改革プログラムの工程表で、ソルベンシー・マージン比率の見直しについては以下が掲げられていた。

・保険会社の財務体質の強化やリスク管理の高度化を図る観点から、ソルベンシー・マージン比率の算出基準を金融市場実勢にあわせたものとするよう検討を開始（2005年3月）
・IAIS（保険監督者国際機構）の共通指針に関する検討状況も勘案しつつ、ソルベンシー・マージン比率の算出基準の見直しを実施（2005年12月をメド）
・見直し後のソルベンシー・マージン比率の算出基準を順次適用（2006年度以降）

その後、「ソルベンシー・マージン比率の算出基準等に関する検討チーム」が発足することになる。その時点で金融庁が想定していた見直しのイメージは図表1－1のとおりである。これは検討チームによる第1回の会合の資料として事務局が作成・提示したものであるが、この時点で「短期的な課題」と「中期的な課題」が提示されており、短期的な課題ではその時点での規制の枠組みを前提としてソルベンシー・マージン比率の見直しをする一方、中期的な課題では、保険負債の時価評価を前提にしてソルベンシー・

図表1−1　ソルベンシー・マージン規制の見直しのイメージ

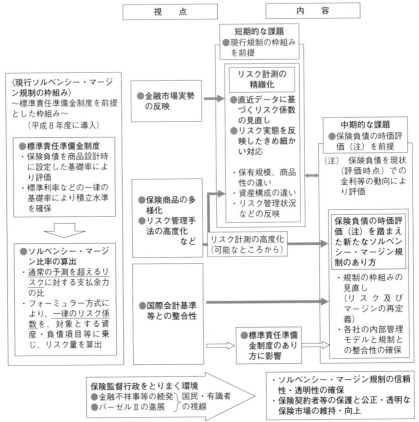

（出所）　金融庁「ソルベンシー・マージン比率の算出基準等に関する検討チーム第1回資
　　　料」

マージン規制のあり方を検討する旨が記述されている。

2　当時の国際的な潮流

　保険負債の時価評価、すなわち経済価値ベースの保険負債評価について
は、2006年時点で、国際的にはいくつかの潮流ができていた。以下では、経
済価値ベースの保険負債評価に関連する当時の国際的な潮流を4点確認して
おく。

1点目が、保険契約に関する国際会計基準の動向である。IASB（International Accounting Standards Board：国際会計基準審議会）によって、保険負債の評価方法を検討するための保険契約プロジェクトが、1997年から実施されていた。2002年5月には、暫定基準（フェーズⅠ）と恒久基準（フェーズⅡ）の2段階に分けて保険契約に関する国際会計基準を導入することが決定され、暫定基準は2004年に公表された（適用は2005年1月）。暫定基準では、各国共通の取扱いが部分的に定められたほかは、それまでの各国の会計基準による保険負債の評価方法が継続適用されることとされ、従来の保険負債の評価方法が大きく変わることはなかった。その後、フェーズⅡの議論が開始され、2006年当時は、まもなく（2007年の第1四半期には）論点書（Discussion Paper）が開示される、というタイミングであった。

　当時は、保険負債を以下の要素によって評価することが検討されていた。
- ・現在のバイアスのかかっていない確率加重平均された将来キャッシュフロー
- ・上記に時間的価値を反映するための現在の市場割引率
- ・リスクを負担するため、またその他のサービスを提供するために市場参加者が求める明示的かつバイアスのかかっていないマージンの見積り

　保険契約に関する国際会計基準の検討はその後も続き、2010年の公開草案、2013年の再公開草案を経て、2017年5月にIFRS17号として最終基準化された。

　2点目としてあげられるのが、IAISによる、保険会社のソルベンシー評価のための国際的な共通指針の策定の動きである。当時、銀行のバーゼル規制に相当するような、保険会社の健全性規制に関する国際的な枠組みは存在していなかったが、当時のIAISは、保険会社の健全性規制に関してなんらかの国際的に共通した指針の必要性を認識していた。2005年10月には、「保険監督のための新たな枠組み」（通称「フレームワーク・ペーパー」）および「保険会社の健全性評価のための共通の構造と共通の基準に向けて～財務要件の策定のためのコーナーストーン」（通称「コーナーストーン・ペーパー」）が公表され、2006年2月には「保険会社の健全性評価のための共通の構造と

共通の基準に向けたロードマップ」（通称「ロードマップ・ペーパー」）が公表されていた。そして、2007年初にも新たな文書（「保険会社の健全性評価のための共通の構造」（通称「ストラクチャー・ペーパー」、この文書については後述する）が公表されるというタイミングであった。

IAISの議論でも、保険負債を経済価値で評価するという流れができつつあった。たとえば、コーナーストーン・ペーパーにおける8つのコーナーストーンのうちのIVは「ソルベンシーに関する制度は、金融市場により提供される情報及び保険リスクについての一般的に入手可能な情報を最大限に活用し、それらと整合性のある評価手法を必要とする」という内容であり、資産と負債を整合的に、市場データを用いて評価することを求めるものであった。

さらに3点目として、EUでは、2001年から保険会社に対する健全性規制導入の議論が進められていた。暫定的な健全性規制であるソルベンシー I が2002年に合意、2004年より導入され、その後ソルベンシー II の議論へと移行していった。ソルベンシー II は、「定量的要件（所要資本要件）」「質的要件（リスク管理やガバナンス）」「市場規律（公衆開示と当局への報告）」の3つの柱を基本構造としている。2004年7月に「フレームワーク協議文書（Framework for Consultation）」が公表されて以降、検討が本格化し、第1の柱に関して、2006年当時ですでに3回の定量的影響度調査（QIS）が実施され、2010年に実施基準採択、2012年からの適用開始を目指していた。ソルベンシー II の第1の柱の根幹をなしている考え方は、資産と負債を市場整合的に評価する、というものであった[1]。ソルベンシー II はあくまでもEUでの規制であり、それ自体が国内保険会社に直接的に影響するものではないとはいえ、規制の基本的な考え方や定量的影響度調査の具体的な計算手法が公表されていたこともあり、国内の保険業界からも注目を集めていた。

EU以外でも、たとえばスイスでは、スイスソルベンシーテストという健全性規制の導入が進められており、ここでも市場整合的な資産・負債評価の

1　第3章で説明しているとおり、本書での経済価値ベースという言葉は、市場整合的と同義だと考えている。

流れができつつあった。

　4点目として、規制動向とは別に、保険会社の経営管理でも経済価値ベースの指標の活用が進みつつあった。そのひとつに、生命保険会社が価値評価手法として用いてきたEV（Embedded Value）の見直しがある。1990年代以降、欧州の多くの保険会社が、財務諸表の補足情報としてEVを公表するようになっていたが[2]、従来公表されていたEVはいくつかの課題を抱えていたことに加え、各社による計算手法が必ずしも統一されていなかったため会社間比較が困難という問題が指摘されていた。それを解消するために、欧州の主要保険会社のCFOから構成されるCFO Forumによって、2004年にEEV（ヨーロピアンEV）原則が策定された。その後は、CFO Forumを構成する会社を中心にEEV原則に基づいたEVの開示が行われるようになった。CFO Forumはその後、MCEV（市場整合的（Market Consistent）EV）原則を策定した。MCEV原則に基づいたEVは、経済価値ベースの資産・負債評価ときわめて親和性が高い。

　以上でみてきたように、国際的な会計、国際的な規制、欧州での規制、保険会社によるEVの開示等のさまざまな面で、経済価値ベースの指標に関する国際的な潮流ができていた。ソルベンシー・マージン比率の算出基準等に関する検討チームの第1回資料の「中期的な課題」には、こうした潮流が大きく影響していたと考えられる。

3　検討チームでの議論

　2006年11月20日に、ソルベンシー・マージン比率の算出基準等に関する検討チームの第1回会合が開催された。座長は、米山高生一橋大学大学院商学研究科教授（当時）であり、委員は15名であった。保険業界から6名、会計士・コンサルタント・格付の専門家・ファイナンシャルプランナーといった保険に関連する専門職が5名、大学関係者が4名という顔ぶれであった。それ以外に数名のオブザーバーがおり、金融庁監督局保険課のメンバーが事務

2　長期にわたる生命保険事業の価値は、財務諸表だけでは把握が困難といったことが公表の動機である。

局として参加していた。ここでは、当時の議論の推移を、公開された議事録と資料から振り返ってみることにしたい。

当初の会合の想定回数は9回であった。最初の3回では各委員から、ソルベンシー・マージン比率の算出基準に関する意見や見直しの提言が発表された。座長および事務局が取りまとめを行い、検討チーム全体で議論を行ったのが第4回であり、そこで、「（特に生命保険会社について）経済価値ベースで価値をとらえることの意義」に関する議論が多く行われた。その時点では多くの参加者が、「経済価値ベースで負債価値を把握することは可能なのか」という疑問をもち、どのようなステップで検討・作業をすべきか、現行の責任準備金がどのように変わるのか、といった実務的・技術的な論点について、なかなか手がかりがつかめないようすであった。そのため、第5回で、経済価値ベースのソルベンシー・マージン比率の算出基準の実現可能性について、論点ごとに議論することになった。

第5回では、経済価値ベースの負債価値評価について「計測がむずかしくて課題が多い」という声よりも、「計測に向けて踏み出すべき」という意見のほうが多くなっている。事務局が作成する「主な論点」では、目指すべき方向性として「経済価値ベースのソルベンシー評価」があげられるようになり、議論のなかでも、経済価値ベースの評価の重要性に関する指摘が増えてきた。

第6回と第7回では、個別リスクの評価等に関する議論が行われ、第7回では、事務局から、公表されたばかりのIAISのストラクチャー・ペーパーの概要も示された。公表されたばかりのその文書には、保険会社の健全性評価を行うために必要と考えられる15の構造要素が示されている。そのうち、構造要素4は「資産、負債、所要資本、利用可能資本間の相互依存関係を認識し、また、リスクが完全かつ適切に認識されるように、利用されるべきである」となっており、その解説のなかで、「保険経営、規制、及び保険監督とも、経済価値による評価を基礎とする必要がある。財務諸表上のすべての項目に関連した資産、債務及びリスク・エクスポージャーを、現時点における経済価値によって評価することが、保険会社の財務状況に関する適正かつ

信頼できる情報を提供できる唯一の手法である」という、強いメッセージが記述されている。この文書は、保険会社による経済価値ベースのERMに関しても多くの示唆を与えてくれるため、公表された文書の概要（金融庁が訳出したもの）を本章の末尾に掲載する。

　なお、ストラクチャー・ペーパーでは、経済価値評価は「市場価格が利用可能な場合には、現時点での市場価格と整合的な方法により導かれ、市場価格が利用可能でない場合には市場整合的な原則、方法、パラメーターを用いた資産・負債のキャッシュフローの評価を指す」と定義されている。この定義は、「保険会社向けの総合的な監督指針」でも用いられている。

　こうした情報も議論の題材となり、第8回および第9回では、座長および事務局がこれまでの論点をまとめ、個別項目ごとに結論を導出していった。その後、会合が追加され、第10回および第11回で報告書案に関する議論を行い、最終的な報告書がまとめられるに至った。

4 報告書の特徴

　このような議論を経て報告書「ソルベンシー・マージン比率の算出基準等について」が2007年4月に完成・公表された。同報告書および各回の資料と議事要旨は金融庁のウェブサイトからダウンロード可能である。

　ここでは報告書の特徴を何点か記しておきたい。1点目は「経済価値」という用語の頻出度である。本文20ページ、約2万5,000字弱の文章のなかで51回登場する。この報告書の主題である「ソルベンシー・マージン」という用語の登場回数が60回弱であることからも、経済価値という用語の登場回数の多さがわかる。

　そして、経済価値ベースのソルベンシー評価こそが目指すべきものとして明確に位置づけられたという点も特徴としてあげられる（だからこそ経済価値という用語が頻出するのだが）。「ソルベンシー規制の今後あるべき姿として、経済価値ベースで保険会社のソルベンシーを評価する方法を目指すべき」としたうえで、「保険会社各社の経営陣自らが経済価値ベースでのソルベンシー評価の重要性を認識し、自社のリスク管理の高度化を目指すことが

重要」と記されている。この部分は、実は検討チームの発足の背景にある金融改革プログラムとも密接に関係している。すなわち、同プログラムのなかで提唱されていた「金融機関のガバナンスの向上とリスク管理の高度化を通じた健全な競争の促進」の実現に向け、保険会社は経済価値ベースのソルベンシー評価を導入することがリスク管理高度化にとって重要という明確なメッセージが記された。

　さらに、この報告書では規制導入の時間軸にも触れられている。「我が国における経済価値ベースでのソルベンシー規制の導入に向けた検討や試行を十分なスピード感をもって進めていく必要がある」とし、より具体的に、「欧州において経済価値ベースのソルベンシー評価実現のための節目の年になると見込まれる平成22年（2010年）を見据えて不断の作業を進めるため、監督当局及び保険会社は最初の一歩として以下の作業に早急に着手し、一里塚としての目標を速やかに達成することが適当」と記述された。これにより、当時は、2010年（すなわち報告書公表の3年後）までには、経済価値ベースのソルベンシー評価に向け、十分なスピード感で検討と実現に向けた作業がなされるだろうと考えられていた。

　実際に、2007年4月の報告書の公表以降、短期的な見直しに着手がなされた。2008年2月には、短期的な見直しに関して、「ソルベンシー・マージン比率の見直しの骨子（案）にかかる意見募集について」と題する文書が金融庁から公表された。同年5月まで意見募集を行っており、おそらく早い段階で（たとえば、翌年4月以降に）短期的見直しを終了し、中期的見直しに着手する想定であったのだろうと推察される。

　しかし、その時点では想定外であった出来事が発生する。2007年頃のサブプライムローンの破綻を機に生じた金融危機である。

　このコラムは本書執筆者の1人である森本が、検討チームに参加した時の様子を、感想とともに記述した。

- -

　2006年の春頃だっただろうか。金融庁に呼ばれ、保険会社のALM（Asset Liability Management：資産負債管理）やソルベンシー評価の目指すべき方向性についてプレゼンテーションを行った。その後、しばらくしてから検討チームへの参加の打診があり、図表1-1でみた短期的な課題と中期的な課題の提示を受け、中期的な課題に取り組む意欲があることに少々驚いた記憶がある。保険ALMが進展しない障壁のひとつは、規制上のソルベンシー・マージン比率が経済価値と整合的でないことだと考えていたが、ついにその障壁が崩れるかもしれないと思うと、感慨深いものがあった。一方で、「課題としては載せているが、まずは短期的課題の議論に終始するのではないか」という予感もあった。

　検討チームの転機は第4回の会合だったように思う。この会は座長である米山教授（当時）からのプレゼンテーションと、これまでの各メンバーからの発表内容を事務局が取りまとめた論点整理資料の配布のみの予定であったが、フリーディスカッションのなかで保険負債の経済価値評価に焦点が当たった。負債を経済価値でとらえる手法やその課題等について、検討チームメンバーの理解を深めるためにも整理が必要ではないかという話になり、その役目を自分が担うことになって、第5回で議論の対象にすることになった。

　まずは短期的対応の議論を進めていくのかと思っていた矢先での「経済価値」論議、そして検討チームメンバーの多くが「経済価値ベースの導入は可能であり、検討を進めていくべき」という意見に収れんしていったのが驚きであった。

　もう1つの驚きが、この第5回において事務局が用意した資料「主な論点（第二稿）」であった。ここでは「目指すべき方向性」が「経済価値ベースのソルベンシー評価」と記されていた。さらに、そのなかで「保険会社のリスク測定・管理を高度化するインセンティブが働くようにすべきとの意見」という記述もあった。これは主な論点の整理であり、「〜との意見」という表現なので、検討チームとしての総意というわけではないが、経済価値ベースの負債評価が重要であり、実現可能という意識を事務局がもっているという印象を受けた。

　さらに、タイミングも影響していた。それが第7回で紹介されたIAISの「ストラクチャー・ペーパー」の公表時期である。検討チームによる議論と同じ時期に公表された同文書の内容は、それまでの検討チームの議論を裏打ちし、さ

らに背中を押す効果があった。IAISによる文書の公表は2007年2月14日であり、その約1週間後の2月22日の会合においてその概要が日本語の資料で配布されたことは大きかった。その結果、経済価値ベースの導入を迅速に進めるべきとの声が高まり、最終的には、報告書内に「2010年」という時間軸まで記される流れとなった。これもまた驚きであり、強い決意の表れだと感じられた。

　半年弱の期間であったが、予定調和の検討ではなく、参加メンバーが悩み、熱く考え、議論するなかで方向性が決まり、報告書がつくりあげられていった。検討チーム発足時には予想していなかった展開であったが、これでついに経済価値ベースでのソルベンシー評価が早晩国内で実現するだろうと、当時は確信していた。

第2節　その後の市場の混乱がもたらした影響

1　金融危機による市場の混乱

　2008年9月のリーマン・ブラザーズの破綻が象徴的な出来事として記憶されている金融危機は、日本では「リーマンショック」と呼ばれている。2007年以降、米国のサブプライムローン急拡大およびそれに関連した証券化ビジネス急拡大のツケは、さまざまな欧米金融機関の経営を揺るがした。金融危機の具体的な内容については、多くの文献、たとえば、『金融リスク管理を変えた10大事件』[3]で解説されているので、ここでは詳しくは取り上げない。

　国内市場も大きな影響を受けた。日経平均の推移をみると、2007年初は1万7,000円台から始まり、さらに上を目指そうかという勢いだったが、2007年後半には1万5,000円割れの場面が何度かみられ、2008年前半にはいったん1万2,000円を割り込んだ。それでも2008年8月末では1万3,000円台を保っていたのだが、リーマン・ブラザーズの破綻のニュースによって一

3　藤井健司、金融財政事情研究会、2013年。

気に下落し、一時は7,000円を切る水準まで下がった。

　為替（円／ドル）は、2007年初の120円台から、2007年末には110円台になり、2008年3月には100円を割り、その後は110円台まで戻ったものの、2008年10月からは大きく円高に振れて、90円を割り込む場面もみられた。

　円金利については、2007年初は1.7％台であった10年金利が、年末には1.5％台になり、そして2008年に入ると1.3％台をつけることもあった。超長期金利（30年国債金利）も2.3～2.4％から2009年初には2％を割り込む水準まで下がった。

　こうした市場環境を生み出した金融危機の影響は、日本の保険業界、特に生命保険業界にも少なからず及んだ。2007年度までは、逆ざや問題を抱えながらも順調な経営を進めてきた生命保険業界だったが、2008年度は厳しい決算内容となった。

　なかでも大きな影響を受けたのが、中堅生命保険会社の大和生命であった。株式や外国証券等、リスクの高い資産の運用比率が高かった同社は、金融危機による市場の混乱の影響を大きく受け、2008年10月10日に東京地方裁判所に更生手続開始の申立てを行った。国内生命保険会社の破綻は2001年3月以来のことであり、日経平均が一日で900円近く下がるなど、市場にも大きな衝撃が走った。

2　短期的見直し案の改定

　そして、金融危機は国内のソルベンシー・マージン比率の見直しにも大きな影響を与えた。2008年2月に「ソルベンシー・マージン比率の見直しの骨子（案）にかかる意見募集について」が公表されて以降、約1年半は動きがみられず、2009年8月になって、「ソルベンシー・マージン比率の見直しの改定骨子（案）について」という改定案が公表された。改定案を出した理由としては、大和生命の破綻、金融危機の影響、2008年に公表した見直しの骨子（案）への意見への対応の3つがあげられており、2008年の見直し案から主に以下の3点が修正された。

　・マージン（資本）算入の厳格化

・リスク計測の厳格化

・ソルベンシー・マージン比率の適正性確保

　このうちの1点目と2点目の2つの厳格化には、大和生命の破綻が大きく影響していた。マージン（資本）算入については、「追加責任準備金のうち保険計理人の指摘等に基づき債務履行に不可欠とされた部分について不算入とする」という対応がなされ、リスク計測については、「株式・為替等のヘッジ取引について、（中略）実際にヘッジ効果の検証されているものに限り、リスク削減効果を認めることとする」と改められた。どちらも、大和生命においてみられた事例が参考にされている。

　この改定の方向性そのものは当初の短期的見直し案と整合的である。しかし、金融危機の影響もあり、短期的見直しに1年半以上の期間を費やしたことで、「十分なスピード感をもって進めていく」予定であった中期的見直しの着手が遅れるという影響が生じたことも確かである。

　さらに中期的見直しに影響したのは、この短期的見直しの改定案の導入にも時間をかけるとしたことである。2009年8月の改定案公表時に、「今般の見直しの結果、新基準による保険会社各社のソルベンシー・マージン比率については、各社の状況によりばらつきはあるものの、全般的にみて、相当程度の減少が見込まれる。従って、新基準の実施時期については、契約者や市場等への十分な周知期間及び保険会社各社における新基準への対応のために必要な準備期間を設けるとの観点から、経済動向等も見極めつつ、平成24年3月期末の決算から早期是正措置の指標として適用（ただし、23年3月期末の決算から参考指標として新基準による比率を算出して表示）することを基本とする」という猶予措置がとられた。金融危機の影響を勘案すると、当時としては適切な判断だったと考えられるが、中期的見直しに舵を切るタイミングが遅れる原因ともなった。

　なお、中期的見直しについても、2010年6月には、「経済価値ベースのソルベンシー規制の導入に係るフィールドテスト」が実施され、方向性が失われたわけではなく、時間こそ想定よりもかなり経過してしまったものの10年後の2020年には有識者会議の報告書が出されるに至っている（有識者会議に

ついては本章第5節をご覧いただきたい)。

3 金融規制全般への影響

　金融危機の影響は、保険業界よりも銀行業界で大きかった。世界規模でみると何兆円という金額の公的資金が銀行に注入された結果、多くの批判を浴びた。批判は金融機関のリスク管理のあり方にとどまらず、規制上の対応へも向けられていった。

　また、金融危機の最中もしくは直後から、複数の国際的な機関[4]から金融危機の反省をふまえた多くの提言がなされた。それらは、個別金融機関の経営管理に関する提言と規制・制度に関する提言に大別される。主な提言項目は以下のとおりである。

◎個別の金融機関の経営管理に関する提言のポイント
　○リスク管理のガバナンスの強化
　　・経営陣・取締役会のリスク管理への関与強化、リスク管理部門の権限強化・独立性
　　・リスクアペタイトの明確化
　　・インセンティブ体系の見直し
　　・CROの役割強化
　　・リスク管理へのリソースの投入
　○複数指標の活用、指標の限界の理解
　○情報の十分性・網羅性と理解度のバランス
　○企業全体のリスク把握、リスク統合の重要性
　○新商品に対する定期的な検証
　○リスク集中に関する検証
　○流動性リスク管理の強化

4　たとえば、先進国の監督官庁・中央銀行等からなるシニア・スーパーバイザーズ・グループや、民間の金融機関等が構成するIIF（Institute of International Finance）、バーゼル銀行監督委員会、FSF（金融安定化フォーラム、現FSB（金融安定理事会））から提言がなされた。

○ストレステストの強化（適切な活用、リスク管理へのフィードバック）

◎規制・制度に関する提言のポイント

　　○証券化商品等に関するリスクウェイトの見直し

　　○国際的な協調・連携の強化

　　○流動性リスク管理に関する監督の強化

　　○格付機関による格付の定義明確化、格付機関のガバナンス強化

　　○ディスクロージャーの強化（特に証券化商品）

　　○資本の質の定義再考

　　○プロシクリカリティへの対処

　このうち、プロシクリカリティについては、保険会社に対する経済価値ベースのソルベンシー規制の検討においてもみられる議論であり、第5章で取り上げる。こうした提言を受け、銀行に対する規制はその後複雑かつ、従来重視していたリスク感応性を犠牲にしたものへと変化していった（第5章で記述しているとおり、その後はさらに、リスク感応性を犠牲にすることを見直す動きも生じている）。

4 EV原則への影響

　金融危機による市場の混乱は、保険会社にもいくつかの影響をもたらした。そのひとつが、EV原則への影響である。すでに述べたように、CFO Forumは、より望ましいEVの評価手法を導入すべく、2004年のEEV原則に続き、2008年6月に、MCEV原則を公表した。MCEV原則は17の原則からなり、これらの原則は、経済価値ベースの保険負債価値評価と親和性の高いものである。MCEV原則の公表により、EVの市場整合性や会社間の比較可能性が大幅に向上することが期待された。

　ところが、その公表から3カ月後にリーマン・ブラザーズが破綻し、市場が混乱に陥った。そして間もなく2008年は終わり、欧州ではMCEV原則が公表されて初めてのEV開示が行われることになった。当然ながら、MCEV原則に従ってEVの評価をするためには、混乱下での市場データを採用しなくてはならない。しかし、その市場データを使用すると、特に社債スプレッ

ドの上昇（＝資産価値低下）の影響によって、前年と比べてEVの値が大きく下がってしまい、投資家に対してマイナスの印象を与えてしまうことが懸念された（もっとも、市場整合的に考える限り、EVが減少することは自然なことであり、適切な情報である）。

こうしたなか、CFO Forumは2008年12月に、半年前に公表したばかりのMCEV原則について、市場データ（インプライドボラティリティ、スワップレート等）の適用方法の見直し作業を行うことを公表した。その発表を受け（具体的な見直し結果が公表されていない段階ではあったが）、2008年末のEVを、「想定される見直しの方向性」に基づいて計算する欧州の保険会社が多く現れた。その一方で、「厳格な計算方法」という考え方のもとで当初のMCEV原則の計算手法を用いる会社もあるなど、保険会社ごとに対応は分かれた。

MCEV原則の見直しの大きなポイントのひとつは、「流動性プレミアム[5]」を適用することであった。ここで、流動性プレミアムについて簡単に説明しておく。一般には、社債等の資産について、その流動性が低い（売却に時間がかかる等の制約がある）場合には価格が低くなる。したがって、流動性が低い社債の価格を評価するために、社債から生じる将来のキャッシュフローを割り引く際に用いる金利は、流動性が高い社債と比べると高くなる。この差が流動性プレミアムであると考えられている。

一方で、保険負債の特性として、相応にキャッシュフローが安定的であるということがいえる。このような特性をもつ保険負債に対しては流動性の低い資産を充てることができるため、保険契約から生じる将来のキャッシュフローを割り引く際に用いる金利は、無リスク金利よりも流動性プレミアムの分だけ高くするべき、という主張がなされるようになった[6]。流動性プレミアムを用いると保険負債の評価額は小さくなり、EVは大きくなる[7]。

5　当時の検討において、「非流動性プレミアム（illiquidity premium）」という用語が用いられることもあったが、見直し後のMCEV原則およびその後のソルベンシーⅡの検討では流動性プレミアム（liquidity premium）という用語に統一されたため、本書では流動性プレミアムと表記する。

6　こうした考え方で保険負債を評価することの妥当性や、保険負債キャッシュフローの安定度合い、流動性プレミアムの測定方法については、さまざまな議論が存在する。

それまでは、経済価値ベースの保険負債評価において将来キャッシュフローを割り引くための金利としては、無リスク金利を用いる（流動性プレミアムは上乗せしない）という考え方が一般的であった。これはMCEV原則でも同様であり、当初公表された原則では、割引率（割引のための金利）は「スワップレート」とされ、そのスワップレートに対して「流動性プレミアムや信用リスクプレミアムを考慮した補正を行ってはならない」とされていた。

　見直し作業を経て、CFO Forumが2009年10月に再度公表したMCEV原則では、適切と考えられる場合には、非流動的な負債の割引率に流動性プレミアムを加えるべきという旨の記述に改められた。

5　ソルベンシーⅡの混乱

　MCEVで流動性プレミアムを考慮する動きは、当時検討が進められていたソルベンシーⅡにも波及した。2008年当時、ソルベンシーⅡの導入に向けた4回目の定量的影響度調査（QIS4）が実施され、その結果が2008年11月に公表されていた。QIS4の結果に関する公表資料では、保険負債の割引率に関するさまざまな意見が紹介されていたものの、流動性プレミアムについては、「あるひとつの市場のいくつかの保険会社が、年金ビジネスの評価のために流動性プレミアムを加えていた」とされているのみであった。

　その後、2009年に入り、流動性プレミアムの議論が高まってきた。QISの実施主体であったCEIOPS（欧州保険・年金監督委員会、現EIOPA（欧州保険・年金監督機構））は、流動性プレミアムの導入には否定的であったが、EU内の各国の監督当局や保険業界からの要望もあり、2009年10月に「流動性プレミアムタスクフォース」が設置された。このタスクフォースには、監督当局以外にも、CFO Forum等の民間のメンバーが加わり、約5カ月の検討を経て、2010年3月に報告書が公表された。

　その報告書では、流動性プレミアムを用いる際の9つの原則等が提言された。ソルベンシーⅡに関するその後の検討の過程で、流動性プレミアムの意

7　第3章で説明しているとおり、経済価値ベースの資産と負債の差額は、一定の前提のもとでMCEVと一致するため、保険負債の評価額が小さくなればMCEVは大きくなる。

味づけや呼称、導入目的は何度か変化したが、保険負債を評価するための割引率の設定において、無リスク金利に上乗せを許容するという仕組みが最終的に導入された。

　ところで、流動性プレミアムタスクフォースの報告書にはもう1つ、ソルベンシーⅡにおける保険負債評価に影響を与える大きな要素が付け加えられていた。それが、市場金利が存在しない長期年限での割引率の補外方法の変更である。QIS4までは、「市場金利が存在する最大年限以降の短期のインプライドフォワードレートを一定とみなす」という補外方法が用いられていたが、市場金利の低下に伴って、補外の計算結果として得られる割引率も低下したことで、保険負債価値の増加要因となっていた。「流動性プレミアムタスクフォース」の報告書の第2部が「補外」となり、そこで割引率の補外について11の原則が提言された。そのうち原則5で「補外は、市場で観測される最大年限のフォワードレートから、マクロ経済的手法で通貨ごとに決定される終局金利（Ultimate Forward Rate：UFR）に収れんするように行うべき」とされた。QIS5からは終局金利を使用した補外が行われ、その後の議論を経て、終局金利が最終的に導入された。

　なお、金融危機によるこうした影響はあったものの、市場整合的な評価を行うという基本的な枠組みは見直されずに維持されて、2016年1月にソルベンシーⅡが適用開始になった。

第3節　経済価値ベースのERMおよび関連動向の進展

　本節では保険会社による経済価値ベースのERMとその関連動向に関する、初版執筆時点までの出来事を振り返ってみる。

1　保険業界におけるERMという用語の浸透

　ERMという用語は保険業界のみで定着してきた感がある。銀行業界でも

ERMと類似した経営管理の枠組みとして、統合（的）リスク管理やリスクアペタイト・フレームワーク（RAF）と呼ばれるものが導入されているが、ERMという呼び方はなされない。

　保険業界でERMという用語が定着することになったきっかけをいくつかあげてみたい。最初に、IAISがその用語を用いたことがあげられる。2006年にIAISが公表した「ALM基準（"Standard on Asset-Liability Management"[8]）」のなかで、「企業価値を創出する機会を広げるため、またリスクと収益の関係を最適化するため、保険会社によってはエンタープライズリスクマネジメント（ERM）を戦略的な意思決定のフレームワークの一部として使用している。ERMでは保険会社に関わるすべてのリスクの要因が考慮される。本稿の対象は、ERMのフレームワークの中でも特に重要な要素である資産負債管理に限定している」という記述がみられる。

　先に紹介したストラクチャー・ペーパー（2007年公表）にはERMという用語はみられず、リスク管理（risk management）という用語が使われていた。同文書では今後の作業として、「ソルベンシー目的のためのリスク管理に関する基準」を作成すると書かれている。そして、その翌年（2008年）に公表された基準のタイトルが「資本十分性とソルベンシー目的のためのERM基準（"Standard on Enterprise Risk Management for Capital Adequacy and Solvency Purposes"）」であった。この文書では、ERMという用語に加えて、ORSA（Own Risk and Solvency Assessment：リスクとソルベンシーの自己評価）という用語が登場した。その後、IAISが2011年に全面的に改定したICP（Insurance Core Principles：保険コアプリンシプル）の原則16が「ソルベンシー目的のためのERM」というタイトルになったことで、ERMという用語の定着が決定的なものとなった。

　保険業界にERMという用語が定着したその他の要因として、格付機関の

8　同文書は、IAISが健全性規制に関する共通の国際的枠組みの策定を目指すなか、ガバナンス関連の基準のひとつとして策定されたものである。当時のIAISが考えていた共通の国際的枠組みおよび基準の全体像については、本章第1節2で紹介したロードマップ・ペーパーに記述されている。

S&Pが2005年から保険会社に対して実施している「ERM評価」があげられる。これは、保険会社に対する格付のための分析の一要素として行われているものである。本来、ERMは保険会社以外にも適用可能な枠組みであるが、S&Pによる格付の個別クライテリアのひとつとしてERM評価が存在し、さらにERM評価単体でのスコアが付与されているのは保険セクターのみとなっている[9]。

こうした背景から、主に保険業界でERMという用語が浸透することになったと考えられる。

2　金融庁のERMヒアリングとORSAレポート

IAISのICPのひとつでERMが扱われたことは、国内の保険会社に対する規制にも大きな影響を与えた。

2011年2月に保険検査マニュアルが改定され、統合的リスク管理態勢の確認検査用チェックリストが新設された。この項目はそれ以前から銀行の検査マニュアルで導入されていたものであり、銀行規制の流れを保険規制にも適用したととらえられることもあるが、ERMという用語、さらには「トータル・バランスシートの経済価値評価」といったIAISと同様の用語が使われているなど、保険規制特有の内容になっている。なお、検査マニュアルは2019年に廃止となった。

また、金融庁は2010年に実施した「経済価値ベースのソルベンシー規制の導入に係るフィールドテスト」とともに、主要保険会社・グループに対して、ERMの現状を把握するべくヒアリングを実施している（いわゆる「ERMヒアリング」）。その後も同様のヒアリングが継続的に行われ、2014年からは統合的リスク管理態勢ヒアリングという名称に変わった。

9　たとえば、同社における銀行セクターを対象とした格付規準（2011年に公表された「銀行格付けの手法と想定」）のなかには、「手法：エンタープライズ・リスク・マネジメント」という章が存在する。ただし、その章のなかで明示的に「S&Pでは、エンタープライズ・リスク・マネジメント（ERM）に特化したスコアをつけない（すなわち、「弱い」「適切」「強い」などのERMの総合評価をつけない）」と記述されている。他のセクターにおいても、ERMはガバナンスの一部等という扱いになっている。

さらに、2014年2月には「保険会社向けの総合的な監督指針」も改正され、新設された統合的リスク管理態勢の項目では、ORSAに言及がなされた。また、平成25事務年度の保険会社等向け監督方針では、「保険監督者国際機構（IAIS）が平成23年10月に採択した、保険監督における基本原則を定めた保険コアプリンシプル（ICP）に盛り込まれている「リスクとソルベンシーの自己評価（ORSA）」の報告の導入について検討を行う」とされた[10]。さらに、同事務年度に実施された統合的リスク管理態勢ヒアリングの一環として、ERMの実施状況を報告するためのORSAレポートの提出が試行され、2015年より提出が義務化された。

3 IAISによるICSの検討

また、経済価値ベースの規制について、国際的にも新しい動きがあった。IAISが2010年より検討を進めていた「国際的に活動する保険グループ（IAIGs）の監督のための共通の枠組み」（通称「コムフレーム」）に関する動きである。保険監督は、従来は各国で行われてきたが、金融危機の影響がAIG等の保険グループにも及んだことから、国際的な活動を行っている保険グループについては個々の保険会社の監督をするだけではなく、グループ全体の監督手法を国際的に整備することが求められるようになった。それに応えるために立ち上がったのが、コムフレームというグループレベルの監督手法の開発である。

コムフレームの検討当初は、定量的な資本規制について、バーゼル規制のような明示的な計算手法の導入は想定されていなかった。その流れを一変させたのが、FSBの動きである。金融危機をふまえて、国際的に影響力のある巨大金融機関については、厳しい資本規制を課すべきという声が強くあがっていたことを受け、2011年11月にFSBが「システム上重要な金融機関（SIFIs）に対処するための政策手段（Policy Measures to Address Systemically Important Financial Institutions）」という文書を公表した。保険セクターにつ

10　IMFが2012年に公表した日本に対するFSAPの報告書では、「ORSAの明確化」などERMに関する監督規制上の指摘がいくつかみられ、この点もふまえたものと思われる。

いても例外ではなく、グローバルにシステム上重要な保険会社（G-SIIs）を選定し、G-SIIsに適用する規制を検討することが必要になった。この際に問題になったのが、銀行とは異なり、G-SIIsに適用する上乗せ資本（Higher Loss Absorbency：HLA）の土台となる国際的な資本規制が保険会社に対しては存在していない、ということであった。FSBはその策定をIAISに求め、それに応じてIAISは、2013年10月に「バーゼル規制と同様の定量的な基準を定める」という方針を公表した。

　その際に、2種類の資本規制の策定計画が示された。まずは、2014年までに、簡易な資本規制であるBCR（当時は、Backstop Capital Requirementの略称であったが、その後、Basic Capital Requirementに改められた）を策定し、その後、よりリスク感応的なICS（Insurance Capital Standard）を策定する、とされた。なお、BCRはあくまでもG-SIIsに対してHLAを上乗せする土台として当面の間だけ用いられるものである一方、ICSはコムフレームの枠組みでの利用のために構築されるとともに、G-SIIsに対するHLAの上乗せの土台としてBCRに取ってかわるものと位置づけられた。

　このように、金融危機の影響を受けて、保険会社に対しても国際的に共通した枠組みで、定量的な資本規制が策定される流れとなった。バーゼル規制が原則としてすべての銀行に適用されるのとは異なり、ICSは世界で多くても50社程度[11]になるとみられているIAIGs向けではあるのだが、国内でもIAIGsに指定される保険会社は一定数あると考えられることから、国内保険会社がより直接的に影響を受けることになった。また、2016年以降に国内で実施されてきた「経済価値ベースの評価・監督手法の検討に関するフィールドテスト」は、原則としてICSのその時点におけるフィールドテストに基づいて実施されるようになっていったことから[12]、ICSの動向は国内の保険会社の関心を集めることになった。2019年11月にICS Version2.0としていった

11　2020年11月にIAISが公表した "Register of Internationally Active Insurance Groups（IAIGs）" によると、この時点で48グループがIAIGsとして各国当局によって指定されており、うち34社は公表ずみとなっている。日本は2020年10月に金融庁が4つの保険グループをIAIGsとして取り扱うことを公表した。

ん内容は確定したものの、現在もモニタリング期間との位置づけであり、資産・負債の評価方法や適格資本、所要資本等のICSの計算仕様に関する検討が続いている[13]。ICSの今後の動向は保険会社による経済価値ベースのERM、さらには後述する有識者会議以降の金融庁による第1の柱の内容にも影響を与える可能性がある。

4 保険会社による経済価値ベースのERMへの取組み

　金融危機以降も、多くの欧州保険会社は経済価値ベースの指標を活用したERMを進展させていった。経済価値ベースの自己資本とリスク量を比較し、そのバランスの適正性について開示を行い、IR等で説明する会社が増えていった。2007年にIFRI（International Financial Risk Institute）とCRO Forumが共同で実施した経済資本に関するサーベイ[14]によると、保険会社ではリスク、価値、パフォーマンスを首尾一貫して経済価値でみているところが多いと記されており、さらに、健全性評価の標準的な考え方として、経済的なインソルベンシーが1年間で発生する確率を信頼水準のターゲットとしている、という旨の記述がみられる。

　国内保険会社はこの間、経済価値ベースのERMにどのように取り組んできたのだろうか。保険会社による経済価値ベースのERMの進展は第5章でより詳しく振り返ることとし、ここでは、保険業界内でERMおよび経済価値ベースの管理が導入され始めた時期の動きをみていく。

　経済価値ベースの経営管理については、初版執筆時点よりもかなり前から取組みを進めている会社がいくつかみられた。当時はERMという用語は用いられておらず、金利リスクを中心としたALMの枠組みのもとで経済価値

12　金融庁は、フィールドテストの結果概要の公表時に「今回のフィールドテストは、ICSフィールドテストの仕様書（平成28年6月時点）に基づいて実施した。これは、過去2回のフィールドテストとの差異分析や、IAISにおけるICSの議論への貢献等を目的としたものであり、必ずしも最終的な評価手法や監督手法の方向性を示しているものではない」としている。
13　ICSの計算仕様に関する検討状況については、第3章で解説している。
14　欧州・米国・アジアにおいて33の銀行・保険会社を対象に調査を実施したもの。日本は含まれていない。

ベースの概念が取り入れられ始めていた。以下は、2003年12月29日の日経公社債情報の記事「〈明治安田生命の研究〉財務力―負債も時価で把握へ」からの引用である。

> サープラスは時価ベースの純資産と言える。算出するにはまず、現行の会計基準では簿価で評価している負債を、キャッシュフロー予測をベースに現在価値に割り戻す。次に、時価評価した資産から負債の現在価値を差し引き、残りをサープラスとしてとらえる。実務上は、基金や積立金、剰余金などの合計からなる現行会計の資本に、時価評価の対象となっていない資産の含み損益（満期保有目的の債券や融資など）と、負債の含み損益を反映させて求める。
>
> 　新会社がこうした概念を取り入れるのは、現行の会計基準やソルベンシーマージン（支払い余力）比率規制の中で財務の健全性を求めても、「中長期の保険会社経営に潜むリスクを把握しきれない」（明治生命企画部の松山直樹グループリーダー）との問題意識がある。

　また、東京海上日動あんしん生命（当時の東京海上あんしん生命）は1997年公表のディスクロージャー誌で、「生命保険会社の資産運用においては、保険契約（負債）の性格を十分把握したうえで、適切な運用を行うことが必要と考えられます。そのためには、資産のみならず、負債もあわせて総合的に把握・管理していく体制が必要となります。当社は、こうした観点から、資産・負債の時価評価や金利感応度分析を中心としたALMの体制整備に力を入れております」と記述している。

　こうした動きがすでに存在していたところにソルベンシー・マージン比率の算出基準等に関する検討チームの報告書が公表され、さらにIAISや海外保険会社の動きもあったことから、国内保険会社が経済価値ベースのERMに取り組む素地はある程度整っていたと考えられる。

　T&Dホールディングスは2009年度末のアニュアルレポートにおいて「ERMの導入準備を進めて」いるとしており、翌年度のアニュアルレポート

では「ERMの導入」が特集として掲載されている。冒頭には「T&D保険グループでは、2014年3月期からERMを本格導入し、経済価値ベースでリスク・収益・資本を一体的に管理することにより、安定的・持続的に企業価値を増大させていきます」と記述されている。

東京海上グループは、2009年度からの3カ年中期経営計画「変革と実行2011」において、「今後、会計基準や保険会社の監督規制等が大きく変わろうとしていることを踏まえ、「リスクベース経営（ERM）」に必要なインフラ構築に特に強力に取り組んで」いくと記述している。

2011年に金融庁によるERMヒアリングが開始されて以降、多くの国内保険会社がERM態勢の構築を進めていった。内部管理上の自己資本とリスク量の比率であるESR（Economic Solvency Ratio）を開示する動きもみられるようになった。

また、市場整合的なEV（MCEV、またはMCEVに近い手法によるEEV）を公表する国内の生命保険会社がこの頃に増えてきた。従来は伝統的なEV（必ずしも市場整合的ではないEV）を公表していた会社が、より市場整合的な計算手法に切り替える動きもみられた。なお、2015年3月期までは、金融危機以降に欧州の保険会社がEVの計算に取り入れた流動性プレミアムや終局金利は、国内保険会社には採用されていなかった。

このように、国内では、経済価値ベースのソルベンシー規制導入の時間軸がみえていない段階から、各社による経済価値ベースのERM態勢構築の取組み、および当局による各社のERM態勢のモニタリングが定着してきた。

コラム **キャピタスコンサルティングのERMサーベイ**

2013年に、本書の執筆者3名が所属するキャピタスコンサルティングは、国内保険業界におけるERMの取組状況を調査した。経済価値ベースのERMに関する当時の保険会社の取組状況や課題認識を振り返ることができるため、以下でその概要を掲載する。

本サーベイでは、ERMに関するアンケート調査に加え、各社のERM推進部門に確認インタビューを行っている。対象は37社（グループベースでは24グ

ループ）であった。

サーベイは以下の５項目を対象にして行った。
・リスクガバナンス
・リスクコントロールプロセス
・リスクプロファイルの把握
・内部モデル
・経営戦略とERM

以下に、項目ごとのサーベイ結果の概要を記載する。

［リスクガバナンス］

・金融庁のERMヒアリング（2013年９月公表）では、「前回のヒアリングにおいて、リスク管理に対する経営陣の意識が総じて高まりつつあることや、リスク管理のプロセス改善に向けた継続的な見直しに取り組んでいることなどを確認できた」ため、リスクガバナンスに関するヒアリングを縮小したもようである。また、「平成25事務年度　金融モニタリング基本方針」には、大手生損保等に対する水平的レビューでの検証項目として「リスクアペタイト・フレームワークの経営計画における活用状況」が盛り込まれており、早くもリスク選好の設定が前提となっている。

・しかし、今回のサーベイからは、複数の部門が共同でERMを推進している会社が一定程度みられるものの、実質的にリスク管理部門だけで推進していると思われる会社が少なくなかったうえ、リスク文化の醸成に向けた取組みも会社によって差がみられた。リスク選好に関しても、たしかにここ数年で設定の必要性に関する認識が浸透し、実際に設定した会社が増えたとはいえ、総じて導入段階にあることがうかがえた。

・なお、ERM構築を積極的に進めている会社（複数）では、形式的な取組みに陥らないよう、経営陣同士で何度も議論し、トップダウンでリスク文化の醸成に努めていた。

［リスクコントロールプロセス］

・わが国保険業界が直面する重大リスクの代表的なものは、リスク削減が進んだとはいえ、引き続き「金利／ALMリスク」（＝主に生保会社）と「株式リスク」、損保事業では「国内自然災害等のリスク」が上位であり、さまざまな制約はあるものの、当該リスクを定量化し、モニタリングやコントロールを行い、必要に応じてプロセスの改善に取り組んでいた。

・資本十分性の確認プロセスについても、過去の経験をふまえつつ、多くの会社が継続的な見直しに取り組んでいた。従来は信頼水準を高める方向での見直しが目立っていたが、VaRの限界などをふまえ、最近では信頼水準だけに着目するのではなく、特定のストレス時における資本十分性の確認も行うなど、評価の枠組みを工夫する動きが目立った。

［リスクプロファイルの把握］

・今回のサーベイによると、ボトムアップまたはトップダウンによるリスクの洗い出しを開始した会社が急速に増え、統合的なストレステストも大半の会社が実施していた。これは、金融庁ERMヒアリングの「前回よりも、より多くの社で深度あるリスクプロファイルに関する取組みが進展していることが確認できた」という記述とも整合的である。

・ただし、このような取組みは、導入当初はいいが、回数を重ねるごとにルーティン化し、形式的な取組みに陥りがちであるため、継続にあたっては工夫が必要と思われる。

［内部モデル］

・近年、経済価値ベース（またはそれに準じた）評価に基づき、おおむね内部モデルを活用しているという会社は増加傾向にあるようだ。多くの会社が内部モデルの高度化を継続的に進め、必要に応じて見直しを行っており、遅れていたとみられる「モデルの文書化」も進展していることがうかがえた。

・ただし、規制当局による内部モデル承認を視野に入れた場合には、モデル検証による統計品質確保や文書化のほか、ユーステストを満たさなければならない。たとえば、今回のサーベイでは、経営陣が内部モデルの概要を理解し、弱点や限界について認識するための社内コミュニケーションには改善の余地が大きいことがうかがえ、重要な意思決定にかかわる多くの経営陣にとって内部モデルがブラックボックス化しないための取組みが十分かどうか、疑問が残った。

［経営戦略とERM］

・ERM構築を積極的に進めている会社を中心に、リスク選好フレームワークのもとで、将来にわたる経済価値ベースでの「リスク」「資本」「リターン」を確認したうえで経営計画や資産運用方針を決定し、事業投資判断を行う会社も徐々に現れている。

・他方で、ERM高度化として優先的に取り組んでいる項目には、どちらかといえばリスク管理部門（または関連部門）で完結できる技術的なものが多く、現状の枠組みを大きく見直すような取組みは将来課題と位置づけられていることが多いように感じられた。経営陣がERM構築に積極的な会社と、そうではない会社とで取組姿勢に差が生じている可能性がある。

これまでにみてきたとおり、初版執筆時点までの間に、保険会社による経済価値ベースのERMへの取組みが進んだ。その一方、この間、マイナス金利政策を含む異次元金融緩和の導入という大きなイベントがあったので、それ以降の市場および保険会社の動向を簡単に確認しておく（マイナス金利政策以降の保険会社の動向は、第5章でより詳しく扱っている）。

1 黒田バズーカ第1弾からマイナス金利政策導入まで

2012年12月に民主党から自由民主党に政権が移行し、第2次安倍内閣が発足した。2013年2月に、政府は黒田東彦氏を次期日銀総裁候補とする人事案を発表し、翌月には黒田日銀総裁が誕生した。

そして、日銀によって2013年4月に新たな金融緩和政策が導入された。いわゆる異次元緩和であり、俗にいう黒田バズーカ第1弾である。その内容は以下のようなものであった。

・政策の目標として2％の物価目標を、2年程度を念頭にできるだけ早期に実現する。

・マネタリーベース（資金供給量）を年間約60兆～70兆円に相当するペースで増加するよう金融市場調節を行う。

・長期国債の保有残高が年間50兆円に相当するペースで増加するよう買入れを行う。

・購入対象の長期国債の平均残存期間を現状の3年弱から7年程度と、国債発行残高の平均並みの期間に延長する。

・ETFやREITの保有残高が、それぞれ年間1兆円、年間300億円に相当するペースで増加するよう買入れを行う。

・以上の「量的・質的金融緩和」は2％の物価上昇率が安定的に持続するために必要な時点まで継続する。

黒田バズーカ第1弾は、それなりに機能したかにみえた。翌2014年4月には消費者物価指数の変化率が1.5％まで上昇し、春季労使交渉では一定割合の会社でベアが実現、完全失業率は低下、経営者の予想物価上昇率も上昇した。

　市場金利は、当初はインフレ期待から上がったものの、その後は横ばいか若干の低下傾向を示していた。にもかかわらず市場では「いつ金利が上がるか」という点にも注目が集まっていた。日銀が半年ごとに公表している金融システムレポートでも毎回「金利上昇」が特定イベントシナリオとして取り上げられており、市場では金利上昇の意識が高まっていた。

　その一方で、ギリシャ問題に代表されるソブリンリスクの顕在化が欧州で話題になっていたこともあり、異次元緩和よりも前の時期から、日本の財政問題にも注目が集まり、国債の信用リスクの顕在化によるいわゆる悪い金利上昇が懸念されることもあった。このあたりの詳しい背景や考察については、専門書を参照いただきたい。

　結果的には、市場金利は上昇の方向には進まなかった。日銀が異次元緩和の目標として掲げていた物価上昇率は、2014年4月の消費税引上げの影響、原油価格の急落等の逆風もあり、低位で推移した。2014年10月にはさらなる緩和策（黒田バズーカ第2弾）が公表されたが、短期的な株価上昇効果こそみられたものの、やはり物価上昇率の目標には届かなかった。

　そして、2016年1月に、ついに日銀は量的・質的緩和に加え、「マイナス金利政策」という新たな手段を導入した。

②　マイナス金利政策導入後の保険会社の状況

　黒田バズーカ第1弾以降、一時的な上昇はあったにせよ、総じて市場金利は低下を続けてきた。そして2016年2月以降は10年金利までもがマイナス金利に突入した（図表1－2参照）。

　マイナス金利政策の導入により、いくつかの影響が、特に生命保険業界において生じた。多くの生命保険会社は、金利低下に対して企業価値（経済価値ベースでの会社の価値）が下がるポジション、つまり資産のデュレーショ

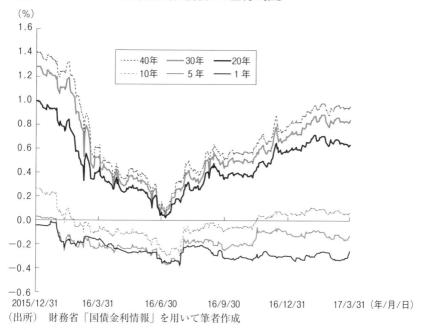

図表1－2　マイナス金利政策導入前後での金利の推移

（出所）　財務省「国債金利情報」を用いて筆者作成

ンよりも負債のデュレーションが長い状態にある。経済価値ベースのERM
の浸透によって、各社ともそのギャップを埋めつつあったが、2013年頃には
（会社によって状況は異なるものの）そのペースが鈍り始めた（第5章で具体的
なデータを参照している）。異次元緩和による金利上昇の空気感[15]も、資産と
負債のデュレーションギャップを埋める勢いを緩めさせる一因となった。

　そこにマイナス金利政策が導入され、金利が大きく低下した。埋めきれな
かった資産と負債のデュレーションギャップがあるため、多くの生命保険会
社は企業価値を毀損する（経済価値ベースでの会社の価値が減少する）ことと
なった。

　マイナス金利政策が特に生命保険会社に与えた影響を示すものとして、
2017年3月に金融庁が公表した「経済価値ベースの評価・監督手法の検討に

15　保険会社によっては、国債の信用リスクの顕在化による金利上昇の懸念ももっていた
　　と思われる。

関するフィールドテストの結果について」がある。同フィールドテストは、2015年3月末と2016年3月末の市場環境で経済価値ベースの純資産およびリスク量の評価を行っている。全社平均のESRが生損保別に公表されており、生命保険会社については、2015年3月末のESRの平均（41社平均）150％に対し、2016年3月末のESRの平均は104％と大きく低下している（損害保険会社は同時期でそれぞれ201％、194％）。金融庁はこの結果をふまえ「生命保険会社のESRについては、経済前提（特に、円金利）に対する感応度が大きいことが確認された」とコメントしている[16]。

マイナス金利政策の導入後には、EV計算において、これまで国内では採用されていなかった終局金利を採用する事例がみられるようになった。2016年3月期には、終局金利を用いたEVに変更する会社や、終局金利を用いないEVの公表後に終局金利を用いたEVを公表する会社が現れ、その後も終局金利を用いたEVに変更する会社が登場するなど、多くの会社が終局金利付きのEVに切り替わっていった。一方で、終局金利を採用していない会社も存在し、参考値という位置づけで終局金利を用いたESRを公表する事例もみられた。

3　低金利下での資産運用手段の多様化

マイナス金利政策の導入前から、長引く低金利の環境下で保険会社に生じていた変化として、外債投資を含む資産運用手段の多様化があげられる。

また、金融庁による金融行政方針のなかで、『資産運用の高度化』という概念が打ち出されている。2015年9月に公表された「平成27事務年度金融行政方針」では、「金融機関の資産運用の高度化は、市場の活性化や国民の安定的な資産形成を通じて、経済の持続的成長に資するものである。特に、保険会社の資産運用能力の向上は、自身の競争力強化にとって重要であると同

16　なお、同フィールドテストでは、市場金利が存在しない長期年限での割引率の補外のために、ICSの2016年フィールドテストと同様に終局金利を用いる方法のほかに、市場金利が存在する最大年限以降の短期のインプライドフォワードレートを一定とする方法も採用されていた。

時に、顧客の利益や国民の安定的な資産形成、さらには、我が国資本市場の発展に寄与する」と記述されている。

2016年9月に金融庁から公表された「平成27事務年度金融レポート」では「金融機関による資産運用の高度化の促進」という項目で、「我が国には（中略）多額の資産を運用するバイサイドの投資家が多く存在するが、これらによる投資の大半は日本国債で運用されており、リターンも低かった」とあり、国債投資が、保険会社による資産運用のリターンが低い原因ともとれるような記述になっている。さらに、生命保険業界については、「生保の資産運用を見ると、国内金利の低下が継続し、国債での運用が一層困難となる中、近年は海外クレジット投資、成長分野投資、ヘッジ取引（デリバティブ等の活用）等を含むグローバルな分散投資を進める動きが続いている」という記述がみられる。

さらに、「平成27事務年度のモニタリングにおいて、高度化に向けた取組事例として、以下のようなものも見られた」として、以下の2つの事例があげられている。

- グループの資産運用会社との連携や運用専門要員（クレジット・アナリスト等）の積極採用等により、クレジット資産を中心にした運用資産の多様化・分散を、スピード感をもって進めている例
- 運用部門の主体性を重視し、取締役会等と運用部門の役割分担により、商品政策、販売政策にも踏み込んだALM管理と、機動的な運用を両立させる体制づくりを進めている例

金融庁によるこうした考え方に押されるように、保険会社が『資産運用の高度化』のための方策を外部に向けて発信する動きもみられるようになっている。

資産運用で超過リターンをねらい、企業価値の向上を目指すことは1つの選択肢である。ただし、第2章以降で述べているように、企業価値の向上という観点から、追加的なリスクテイクや資産運用手段の多様化がどのような場合に正当化できるのか、ということはよく考えておく必要があり、『資産運用の高度化』という言葉の解釈には留意が必要であろう。このような意味

を込めて、ここではあえて二重カギカッコ付きでこの言葉を表記した。

第5節　有識者会議での議論

本節では、初版執筆以降の流れ、特に2019年に設置された有識者会議での議論を中心にみていくこととする。

1　有識者会議の設置

2016年度、2017年度の金融行政方針等では、経済価値ベースに関する議論はそれほど登場していない。ただし、丁寧に読んでみると、たとえば2016年度の金融行政方針では、「生命保険会社自らが保険負債の質の改善を視野に入れつつ、リスク管理と一体となった資産運用の最適化の観点からどのような取組みを行っているか」といった記述にみられるように、単なる資産運用の高度化ではなく、負債の質およびリスク管理との整合性を問うような姿勢がみられる。また、2017年度の金融行政方針には、生保商品の金利リスクの大きさに言及したうえで、「どのような商品を顧客に提供していくか、どのようなリスクをとっていくかはあくまで各保険会社の経営判断であるが、顧客利便とともに、商品提供に伴うリスクとそれに対する資本の状況も踏まえた経営戦略について、深度ある対話を行っていく」といった記載があり、経済価値という言葉こそ使っていないものの、経済価値の重要性を意識した内容となっている。

2018年度（平成30事務年度）の金融庁事務年度方針「変革期における金融サービスの向上にむけて～金融行政のこれまでの実践と今後の方針～」のなかで、「現行のソルベンシー規制では十分に捉えられていないリスクも包括的に考慮した健全性を把握する「動的な監督」に取り組むことが不可欠となっているため、保険会社のリスク管理の高度化を促しつつ、資産・負債を経済価値ベースで評価する考え方を検査・監督に取り入れていく」という記

述に加え、「あわせて、経済価値ベースのソルベンシー規制について、現下の経済環境における様々な意図せざる影響にも配意しつつ、国際資本基準（ICS）に遅れないタイミングでの導入を念頭に、関係者と広範な議論を行っていく」という記載がなされた。その前の2年間の金融行政方針と比べ、かなり踏み込んだ記載であったことから、どのようなアクションが起こるのかと注視していたところ、2019年5月に金融庁から、「経済価値ベースのソルベンシー規制等に関する有識者会議」の設置についての報道発表があった。

2 有識者会議での議論

　有識者会議の第1回は2019年6月に開催された。座長は2007年の検討チーム時と同じ米山高生教授で、委員は学術界、監査法人、コンサルタント、株式アナリスト、ファイナンシャルプランナーといった顔ぶれから8名でここまでがメンバー、さらに保険業界および日本アクチュアリー会からオブザーバーとして6名という顔ぶれであった。メンバーとオブザーバーを分けているのは検討チームと違う点だが、人数・バランス的には似たような構成であった。ただし、オブザーバーもメンバー同様、自由に発言する機会が与えられており、特に大きな制約があったわけではないように感じられた。なお、メンバーの1人に前IAIS事務局長であった河合美宏氏が加わっていたのは、特筆すべき点であろう。

　参加者それぞれの意見発表に3回の会合を費やした検討チームとは異なり、有識者会議の第1回は、事務局の状況説明があった後、すぐに自由討議が繰り広げられた。おそらくだが、この間に経済価値ベースの有用性やその考え方について多くの議論がなされていたこと、参加者もその辺りは十分に熟知しているという金融庁サイドの判断だったと思われるが、それは妥当なものだったであろう。初回から本質的な議論がなされたと感じられた。

　第2回から第4回は、第1回の議論のなかで出た主な論点、たとえば健全性政策全体に関する論点（政策全般の構造、ロードマップの必要性等）、経済価値ベースの意義・メリット、その一方で留意すべき論点（意図せざる影響や欧州でみられた課題など）、それらをふまえた資本規制の制度とは、といった

点について、メンバーもしくはオブザーバーからのプレゼンテーションを受けて、論点の深掘りが行われた。

11月に行われた第5回では、同月にIAISにて合意された「国際的に活動する保険グループの監督及び保険セクターにおけるシステミックリスク削減のための初のグローバルな枠組み」についての説明、主にICS Version2.0についての説明がなされ、その後にそれまでに出された意見等をふまえた議論の方向性が示された。また、この回には米国系保険会社から3名がオブザーバーとして参加し、米国の状況等や各社の経済価値ベースのとらえ方等についてのコメントがなされている。この回で、経済価値ベースの考え方で進めることについての方向性、そして後ほど説明する「3つの柱」の考え方に基づいて健全性政策全体を進めていくことについては、会議全体として賛意が得られたと考えられる。

第6回の事務局資料は、会議出席者、そして公表後には市場関係者にも相応のインパクトを与えるものとなった。まず、冒頭に経済価値ベースの健全性政策への移行に向けたタイムラインが、イメージとはいいながらも、3つの柱の要素それぞれについてかなり具体的に示されていたことである。次いでICS Version2.0の概要と、2019年に行われた国内フィールドテストの仕様（ICSにほぼ準拠したもの）に対する国内保険会社の要望が、項目ごとに紐づけられるかたちで記載されていたのも重要な点であった。第1の柱を考えるうえで、ベースとなるであろうICSについて、国内保険会社の要望をどうとらえるか、この有識者会議で一定の方向性をみたいという意欲の表れだと考えられた。さらに、2019年の国内フィールドテストの結果概要がこの場で初めて公表されたというのも、大きなポイントであった。タイムラインのイメージについては大筋では参加者からの賛同が示された。

第7回から第9回までは、主にこのタイムラインの項目ごとに議論を進めていくこととなった。かなり有意義な議論がなされ、それ以降は報告書に対して深い議論を積み重ねていきたいところではあったのだが、新型コロナウイルスの影響から、なかなか報告書の議論を行うことが叶わなかった。結局、報告書の議論は第10回の一度のみ、それも電話会議というかたちにとど

まったのは残念であったが、完成した報告書ドラフトは十分意義深いものになったと感じている。そのポイントについては、次で説明することとしたい。

③ 報告書のポイント

　2020年6月に公表された報告書は、本書の読者であれば多くの方が一読はされているのではないかと思われる。そこで、ここでは概要を繰り返すことはせず、そのかわりに筆者がポイントだと思う点について、特に前半部分で強調しておきたい3つのポイントをお示しすることとしたい。

　まず、「はじめに」の次の「経済価値ベースのソルベンシー評価」の冒頭部分で、経済価値ベースを用いることの意義について記されている。保険事業を「保険契約者に対して保険事故の発生に伴うキャッシュフロー（保険金の支払い）を当初に保証したうえで、保険料収入に加え、それをもとにした運用収益を確保することでその原資を事後的に確保する事業構造」だと示し、そのうえで、「前提条件となっている金利、事故発生率等が事後的に変化することは、保険会社の支払能力を悪化させる可能性がある」と記している点は、さらりと書かれているし当然のことのように思われるかもしれないが、きわめて重要な指摘であると考える。「前提条件が事後的に変化する」ことを的確に把握するためには、経済価値の考え方が有用であり、それ以外の方法ではきわめてむずかしいからである。第4章で示している「原価」の考え方と整合的なものであるが、経済価値で考えることの重要性をコンパクトにうまくまとめた記述であると感じている。

　2つ目が、その次のページに記されている「経済価値ベースの考え方は、リスク・リターン・資本のバランスを踏まえた統合的リスク管理（ERM）を高度化していく上で重要」という記述である。2007年の検討チームペーパーでは、リスク管理の高度化とは健全性の高度化、つまりリスクと資本という観点が主に強調されていたのに対し、ここにリターンの考慮も加わったという点が重要である。この点は、この間に保険会社においてERMが浸透し、内部管理として活用されてきたこと、その状況を金融庁もORSA等を通じて

モニタリングを行ってきたこと等が要因だと考えられるが、この13年間での進歩のひとつではないか、と感じている。

　その後、「経済価値ベース規制の意義と目的」などが記されていくのだが、次に注目したいのは、「制度の導入に当たり留意すべき点」、言い換えれば「経済価値ベース導入の副作用」に関する記述である。報告書では、留意すべき点（考えられる副作用）として、次の3つのポイントがあげられている。

① 保険会社の経営行動への影響
② 消費者ニーズに沿った商品提供への影響
③ 保険会社の主体的なリスク管理高度化等への影響

　このうち、①と②は業界等を中心にこれまでもよく聞かれた内容である。一方で③は少し違う観点で、ESRの計算方法が規制で定められることが弊害を生みかねない、という指摘である。こうした課題が報告書に記載された場合には、一般的には「よいこともあるが副作用もある」ので慎重に進めるほうがよいのでは、というイメージをもたれやすいのだが、この報告書では、これらの課題を前向きに解決するために、興味深い論理展開がなされている。それは、これらの課題が「それぞれに経路や性質は異なるものの、いずれも「規制上のESR の水準のみに基づく機械的・画一的な規制」となった場合に特に顕在化しうる課題」だと整理した点である。そして、機械的・画一的という点を払しょくするために、「3つの柱」の考え方が重要である、という流れにつなげている。「3つの柱」は重要なポイントなので、次でまとめてお示ししたい。

　その後は今後の検討の進め方、タイムラインに沿った論点整理などがなされている。全体としてうまくまとめられている内容であり、記述についても細かな配慮がなされたものとなっているので、読者の方々も折に触れて読み返していただければと思う。

4 　3つの柱について

　本章の最後に、この有識者会議で提言された「3つの柱」について記して

おくこととしたい。3つの柱という考え方自体は、バーゼル銀行監督委員会や、ソルベンシーⅡでも用いられており、特段目新しいものではないのだが、今回あらためて経済価値ベースの監督規制とはきわめて親和性が高いものであると感じられたので、ここにまとめておきたい。

　まず、報告書にも書かれているように、3つの柱は以下のとおりである。

　　・第1の柱（ソルベンシー規制）……ソルベンシー比率に関する一定の共通基準を設け、契約者保護のためのバックストップとして監督介入の枠組みを定める。

　　・第2の柱（内部管理と監督上の検証）……第1の柱でとらえきれないリスクも捕捉し、保険会社の内部管理を検証しその高度化を促進する。

　　・第3の柱（情報開示）……保険会社と外部のステークホルダーとの間の適切な対話を促し、ひいては保険会社に対する適正な規律を働かせる。

　上述したとおり、経済価値ベースの考え方を導入するうえでの最大の副作用は、それが「機械的・画一的な規制」となってしまうことにある。3つの柱のうち、そうした副作用が生じるのは第1の柱である。その一方で、世間一般の注目を集めやすいし、議論の俎上に上りやすいのも第1の柱である。計算方法が1つに定められること、そこで用いられている数式やパラメータなどが明確に開示されていること、その結果が1つの数値に結びつくこと、その結果についての評価がイメージしやすいこと（本当の意味で数値を理解しているかどうかは別として）といったことが要因であると考えられる。

　逆にいえば、第2の柱、第3の柱は規制導入に向けた検討の進捗がわかりにくいともいえる。有識者会議のなかでも、時間的な制約等もあり、第2、第3の柱については第9回のなかでまとめて議論したにとどまってしまったし、有識者会議の報告書のなかで割かれた紙面数も決して多くはない。しかし、そのことはこれらの柱が第1の柱に比べて重要度が低いということでは決してない。むしろ、この2つをどのように進めていくかが今後の経済価値ベースの健全性政策全般の成否を決めるといっても過言ではないだろう。

　第2の柱については、報告書にも「第2の柱に関する取組みは、第1の柱の導入を待たずに早期に開始することが適当」と記されているとおり、いつ

でも開始可能であるといえる。ただし、従来から行っているORSAレポートのモニタリングや、フィールドテストの実施が第2の柱であるとだけ伝えてしまうと、これまでどおりでよいのではないかといった考えが保険会社側に生じやすいので、経済価値ベースを意識した経営管理が行われているかについて、よりプロアクティブに保険会社との対話がなされていくことが望まれる。たとえば、ICS等で用いられている計算が内部管理上も用いられている場合、なぜそれを用いているのか、内部管理としてなぜそれが適切と考えるのか、といったことを、第1の柱の議論とは独立して問うていくこと等が考えられる。また、報告書にも記されているが、保険会社から入手するデータについても、より経済価値ベースにシフトしていくことに加え、経済価値ベースとは親和性の低いデータ等は報告を取りやめるといった動きも、保険会社に対してより正しいメッセージを伝えるために有用なのではないか、と考えられる。

　第3の柱はよりむずかしい。第3の柱を一言で表す場合は、一般に「情報開示」といわれているため（実際、報告書にもそう記載されている）、どのような情報を開示するのか、という点のみに注目が集まりやすいが、第3の柱の本質は、開示した情報に基づくステークホルダーとの対話、そしてその対話によって保険会社がより適切なガバナンスに基づく経営管理が行えることにある。その意味では、どのような情報を開示するかということに加え、そもそもなぜ経済価値ベースで考えることが重要なのか、それでみえているものはどのようなものか、といったことについて、外部関係者、特に市場関係者に対して情報提供を行っていくことが強く求められる。経済価値ベースの指標は、会社の実態をより明確に示すものであることから、時として保険会社は自らの厳しい実態をさらさなければならない。その際に保険会社が、「いまは厳しい状況です」ということを市場関係者に堂々と語るのはむずかしい面もあるため（本当は堂々と語ってほしいとも思うが）、保険会社以外にも、市場に対して経済価値ベース指標に関する正しい情報提供を行うような主体が必要になると考えられる。金融庁もその一翼を担うべきであろうし、専門家集団として日本アクチュアリー会等も相応の役割が期待されて然るべ

きであろう。また、市場関係者との対話をより促すような機会、たとえば率直な意見交換会や公開ベースでのパネルディスカッション等も必要になるのではないだろうか。

　2025年といわれる第1の柱の導入までの間に、この2つの柱がどの程度進展しているか、これは経済価値ベース規制が有用に機能するためにきわめて重要なポイントであると考えられる。気がついてみたら第1の柱のパラメータ等についてのみ着目されている、ということになっていないことを切に願うのみである。

●付録　IAISストラクチャー・ペーパーの概要
（保険会社の健全性評価のための共通の構造）[17]

［前提条件］

【構造要素1】
監督当局は以下の十分な権限を持たなければならない。
- 保険会社に対して、保有しているリスクを評価・管理させる。
- 各保険会社が保険契約者を保護するために必要な規制上の財務要件を課す。
- 必要な場合には、保有している資産が十分かつ適切であるように、保険会社が追加の資本を確保するか、その保有しているリスクを減らすことを求める。

［財務要件］

【構造要素2】
リスク感応的な規制上の財務要件は、保険会社のリスク管理と規制との最適な整合性を持つようインセンティブを与えるようなものであるべき。

- 保険会社は事業経営に当たり、保険料の設定、責任準備金の決定、及び、リスク管理の観点から適切であると考える経済資本を決定するための適切かつ整合的な基礎となるよう、可能な限りにおいて、リスクの計量化を行うべきである。
- 監督当局は、保険会社が経営管理を行う機会を与え、事業規模や事業特性に適した健全なリスク管理を行うインセンティブを与えるべきである。
- 規制はリスク感応的であり、また、保有リスクを規制上の財務要件に最も適した形で反映していなければならない。リスク感応的な規制上の財務要件は、保険会社のリスク管理と規制とを調和させ、内部の経済資本と規制上の所要資本とを関連付けるものでなければならない。

17　2007年2月12日から15日の日程でドバイにて開催されたIAIS定例会合において採択されたワーキング・ペーパー "Common Structure for the Assessment of Insurer Solvency"。2007年2月14日にIAISのウェブサイトにて公表された（http://www.iaisweb.org/070214_Final_approved_STRUCTURE_PAPER_.pdf）。

【構造要素3】
保険会社の健全性評価に関する枠組みは、保険引受リスク、信用リスク、市場リスク、オペレーショナルリスク、流動性リスクを含む、全ての潜在的に重要なリスクに対応したものであるべき。少なくとも、全てのリスクは、保険会社により、それ自身のリスクと資本評価において考慮されるべきである。
○一般的に直ちに計量化できるリスクは、リスク感応的な規制上の財務要件において反映されるべきである。
○直ちには計量化が困難なリスクについては、より広い意味で財務要件が定められ、定性的な要件で補足されるかもしれない。

■ 引受リスクや市場リスク、信用リスクは、正確な定量が可能であり、また、リスク感応的な財務要件への反映も容易。これらリスクは十分にリスク感応的な財務要件に反映されていなければならない。

■ 流動性リスクやオペレーショナル・リスクの計量化はより困難と認識。データの有意性が高まるにつれ、これらリスクの定量的評価が可能になるものと期待。リスクの定量化が難しいとしても、オペレーショナル・リスクや流動性リスクについて、保険会社自身によるリスク・資本評価において、保険会社がこれを行うことは重要。

【構造要素4】
トータル・バランスシート・アプローチ[18]は、資産、負債、所要資本、利用可能資本間の相互依存関係を認識し、また、リスクが完全かつ適切に認識されるように、利用されるべきである。

■ リスクやそれがバランスシートのあらゆる部分に潜在的に与える影響について、明示的な表示と整合的な手法をベースに、保険会社の健全性を評価することが必要。責任準備金と所要資本は、資本要素の質にも考慮しつつ、十分かつ適正な資産によりカバーされていなければならない。

■ 保険経営、規制、及び保険監督とも、経済価値による評価[19]を基礎とする必要がある。財務諸表上のすべての項目に関連した資産、債務及びリスク・エクスポー

---

18 IAISは、「資産、負債、所要資本、利用可能資本間の相互依存関係の認識」に言及するため、「トータル・バランスシート・アプローチ」の用語を用いており、IAAの採用する「トータル・バランスシート」の概念（保険会社のソルベンシー評価に当たっては、現実的な価格に基づき、負債と資産の評価に整合しており、従って、いかなる隠れ資産・負債を生じさせない制度において、統合的に評価される。）と十分整合的であると認識している。

ジャーを、現時点における経済価値によって評価することが、保険会社の財務状況に関する適正かつ信頼できる情報を提供できる唯一の手法である。

【構造要素5】
保険契約は、（契約に伴う）債務が受給者や受益者に対して履行されることを前提に行われている。大部分の負債は、他の保険会社に移転するのではなく、保険契約の決済を通じて消滅している。
保険負債の十分に信頼できる評価を提供する、流動性の高い流通市場は存在しないことから、保険負債の要素は、キャッシュフロー・モデルや、保険負債の決済を反映し、市場が利用しているとされる原則、方法、パラメーターに沿って評価されるべき。このような評価が、市場整合的と考えられうる。
このような評価により、信頼できる市場価格が利用可能なバランスシートの他の要素及び市場参加者による価値・リスクの評価との整合性を取ることができる。

■ 保険債務の市場整合的な価値は、債務やリスクの異なる要素に応じ、さまざまな手法、または、その組合せによって評価される。
　○ 保険債務が流動性のある市場で取引される場合、実際の取引価格を市場整合的な価値として用いることができる。価格の正確性や適正性、信頼性については、市場整合的な価値を求める際に考慮すべき事項である。
　○ 保険債務に係るキャッシュフローが金融商品取引を用いて複製され得る場合は、当該金融商品の複製により計算される市場価値を用いることができる。
　○ 保険債務に係るキャッシュフローが完全には複製されない場合、残存するリスクに対する追加的なリスク・マージンが必要となる。この際のリスク・マージンはマーケット・バリュー・マージンの代替となる手法に基づき、市場情報の不確実性や不足を反映しなければならない。

【構造要素6】
責任準備金の市場整合的な評価は、そのポートフォリオを保有している保険会社の特性ではなく、ポートフォリオ自体のリスク特性に依存する。しかしながら、十分に実証可能な限りにおいて、ポートフォリオを保有する保険会社特有のビジネス・モデルの要素を反映した前提を利用することは、それが十分に検

19　経済価値評価とは、市場価格が利用可能な場合には、現時点での市場価格と整合的な方法により導かれ、市場価格が利用可能でない場合には市場整合的な原則、方法、パラメーターを用いた資産・負債のキャッシュフローの評価を指す。

証可能であれば、適切な場合もある。

■ 責任準備金はリスク・ポートフォリオの性格に基づくべきであり、ポートフォリオを所有する保険会社の固有の特徴に基づくべきではない。

【構造要素7】
保険負債固有の不確実性を踏まえると、責任準備金は、契約義務を果たすコストの最良推計に加えてリスク・マージンを含む必要がある。リスク・マージンは、保険会社が保険負債を引き継ぐために求めると期待される額が責任準備金となるよう、その額が決められる。

【構造要素8】
規制上の観点から、資本の目的は、悪条件のもとでも、保険義務が履行でき、必要な責任準備金がカバーされ続けることを確保することにある。

【構造要素9】
市場整合的な評価法において、責任準備金は、市場の仮定と整合的である関係するリスク要素が分散されていることを前提に計測されるべきである。リスク要素において市場の仮定と比較して、十分な分散が行われていない場合は、（追加的な）所要資本に反映されるべきであり、責任準備金に反映すべきではない。
従って、引受リスクにおける責任準備金の算出に利用された以上のボラティリティについては、所要資本によってカバーされるべきであり、責任準備金でカバーされるべきではない。

■ 保険債務における不確実性を考慮すると、責任準備金は保険債務の現在推計とリスク・マージンから構成される必要がある。リスク・マージンは、保険債務の評価において内在するリスクのみを反映すべきであろう。責任準備金は、保険債務の性質と市場全般において適切とされるリスク・フリー・レートに基づき決定されるものであり、個別会社のALM戦略に基づくものではない。このことは、リスクを責任準備金と所要資本に配分する場合、引受リスクと個々の保険会社の任意による投資リスク・エクスポージャーの峻別を可能にするものである。
■ 市場整合的な評価手法においては、まず、責任準備金は、そのポートフォリオを

評価する際に、市場参加者が行うと期待されるものと整合的な、リスク・ファクターの市場レベルでの分散効果を考慮した前提に基づき計算されるべきである。

【構造要素10】
保険ポートフォリオにもともと存在せず、保険会社によって自ら生じさせたミスマッチ・リスクは、所要資本に反映されるべきであり、責任準備金に反映されるべきではない。

- 資産と負債のミスマッチ・リスクによって、さらなるリスクも存在することとなろう。適切に調和の取れた、リスク感応的な制度では、これらの要件は、金利リスクや株式リスク、為替リスク、引受リスクや信用リスクの一部など、さまざまなコンポーネントについて計測される必要がある。
- 保険契約ポートフォリオのキャッシュフローが、流動性の高い市場において、容易にマッチングが可能な場合、自発的なミスマッチ・リスクは、所要資本のみに反映されるべきであり、責任準備金には反映されるべきではない。
- 例えば契約給付義務のタイム・ホライズンが投資可能な資産の期間を超えるような場合には、こうした即座のマッチングは不可能のため、資産・負債のミスマッチ・ポジションにおけるシステミックな不確実性が生ずることになる。こうした不確実性は引受リスクにおける不確実性と同様、一部は責任準備金のリスク・マージンに、一部は所要資本において扱われることになろう。

【構造要素11】
責任準備金の中のリスク・マージンに含まれているリスクは、全ての負債のキャッシュフローに関連しており、従って、責任準備金に対応する保険契約の全タイム・ホライズンに関連している。
所要資本の額は、悪条件でも、ある特定の期間、ある特定の信頼性をもって、資産が責任準備金を上回るように計算されるべきである。

- 責任準備金の算定については、保険会社は保険債務に付随する不確実性を考慮することが期待されている。すなわち、保険会社は保険契約債務がカバーする全期間に渡る現在推計からの将来の実績の変動を認識すべきである。
- 所要資本の決定・算定については、以下を峻別したタイム・ホライズンの概念について、より正確におこなわれた分析に基づく必要がある。
  - ○ リスクに反映するショックの発生に関する期間—すなわち「ショック期間」—と
  - ○ （上記の想定期間に）発生したリスクが、保険会社に影響を及ぼすその後の期

間―すなわち「エフェクト期間」
■ 1年のショック期間における金利のシフトは、契約期間全て（エフェクト期間）のキャッシュフローの割引に影響を与える。ある年（ショック期間）における法的な見解が、保険金の価値に対して永久的な影響がある可能性もある。

［ガバナンス要件］

【構造要素12】
監督制度は、保険会社がコーポレート・ガバナンスの方針、実践、組織を保有・維持し、全業務に関して適切なリスク管理を行うことを求めるべきである。適切なガバナンスは、保険会社の健全性評価が適切に機能する大前提である。

［マーケット・コンダクト要件］

【構造要素13】
監督制度は、保険会社に対して、適切な市場行動への方針や手続きを整備するように求めるべきである。監督制度は、保険契約者の期待が保険会社の健全性評価にどのように反映されるべきか、という点について明確でなければならない。

［評価と介入］

【構造要素14】
異なるレベルでの、監督当局による適時の介入を発動するソルベンシーの水準が、複数存在すべき。保険会社の健全性に関する制度では、ソルベンシー・コントロール・レベルが十分に考慮され、リスク・エクスポージャー全体の低減や資本の増強といった、保険会社と監督者による是正措置が自由に行われるよう勘案するべきである。

［ディスクロージャー］

【構造要素15】
監督制度は、市場規律を強化し、また、保険会社が安全に、健全に、かつ、保険契約者を適切に扱う効果的な方法で、業務を行う強いインセンティブを与え

るために、健全性に関するどのような情報を公表すべきか、という点を明確にすべき。

監督当局に提供された、機密を前提とする情報は、監督当局と保険会社間で、競争上のセンシティブな点についての情報共有を支持し促進する。

監督制度は、規制要件に関して公表され、透明であるべきであり、その目的や求める安全性の水準について明示されるべきである。

- 広く公に対しては、リスクを管理し契約者利益を保護するという責務を履行しているという情報を提供するよう求められるべき。
- 透明性と開示の向上は、規制と監督評価の均一化への起動力を提供し、触媒としての役割を果たすことが期待されている。それぞれの国において保険会社の健全性評価の実効性を確保するためには、監督者は当該制度の詳細と論理的根拠を一般に開示すべきである。リスク感応的な制度においては、その目的と要求される安全性レベルについて、明示的であるべきである。

ERMの枠組みと考え方

1 保険会社の抱えるリスク

ERMも広い意味ではリスク管理の枠組みであることから、まずは日本の保険会社がどのようなリスクを抱えているのかについて考えてみたい[1]。

保険会社は死亡リスクや長生きのリスク、物損リスク、損害賠償リスク、病気やケガのリスクなど、個人や企業のリスクを引き受けることでリターンを上げるビジネスを担っている。すなわち、保険事業の中核はリスクを引き受け、マネジメントすることにある。

生命保険事業では、引き受けるリスクは人の生死や病気等にかかわるものにおおむね限られているものの、終身保険をはじめ超長期の契約が多く、保障を長きにわたりまっとうするうえで経済環境の変化に伴う金融市場の変動にさらされやすい。保険会社は契約時点での保証利率で何十年も運用できる前提で保険料を決めており、金融環境が変わっても、通常は保証利率を見直すことができない。しかも、伝統的な平準払契約の場合、将来受け取る保険料（すなわちいままだ保険会社が収入していない保険料）についても契約時点で利率を保証していることになる。このように、生命保険会社は通常、保険引受リスクとともに、金融市場の変動に伴うリスク（金利リスク、非金利の資産運用リスク）を抱えることになる。また、保有している保険契約の解約の増加によって、当初見込んでいた将来の利益が減少してしまうといったリスクも、長期の契約に特有のものである。

損害保険事業では、積立保険等を除けば1年更改の契約が中心であり、生命保険事業のような長期にわたり利率を保証する負担は少ない[2]。しかし、

1　本書では「リスク」という言葉を、将来のキャッシュフローやその現在価値の不確実性（変動性）という意味で使っている。この考え方については第3章でより詳しく説明している。

生命保険と違い、補償内容が多岐にわたるため、引き受けるリスクの種類は非常に多い。たとえば、一口に「自動車保険」といっても、その中身は「（対人、対物の）損害賠償リスク」「ケガのリスク」「（車両などの）物損リスク」といった異なる補償の組合せとなっているし、歴史の長い海上保険や火災保険のほか、「サイバー攻撃による業務中断リスク」「個人情報の漏えいリスク」といった、企業分野を中心に、補償対象となりうる新たなリスクが次々に登場している。

　保険会社の抱えるリスクは、上記のような、収益をあげるために積極的に抱えているリスクばかりではない。たとえば、オペレーショナルリスクのように、職員等による事務ミスや不正行為、あるいはシステムトラブルにより損失が発生してしまうリスクなど、保険事業を行ううえで、付随して抱えてしまうものもある。これらはコストをかけて減らすことは可能だが、ゼロにはならない。また、流動性リスクに関しても、多くの保険会社は外部からの資金調達に依存するキャッシュフロー構造ではなく、信用圧迫時でも資金繰りに窮することは少ないと考えられるとはいえ、自然災害に伴う保険金請求や大規模な解約の発生により、一時的に多くの保険金や返戻金の支払を求められることもありうる。保険会社を経営する際には、これらの付随的なリスクにもきちんと対処していかなければならない。

　さらに、すでに管理すべきとして特定したリスクのほかにも、エマージングリスク（新興リスク）といわれる、現在は存在していない、もしくは会社として認識していないが、環境変化等によって認識が必要となるリスクへの対応も必要である。

2　ただし、損害保険事業でも長期性を考慮すべきものもある。日本の損害保険会社は積立型の保険のほか、2015年まで最長36年の長期火災保険を提供しており、保険料が予定利率により割り引かれている（長期の利率保証を行っているのと同じ）うえ、自然災害の多発化や物価上昇（新価による支払の場合）による収益悪化リスクを抱えている。また、買収した米国等の損害保険事業には、事故発生から支払までに長期間を要する保険種目（ロングテール種目）も含まれている。

② 従来型のリスク管理を超えた概念としてのERMの定義

上述のような各種のリスクを抱え、かつ、そもそもリスクをマネジメントすることが本業である保険会社において、なぜERMが注目され、導入が進んでいるのか。それにはまず、ここでいうERMとは何かを明らかにする必要があるだろう。

ERMは比較的新しい概念であり、日本語での表記は「統合（的）リスク管理」「全社的リスク管理」など、必ずしも固まっていない。『ケースで学ぶERMの実践』[3]によると、用語としてのERMは1990年代から米国のリスクマネジャー（企業内で防災対策や保険購入を担当する専門家）などの間で使われていたようである。ただし、国際的に広く認知されるようになったのは、トレッドウェイ委員会支援組織委員会（COSO）が2004年に、内部統制を含む、より広範な領域をカバーするものとしてERMフレームワーク（COSO-ERM）を公表してからと考えられる。

COSO-ERMにおけるERMの定義（2004年版）
　ERMは、事業体の取締役会、経営者、その他の組織内のすべての者によって遂行され、事業体の戦略策定に適用され、事業体全体にわたって適用され、事業目的の達成に関する合理的な保証を与えるために事業体に影響を及ぼす発生可能な事象を識別し、事業体のリスクアペタイト（リスク選好）に応じてリスクの管理が実施できるように設計された、1つのプロセスである。

このCOSO-ERMの定義によると、ERMは「事業体のすべての者によって遂行」「事業体全体にわたって適用」という全社的なリスク管理のプロセスであると同時に、「戦略策定に適用」「事業目的の達成」「リスクアペタイトに応じて」といった観点からリスク管理を行うと定義していることがわかる。

CAS（Casualty Actuarial Society：米国損害保険アクチュアリー会）は2000年

3　林良造ほか編、中央経済社、2010年。

にERMに関する研究・教育の検討を開始しており、2003年に採択した"Overview of Enterprise Risk Management"におけるERMの定義をみると、「ステークホルダーの価値を増大させる」「その組織が保有するすべてのリスク」といった、それまでのリスク管理を超えた概念を提唱していることがわかる。

CASの"Overview of Enterprise Risk Management"におけるERMの定義
　ERMとは、あらゆる産業における組織が、短期および長期においてステークホルダーの価値を増大させるために、その組織が保有するすべてのリスクを評価、コントロール、活用、調達、監視するための原則（プロセス）である。

　2004年版のCOSO-ERMは内部統制の進化形という性格が強く、保険業界ではCOSO-ERMを採用するというよりは、業界独自の動きとしてERMが普及してきたという経緯がある。前述のCASのような専門団体等の取組みのほか、格付機関や監督当局がERMに着目したことも普及を後押しすることになった[4]。そのような背景もあって、第1章で述べているとおり、日本において「ERM」という用語が最も浸透しているのは保険業界であると考えられる[5]。

　もっとも2000年代後半までは、欧州保険グループの取組みや格付機関のERM評価などを受け、一部の会社でERM推進の動きがみられていたものの、日本の保険業界全体としては、部門やリスクカテゴリーごとに行われる、いわゆるサイロ型の個別リスク管理の弱点を補うものとして、ERMの「全社的」「統合的」という面に着目した取組みが中心だった（当時は、「ERM」という用語はそれほど普及していなかった）。日本の保険業界では2000年前後に中堅の生命保険および損害保険会社が相次いで経営破綻したり、2000年代半ばに社会問題となった保険金等の不払問題への対応に追われたり

4　日本アクチュアリー会は2008年にERM委員会を新設。格付機関のS&Pは2005年に格付評価の一項目としてERM評価を開始している。
5　その後COSOは2017年にCOSO-ERMを改定し、副題として「戦略およびパフォーマンスとの統合」がつくなど、戦略策定プロセスやパフォーマンス促進においてもリスクを検討することの重要性を強調している。

と、経営として前向きな取組みを行うのがむずかしかったという事情もある。しかしその後、上場保険グループを中心に、企業価値の拡大を目的としてERMに取り組む動きが本格化し、行政当局による後押しもあって、大手以外の規模の会社や相互会社を含め、保険業界全体に取組みが広がっていった。いまではERMといえば、リスクテイク方針に基づき、企業価値拡大を目指す枠組みというのが日本の保険業界の共通認識となっている。

　本章で解説するERMの枠組みは、以下の特徴をもっている。

・（財務面の）健全性確保とともに、企業価値の向上（＝戦略目標の達成）を目的とした枠組みであること
・全体としての整合性・統合性を意識した取組みであること
・特定部門による取組みではなく、全社的な活動であること
・いわば経営そのものであり、経営戦略と密接に関連し、的確な意思決定を行うための枠組みであること

　保険業界にERMが普及する前に一般に行われていたリスク管理（本章ではこれ以降、「従来型のリスク管理」と呼ぶ）とERMの違いは図表２－１のようにまとめることができる。

図表２－１　ERMと従来型のリスク管理の違い

	ERM	従来型のリスク管理
目的	自己資本等を確保しつつ戦略目標を達成	損失の回避・抑制
対象とするリスク	すべてのリスクが対象（潜在的なものを含む）	特定したリスクが対象
対応する組織	事業全体で管理（全社的な活動）	リスク管理部門などの専門組織が管理
リスクのとらえ方	あらゆるリスクを整合的・統合的にとらえる	リスクの種類ごとにとらえる（個別のリスク管理活動）
リスクへの対応	継続的な活動（経営戦略と密接に関連）	必要があるときに対応

（出所）　筆者作成

ここからも、ERMは単なるリスク管理ではなく、より広い概念であることがわかる。図表2－1で示したように、ERMは経営戦略と密接に関連した経営管理手法・ツールであって、従来型のリスク管理とは違い、損失の回避や抑制を主眼とした取組みではないし、リスクの種類ごとにとらえる個別のリスク管理活動でもない。「健全性確保と企業価値向上（の両立）」「全体としての整合性・統合性」「全社的な活動」「経営そのもの」といった言葉がERMの本質を示している。保険会社が自社におけるERMの目的や定義を考える際には、企業価値の最大化、財務の健全性確保、収益・リスク・資本の一体的な管理、経営戦略での活用といった要素が意識されている。

　ところで、日本の監督当局による保険会社のERMの定義も示しておきたい。金融庁は検査官の手引書である「保険検査マニュアル」を2011年に全面改定した際に、検証項目のひとつとして「統合的リスク管理」を新設した[6]。マニュアルをみると、「保険会社の直面するリスクに関して、潜在的に重要なリスクを含めて総体的に捉え、保険会社の自己資本等と比較・対照し、さらに、保険引受や保険料率設定などフロー面を含めた事業全体としてリスクをコントロールする、自己管理型のリスク管理を行うこと」という文言に続き、「保険会社の統合的リスク管理態勢は、収益目標及びそれに向けたリスク・テイクの戦略等を定めた当該保険会社の戦略目標を達成するために、有効に機能することが重要」とある。これは、すでに設けられていた「金融検査マニュアル」（銀行向けのマニュアル）の「統合的リスク管理態勢」よりも踏み込んだ定義となっている。

　また、2016年に金融庁が公表した「ERM評価目線の概要」（2016年6月版）でも、健全性確保の枠組みを超えた目線が示されている。

③　なぜ保険会社にとってERMが有益なのか

　日本の保険会社が従来型のリスク管理の枠組みを超え、ERMの導入や高度化に取り組む理由のひとつとしては、たしかに格付機関や監督当局が保険

6　統合的リスク管理はERMと同義と解釈される。なお、検査マニュアルは2019年12月に廃止となったが、金融庁のウェブサイトで引き続き閲覧可能である。

会社のERMに注目していることもあるだろう。とりわけ近年の金融庁は、前述の「保険検査マニュアル」以降も、ヒアリングや監督指針の改正などを通じ、保険会社のERM導入・高度化を促してきた。格付機関も、監督当局が注目する前から、ERMを格付評価に直接的または間接的に取り入れてきた。

　しかし、そのような受け身の理由ばかりではなく、保険会社の経営にとって、ERMは積極的な意味で有益な取組みである。

　まず、ERMが健全性の確保とともに、企業価値の向上という目的を明示的に掲げている点があげられる。従来型のリスク管理も、リスクコントロールを通じて結果的に企業価値向上に資するものであると考えられる。しかし、経営陣がリスク管理を必要不可欠なものと認識していたとしても、従来型のリスク管理はどちらかといえば経営陣への牽制機能という性格が強いため、経営陣自らが積極的、能動的に取り組む活動とはとらえにくく、リスク管理はリスク管理部門という特定の部門が行う活動となってしまいがちであった。これに対し、企業価値の向上を目指すERMの枠組みは、まさに「経営そのもの」であり、経営陣が自らの活動としてとらえやすい。

　日本の保険会社を取り巻く経営環境の変化や、それに伴う事業ポートフォリオの変化もERMが求められる背景となっている。たとえば、金融危機後に証券化商品マーケットの流動性が著しく枯渇してしまったり、マイナス金利政策導入後のイールドカーブが極端にフラット化したように、保険会社の経営を揺るがしかねない金融市場の変動がしばしば生じている。また、大手保険グループでは海外保険会社の大規模な買収により事業展開のグローバル化を進め、かつてに比べると、経営組織やリスクプロファイルが多様化・複雑化している。このようななかで、ERMの特徴のひとつである「リスクを整合的、統合的にみること」の重要性はますます高まっている。

　さらに、ERMは「全社的活動」であり、たとえば、採算性やリスクにかかわらず売上規模や市場シェアばかりを重視する文化がある場合に、そこからの脱却を果たすうえでも有効と考えられる[7]。いくら経営陣が企業価値の向上を強く意識していても、販売・引受けの現場の評価が売上規模のみに

よって行われるとすると、経営目標と現場への動機づけが整合しない可能性が生じる。

4 保険会社のERMと経済価値ベースの評価

　保険会社のERMは経済価値ベースの評価に基づくことが重要だと考えられる。

　これまで述べてきたとおり、ERMは企業価値向上を目的とする枠組みであり、保険会社によるERMの定義でも、財務の健全性確保とともに企業価値の向上（あるいは収益の確保）が掲げられることが多い。

　企業価値を評価する考え方には、事業規模や財務会計上の利益から判断するものもあるかもしれないが、企業がビジネスを通じて将来生み出すキャッシュフローの現在価値をもって企業価値ととらえるのが最も自然である。これを保険会社に当てはめれば、経済価値ベースで評価した資産と負債の差額をベースに、今後新たに獲得する契約が生み出す価値を加味したものということになる。

　財務会計ベースの利益も中長期的な視点でみれば、企業価値を評価する際の手がかりとなるだろう。しかし、会社が生み出す将来キャッシュフローをみるうえで、財務会計上の単年度の利益はノイズが大きすぎる。たとえば、保有する上場株式の減損ルール（評価損を計上するトリガー）として取得原価の30％という基準を設定しているＡ社と、50％基準で運営しているＢ社があり、たまたま同じ銘柄を同じ取得価額で同額保有していたとする。不幸にも株価が取得価額から40％下がった状態で決算期末を迎えた場合、企業価値への影響はＡ、Ｂどちらの会社に対しても同じであり、このケースでは上場株式が時価評価されるので、バランスシートへの影響も等しい。それにもかかわらず、損益計算書上は、会計基準の適用方針の違いからＡ社は株価下落で損失を計上し、Ｂ社は計上しない。そのような利益をベースに将来キャッシュフローを推定し、企業価値を適切に評価することは困難である（その他

7　売上規模や市場シェアを重視する必要がないという主張ではない。ERMでも売上規模の観点は依然として重要ではあるものの、採算性やリスクの観点も必要となる。

の点も含め、経済価値ベースの指標と比べた財務会計の特徴については、第5章で整理している）。

ERMはリスクベースの経営、すなわち、経営としてとると決めたリスクをテイクすることで企業価値の向上を目指す枠組みでもある。それにはテイクしたリスクとともに、リスクをとった成果を評価し分析する必要がある。ところが、会計利益ではこれが非常にむずかしい。たとえば、生命保険会社の当期純利益（純剰余）や、決算発表で注目される「基礎利益」の増減をみて、当期にどのリスクをどの程度テイクした結果として増益（または減益）になったのかを分析することには限界がある。

過去に破綻した中堅生命保険会社の事例をみると、1980年代後半に金利リスクや株式リスク、信用リスクなどが加速的に積み上がった局面でも、その後1990年代に入り、株価が下落基調に転じるなど、これらのリスクが顕在化した局面でも、利差、死差、費差の三利源（会計利益を分解したもの）は総じて堅調だった。そして、1990年代半ばになって利差が損失に転じた時点では、すでに各社とも回復不可能な状況に追い込まれていた。これもERM上の経営指標として財務会計上の利益には限界があることを示す事例のひとつである。財務会計上の利益を用いることも、長い目でみればリスクテイクの結果を反映するとはいえ、経営戦略の見直しなどに活用するにはタイムラグがありすぎる。

もちろん、経済価値ベースの価値評価手法が万能というつもりはないし、ソルベンシー・マージン比率などの規制上の指標が財務会計に基づく以上、これらを遵守しなければ保険事業を継続することはできない。メディアが注目するのは会計利益なので、評判リスクなどの観点から単年度の会計利益も重要という判断であれば、そちらへの配慮も必要だろう。とはいえ、ERMで目指す企業価値の向上をどうとらえるかという点を考えれば、必要な範囲で財務会計上の利益に配慮しつつも、おのずと経済価値ベースの経営管理の枠組みを構築していくことになる。

なお、経済価値ベースのERMの考え方の詳細は、第3章および第4章で扱っている。

ERMの全体像とPDCAサイクル

1 保険会社のERMの全体像

　以下では、保険会社のERMの全体像の例を示す。ただし、事業・リスク特性や経営の考え方などによって、保険会社が整備すべきERMの枠組みは異なるはずで、保険会社が10社あれば、10通りのERM態勢が存在することになるのだろう。

　ERMが機能するために必要な枠組みとしては、活動内容（ERMのPDCAサイクル[8]）を定めるほか、経営にERMを定着・浸透させるべく、次にあげる要素が不可欠と考えている（図表2－2参照）。

　　・ERMのガバナンス
　　・リスクアペタイト
　　・ERMのカルチャー

ERMのPDCAサイクル

　ERMが経営管理手法である以上、当然ながらその具体的な活動内容を定める必要がある。その際、計画を立て、実行し、その成果を評価し、さらに、よりよい活動になるべく改善するといったPDCAサイクルを構築する。また、ERMのPDCAを支えるものとして、ITインフラと定量モデルが存在する。詳細については本節2以降で記述する。

ERMのガバナンス

　リスクに基づいた経営により企業価値の向上を目指すには、そのような経

8　PDCAサイクルは品質改善や生産管理などさまざまな分野で活用されているマネジメント手法で、Plan→Do→Check→Act→Plan……というループを繰り返すことで業務を改善していく。

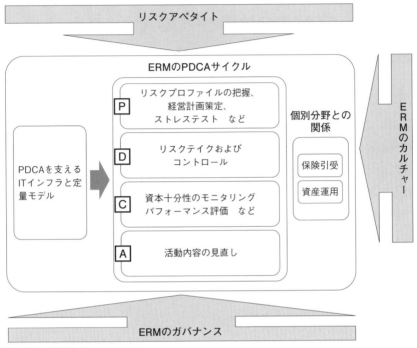

図表2-2　保険会社のERMの全体像（例）

リスクアペタイト

ERMのPDCAサイクル

P　リスクプロファイルの把握、
経営計画策定、
ストレステスト　など

D　リスクテイクおよび
コントロール

C　資本十分性のモニタリング
パフォーマンス評価　など

A　活動内容の見直し

PDCAを支える
ITインフラと定
量モデル

個別分野との
関係

保険引受

資産運用

ERMのカルチャー

ERMのガバナンス

（出所）　筆者作成

営が適切に実行されるためのガバナンス態勢を構築する必要がある。経営の規律が確保されているか、リスクベースの意思決定に必要な情報を経営陣がタイムリーに入手できる体制があるか、そもそもERMの担い手はだれであり、関連部門の役割や連携体制を明確化しているか、内部監査部門が果たすべき役割などが主な論点となる。詳細については本章第3節で記述する。

リスクアペタイト

　リスクアペタイト（リスク選好）とは、健全性の確保と企業価値の向上のために、経営としてどのようなリスクプロファイルとしたいのか（どのリスクをどのようにとりたいのか）、どのように収益をあげていくのかという、リスクのとり方に関する経営の意思を明確にしたものである。リスクアペタイ

トはしばしば「ERMの要」といわれる。このリスクアペタイトに関する経営としての決定内容を「リスクアペタイト・ステートメント（RAS）」として文書化し、これを起点にして経営の意思決定を行う枠組みが、ERMでは必要となる。詳細については本章第4節で記述する。

ERMのカルチャー

ERMのPDCAサイクルが期待どおりに機能するためには、「ERMのガバナンス」「リスクアペタイト」とともに、ERMを支える企業文化（ERMのカルチャー）、すなわち、ERMの根底にある、リスクや収益の概念を軸とした議論や意思決定を行う企業文化が組織に根づいていなければならない。そのような企業文化を、経営陣だけではなく役職員全体に浸透させることが、ERMの構築を進めるうえで最も重要、かつ、最もむずかしい取組みだと考えられる。詳細については本章第5節で記述する。

個別分野との関係

決定されたリスクアペタイトに基づいて個別分野（保険引受分野および資産運用分野）ごとの計画・方針の策定が行われるなど、個別分野ごとの取組みはERMの枠組みと関連づけて行われる必要がある。詳細については本章第6節で記述する。

2 ERMのPDCAサイクル

次に、具体的な活動内容としてのPDCAサイクルのうち、基本的な事項について一通り記述する。

ERMを経営管理ツールとして活用するには、先にあげた「健全性確保と企業価値向上（の両立）」「全体としての整合性・統合性」「全社的な活動」といったERMの本質を実現すべく、経営陣レベルおよび実務者レベルにおける日常的な活動に落とし込む必要がある。その際、PDCAサイクルを構築し、らせん階段を上っていくイメージで改善していく枠組を整備するのが望ましい。

ERMのPDCAサイクルの例を示すと、まず「P」としては、「リスクプロファイルの把握」「リスクアペタイトに基づいた経営計画の策定」などがあげられる。これらを組織内に周知することも重要だ。

次の「D」は各事業部門によるリスクテイク活動となるが、商品開発部門や営業推進部門、資産運用部門などのリスクに直面する部門は、リスクテイクをすれば、後はリスク管理部門におまかせ、というのではなく、リスクアペタイトに沿ったコントロールが求められるため、あらかじめ各部門における管理体制を整備しておく必要がある。

3番目の「C」では、「設定した資本十分性のモニタリング」「パフォーマンスの評価」を行い、計画とのギャップを認識するとともに、必要に応じて経営陣や各部門に追加的なコントロールを求める[9]。

サイクルなので再び「P」に戻ることになるが、その前に「A」がある。経営陣やリスク管理部門などのERM推進部門が中心となって、これらの活動が十分機能しているか、改善すべき点はないかを検証し、活動内容を見直すプロセスである。杓子定規に「A」は「C」の後と考える必要はなく、たとえば、なんらかの大きな環境変化が生じた際、対応策を検討し、実行するだけではなく、枠組みそのものに問題がなかったかも検証する必要があろう。なぜなら、改善すべき点が見つかるのは内外で変化が生じたときが多いためである[10]。

なお、「資本十分性の評価」や「ストレステスト」などのように、目的によって「P」でも「C」でも活用されるものもあり、これらについても後ほどコメントしたい。

活動内容を整備するうえで留意すべき点は、全体としてERMの目的達成のためのPDCAサイクルとなっているかどうかである。従来型のリスク管理

9　「C」では計画と結果のギャップを評価するだけで、ギャップを修正する行動を「A」と整理することも可能だが、本書では「モニタリング」「評価」に加え、経営陣等による「追加的なコントロール」までを「C」としている。

10　蛇足かもしれないが、ここでは対応策のひとつとして枠組みの見直しがあると主張しているのではない。環境変化に際しモノサシを変えることによって経営判断がゆがめられないかについて、慎重な検討が必要になろう。

からERMに移行する際、この点を十分意識して推進体制を整備しないと、必要な機能を整備し、行政当局からの質問にも胸を張って答えられるのに、実質的な経営判断は従来型のリスク管理の時代とほとんど変わらないということが起きてしまう。

　以下、主な活動内容について紹介する。

3 リスクプロファイルの把握

　ERMは会社の抱えるリスクを全社的、統合的にとらえ、リスクアペタイトに関する意思決定によって経営としてとるべきリスクや避けるべきリスクを明確にしたうえで、企業価値の維持向上を図る枠組みである。リスクアペタイトについては後述するとして、まずは会社がどのようなリスクを抱えているのかを把握し（＝リスクの洗い出し）、これらが健全性や会社価値に与える影響を定量的および定性的に分析・評価し（＝リスクの評価）、このうち経営上特に考慮すべきリスクを特定し（＝重要リスクの特定）、対応方針を決めることが、リスクプロファイルの把握のプロセスである。

　なお、リスクプロファイルの把握において、リスクという言葉は、リスクのカテゴリーを表すときと、特定のリスク事象（損失事象）を表すときがあることに留意が必要である[11]。

リスクの洗い出し

　ERM構築の初期段階にある会社では、リスクカテゴリーごとにリスクの大きさを定量的に評価し、管理することをもってリスクプロファイルの把握としているケースもみられる。しかし、リスクを洗い出すうえで大切なのは網羅性であり、あらかじめ特定したリスクカテゴリーを定量評価するだけでは、経営にとって重要なリスクが十分に洗い出せていない可能性がある。

　リスクの洗い出しとして従来から用いられてきた方法はボトムアップ・アプローチで、リスク管理部門が全部門から定期的にリスク情報を収集し、レ

11　たとえば、影響の大きさと発生頻度に応じたマッピングを行う対象は、リスクのカテゴリーではなくリスク事象である。

ポートや一覧表にまとめたうえで、経営陣に報告するというものである[12]。

ボトムアップ・アプローチで留意すべきは、リスク情報の収集（各部門にとってはリスク情報の報告）が形骸化しやすい点である。保険事業の場合、重要な（あるいは今後重要となりそうな）リスク事象の規模や種類が毎年大きく変化するような部門は少ないと考えられるため、導入当初はともかく、時間が経つにつれて報告作業がマンネリ化しやすく、各部門が意欲をもって取り組めるような工夫がいるだろう。また、リスクプロファイルは外部環境要因だけではなく、経営戦略の実行によっても変わるので、静的ではなく動的な情報が必要となる。

現在は存在していない、もしくは会社として認識していないが、環境変化等によって認識が必要となるリスク（エマージングリスク）の洗い出しとなると、より難易度が高い。網羅性のみならず、リスクに対する感性なども求められるため、事業内容に対する従来からの認識を前提としたボトムアップ・アプローチだけでは、限界があるだろう。すべての役職員がそのような感性をもつことが理想なのかもしれないが、日々の業務に追われる各部門からの情報だけに頼るのは無理があり、たとえば、リスク管理部門を中心とした部門横断的な「エマージングリスク対応チーム」など、専門的知見をもつ組織を中心に、トップダウンのアプローチで、現場情報も活用しつつリスクとなりうるイベントやシナリオを検討するのが現実的な対応と考えられる。

さらに、技術の進展や競争激化などによるビジネスモデルの毀損や崩壊といった事業そのものに関するリスク（ビジネスリスク）、あるいは、昨今注目されているコンダクトリスク（不適切な行為によって悪影響が生じた結果、直接的または間接的に自らの企業価値を毀損するようなリスク）についても、経営陣として考慮すべきであろう。

重要リスクの特定

洗い出したリスクのうち重要なものを特定し、経営で活用するには、定量

---

12 各部門からの洗い出しに加え、経営陣によるリスク認識を収集する実務もみられる。

的および定性的な分析・評価が必要となる。この段階を含めて「リスクの洗い出し」ということも多い。

　重要リスクの特定にあたっては、後述する「ストレステスト」の活用のほか、リスクを可視化した「リスクマップ」や「（リスク）ヒートマップ」など、各種のリスク事象を影響の大きさと発生頻度（管理の脆弱性も考慮）でマトリクスにした表を作成し、重要度に応じて分類（マッピング）する実務が広がっている。

　ただし、実際に作業をしてみると、リスクの洗い出しといっても、あらかじめ発生頻度や想定される損失額などを念頭に置いてリスク情報を収集していなければ、重要リスクを特定できないことに気づくだろう。たとえば、「円高進行で保有資産に損失が発生」「システムトラブルで業務がストップ」といったリスク事象を洗い出しても、どの程度の円高なのか、何日間の業務停止でどのような損失が発生するのかといった、経営に与える影響度合いをイメージできるようなシナリオがなければマッピングはできない。「中国経済の急激な悪化で○○レベルの円高が進行（同時に株安、金利低下も発生）し、××億円規模の価値を毀損」「サイバー攻撃でシステムが止まり、復旧に2週間かかり、○○や△△などにより××億円規模の損失が発生」といった、経営判断に結びつくような具体的なリスクシナリオが必要であり、現場からの情報収集に工夫の余地があるとしても、収集したリスク情報をそのまま集約すれば重要リスクが特定できるというものではない。網羅性を確保するべく現場情報を活用しつつも、経営陣とリスク管理部門をはじめとした関連部門が想像力を働かせてリスクシナリオを数多く想定し、このなかから重要リスクを絞り込んでいくこととなる。

　さらに、重要度に応じて分類したリスク事象のうち、最も重要な複数のリスクを取り出し（重要リスクの特定）、経営陣で対応方針を協議することで、リスクの洗い出しの活動が経営の意思決定につながる。リスクの洗い出しのために使用するツールが何であれ、把握したリスクプロファイルをもとに経営陣が議論し、行動につなげていけるような枠組みの整備が必要である。

4 リスクアペタイトに基づいた経営計画の策定

　リスクの洗い出しによって把握したリスクプロファイルをもとに、今度は
リスクアペタイト、すなわち、経営としてどのようなリスクプロファイルと
したいのかを明確にしたうえで、会社全体の経営計画や、個別分野ごとの計
画に落とし込んでいく（ERMと個別分野の関係は本章第6節で説明する）。経
営計画の前提となる直近時点の資本十分性の確認もこの段階で行われるが、
資本十分性の評価の考え方については本節7で記述している。

　従来型のリスク管理の段階にある会社でも、経営計画の作成にあたって
は、外部環境分析や自社の強み・弱み等の分析を行っているはずであり、そ
こにはなんらかのリスク分析も潜在的に含まれているのだろう。とはいえ、
それはERMにおける「リスクアペタイトに基づいた経営計画」とは異なる
ものである。経営計画の作成においては、足元の販売状況と今後の外部環
境、商品戦略等をもとに販売計画を決め、この販売計画と費用見込み（コス
ト削減計画を含む）、今後の金融市場の見通しと運用計画等から利益計画が決
まり、従来型のリスク管理での作業は、計画期間中に健全性の問題が生じな
いかを確認する、あるいは健全性指標の推移を試算することくらいでとど
まっていたのではなかろうか。

　しかし、考えてみれば、経営計画を立てるのは、現状を起点にして、経営
陣の考える「あるべき姿」に到達するための道筋を示すことが目的である。
同じように、ERMの経営計画とは、経営陣の考える「あるべきリスクプロ
ファイル」に到達するための道筋を示したものと考えればいい。

　健全性の確保という観点からは、本章第5節2のように、経営として確保
したい資本十分性の水準を定め、経営計画の期間を通じてその水準を維持で
きるかどうかを確認すること（継続性分析）も必要である。リスクアペタイ
トに含まれる重要な要素のひとつが、満たすべき健全性水準に関する方針で
あり、その方針と整合的に、足元だけではなく将来の健全性の確認をする必
要がある。

　リスクアペタイトは定量的および定性的な内容を含むものであり、全社レ

ベルの場合、たとえば、「満たすべき健全性水準」「収益の目標水準」「どの
リスクをどのようにとるか（個別分野の位置づけや、各分野でのリスクの具体
的なとり方など）」などを定めることになるだろう[13]。全社レベルのリスクア
ペタイトだけではなく、リスクカテゴリーレベル、あるいは、事業レベルで
のリスクアペタイト、さらに、必要に応じてより細分化されたレベルまでつ
くり込んでいく。決定したリスクアペタイトは、分野別にとることのできる
リスクの上限の設定や個別分野ごとの計画・方針、および経営上の個別の判
断に反映させる。

　企業価値向上の観点からは、利益をあげるために積極的に抱えているリス
ク[14]については、リスクテイクに見合ったリターンが期待できる事業分野や
リスクカテゴリーを把握し、そこで優先的にリスクをとっていくというかた
ちで、とるべきリスクの判断をすることが必要となる。こうした考え方に基
づき、優先的に資本（リスク）を配賦すべき分野を判断して望ましい事業
ポートフォリオを構築することは「資本配賦運営」などと呼ばれる。その際
には、経営が予測したリスク対比リターン指標（あるいはリスク調整後収益指
標）が参考にされることもある。経営として重点的にリスクテイクする事業
に多くの資本（リスク）を配賦し、そうでない事業への配賦を抑えること
で、経営としてのリスクアペタイトを具現化することができる。

　ただし、リスク対比リターン指標等により最適な事業ポートフォリオが自
動的に求まるというものではなく、あくまで経営としてのリスクアペタイト
に基づいた主観的な判断により事業ポートフォリオを決めるべきであるな
ど、本章第4節3で後述するようにリスク対比リターン指標の活用にはさま
ざまな留意点がある。また、第4節4で述べるように、資本配賦は分野別に
とるべきリスク量を決定することを意味するため、資本配賦と呼ばれる枠組
みを用いているかどうかにかかわらず、本質的に重要なことは分野別のリス
クのとり方の決定をすることであり、資本配賦という形式の整備がERMの
高度化のための条件ではないということにも留意が必要である。

13　満たすべき収益の安定性を定めることもある。
14　コアリスクなどと呼ばれることがある。

実際には、会社やグループを統括する部門が各事業部門に一方的に資本を配賦するというのではなく、各事業部門が打ち出した事業計画をもとに、統括部門が全社ベースのリスクアペタイトとの整合性を確認しつつ、協議のうえ各事業の計画を固めていく。たとえば、傘下に複数の事業会社を抱える持株会社を想定した場合、持株会社の経営陣はそれぞれの事業会社の経営陣と、各社が作成した事業計画について、全社レベルや事業レベル等のリスクアペタイトやリスク量、リターンの予測をもとに、原案どおりにリスクテイクを認める、あるいは、グループ経営の観点からなんらかの修正を求める、といったやりとりを行うことになろう。

5　ストレステストの実施

　ストレステストは、例外的だが蓋然性のあるイベントがもたらす潜在的な脆弱性を把握するためのツールである。実施目的としては、PDCAサイクルの「Ｃ」で、資本十分性のモニタリングに関連してリスク計測の限界を補完することのほか、「Ｐ」として、ストレステストによるリスクの多面的な理解を通じ、「(エマージングリスクを含めた) 重要リスクの特定」「リスクアペタイトの確認」「中期経営計画の策定」などへの活用があげられる。

　資本十分性の評価ではリスク量をVaR（Value at Risk）によってとらえるのが一般的である。ただし、VaRは過去の観測データから損失額を推定したものであり、観測期間にとらえきれなかったストレス事象や、環境変化に伴う予想損失やリスク間の分散効果の変化、観測データの不備などから、リスク量を過小に評価してしまう可能性がある。後述のように、ストレステストはさまざまな場面で活用できるツールだが、2008年の金融危機以降、こうしたリスク計測の限界を補完するものとして活用が推奨されたという経緯がある。また、VaRは確率分布上の特定のパーセント点の数値を表したものであり、リスク特性に関する情報の一部しか把握できないが、ストレステストを実施することで、リスク特性の多面的な理解につながる。

　ストレステストには「感応度分析」「ヒストリカルシナリオによるストレステスト」「仮想シナリオによるストレステスト」などさまざまな手法があ

る。

・感応度分析は、1つのリスク要因（たとえば、株価）を何通りかに動かした時の影響度を評価する手法

・ヒストリカルシナリオによるストレステストは、過去に発生したイベント（たとえば、金融危機時の金融市場の変化）に基づきシナリオを作成し、影響度を評価する手法

・仮想シナリオによるストレステストは、将来発生する可能性があるイベント（例外的だが蓋然性のあるもの）を想定したシナリオを作成し、影響度を評価する手法

・リバース・ストレステストは、シナリオを作成するのではなく、先に「経営として起きてほしくない状態（＝健全性が悪化した状態）」を想定したうえで、その状態に陥るようなシナリオを逆に求める手法

　ストレステストで課題となるのは、「いかにしてシナリオを作成するか（なぜそのシナリオを採用するか）」「いかにして対応策の検討につなげるか」の2点であろう。この2つを解決せずにストレステストを実施し、経営陣に報告しても、ストレステストを経営に活用することはできない。ストレステストの実施目的を明確化し、目的と関連づけてシナリオを作成することが、経営での活用にもつながる。ストレステストの目的に応じて必要となる視点の例を以下であげる。

・リスク計測の限界を補完する目的であれば、統合リスク量の計算手法をふまえつつ、テールリスクを意識してより強いストレスを与えたり、異なるリスク間の相関関係を崩してみたりする。経営での活用をふまえると、シナリオの客観性よりも、自社の脆弱性を発見するための独自性を重視すべき。

・重要リスクの特定、すなわち、洗い出したリスクの重要性を評価するためであれば、定量的な評価がむずかしい事象についても、発生頻度をあらかじめある程度想定したうえでシナリオを採用しなければ、リスクのマッピングができない。エマージングリスクの洗い出しということであれば、他業態で生じたリスク事象を自社に当てはめてみるのも有効。

・リスクアペタイトの確認や中期経営計画の策定におけるストレステスト
　では、経営計画が想定どおりに推移しなかった場合の状況を把握するの
　が第一の目的であるとすれば、必要なシナリオは発生可能性がある程度
　高く、かつ、将来に向けたもの（一時的ショックではなく、低迷が継続す
　る等）であるべき。

　ストレステストの経営での活用のために、実施目的の明確化とともに重要
な点は、月並みだが「経営陣の関与」である。「こんなシナリオは机上の空
論だ」といった議論になってしまうことを防ぐには、各種のストレステスト
の結果を経営陣に報告するだけではなく、少なくともシナリオ策定の段階で
経営陣が関与することが不可欠である。ストレステストは結果をみて終わり
というものではなく、リスクシナリオの検討、テスト結果に対する対応策の
検討、といった議論のプロセスを重視すべきである。

　通常のストレステストでは、まずストレスシナリオを想定し、そのシナリ
オのもとで事業継続の可能性などをみるのに対し、リバース・ストレステス
トでは、先に「経営として起きてほしくない状態」を想定したうえで、その
状態に陥るようなシナリオを分析・検討する。「当社はこのリスクに弱い」
「リスクAとBが同時に起きたら厳しい状態になる」といった自社の脆弱性
を実感しやすいため、対応策の検討を行いやすい[15]。

　想定する「起きてほしくない状態」として、トリプルB格水準の資本十分
性や規制が求める資本水準など、存続可能性を意識したものが多いようにみ
えるが、経営における活用をふまえると、同じシナリオでも複数段階を想定
したほうがいいだろう。たとえば、ESR（Economic Solvency Ratio）が100％
となる水準とともに、少し上の水準として120％もターゲットにしておく。
100％と120％では危機のレベル感が違うので、「120％抵触ではリスクテイク
の見直し」「100％抵触ではリスク削減策の実行」など、対応策も変わってく

15　これを規制で取り入れたものが、FSB（金融安定理事会）によるG-SIFIs向けRRP（再
　　建・破綻処理計画）の策定要請（特に金融機関が作成する「リカバリープラン」の部
　　分）である。金融庁の「保険会社向けの総合的な監督指針」にも「経営危機に至る可能
　　性が高いシナリオを特定し、そのようなリスクをコントロールすべく必要な方策を準備
　　するため、リバース・ストレステストを定期的に実施しているか」という記述がある。

るはずだ。

　あるいは、シナリオの分析対象になったリスクファクターに対して、100％抵触時にリスク削減策として何ができるかを検討した結果、その時点でできることは限られるという判断になるかもしれない。そうだとすると、100％に抵触してしまってから動いても遅すぎるので、120％水準を守るための対応策を用意しておくというように活用できる。120％や100％になってしまうようなリスクファクターを抱えるべきではないとして、いまの時点で排除に動くといった経営判断もありえよう。

　リバース・ストレステストは、シナリオのリスクファクターが多くなるほどシナリオを特定するのがむずかしくなる（極端にいえば、無限に見つかってしまう）といった技術的な課題はあるものの、「監督指針にあるから実行した」などという位置づけにとどめず、経営での活用を目的に実施すべきだろう。

6 リスクテイクおよびコントロール

　ここまではPDCAサイクルの「P」に関する主な取組みを紹介した。続く「D」では、リスクアペタイトに基づき、各事業部門によるリスクテイクおよびコントロールの活動が行われる。この活動については本章第3節4で簡単に触れることにする。

7 資本十分性のモニタリング

　次に、「D」の結果をモニタリングし、必要に応じてコントロールを行う「C」の取組みを紹介する。

　ERMは健全性を確保しつつ、企業価値の向上を目指す枠組みであることから、健全性（資本十分性）と企業価値向上（パフォーマンスの確保）の両者のモニタリングが必要となる。資本十分性の評価そのものは「P」でも行い、たとえば、経営計画の前提となる直近時点の資本十分性を確認したり、経営として確保したい資本十分性の水準を定めたりするが、ここでは主にモニタリングやコントロールなど「C」を念頭に説明する。

資本十分性の評価の実務では、全社ベースのリスク量と自己資本等を定期的および必要に応じて対比する[16]。主要なリスクカテゴリー（保険引受リスク、資産運用リスクなど）をVaRで定量的に把握し、これらを統合したリスク量と保険会社の体力である自己資本等を対比した指標が、資本十分性を評価するために使われる。リスク対応のための自己資本が統合リスク量を上回っていれば、資本十分性があると判断できる。統合リスク量と自己資本の大小関係や差額を確認するほか、統合リスク量に対する自己資本の割合によって資本十分性の水準を表現することもできる。ERMの初期段階では、健全性確保の観点から資本十分性の評価に取り組む事例が多いようだ。

　リスク量については、主要なリスクカテゴリーのリスクを定量モデルによって計測し、各リスク間の相関を考慮して統合リスク量を算出する。経済価値ベースでのリスク計測を行うことで、長期の保険負債を多く保有する保険会社では金利リスクが無視できないボリュームであることなど、ソルベンシー・マージン比率ではみられない状況を数値で確認できる。

　対比する自己資本等については、保険会社の体力、すなわち、リスクに対する損失吸収バッファーではあるものの、普遍的な定義は存在しない。かつてはソルベンシー・マージン比率と親和的な、財務会計ベースの広義自己資本が内部管理で使われることもあったが、経済価値ベースで資本十分性を評価する際には、時価評価した資産と負債の差額（時価資本）を自己資本として使うことになる[17]。さらに、過去の一時点の資本十分性を評価するだけではなく、中期経営計画をふまえた将来の資本十分性を評価する取組みも進んできた[18]。

　保険会社による内部管理上の資本十分性の評価のために、前述のESR、すなわち、ある保有期間・信頼水準のVaRに対して、リスク対応のための自己

16　経済価値ベースの資本十分性評価の方法は、第4章で説明している。
17　財務会計ベースでの資本十分性評価指標も残し、制約条件として別途考慮するケースもあるもようだ。
18　将来の資本十分性評価が普及した背景には、本章第5節2のように、監督当局によるORSA（Own Risk and Solvency Assessment：リスクとソルベンシーの自己評価）の指針で継続性分析が求められたことも大きい。

資本をどの程度もっているかを割合で表した指標では、一般にVaRと自己資本は経済価値ベースで評価される。保有期間は1年、信頼水準は99.5%が使われることが多い[19]。1年99.5%のVaRとは、1年間でそれ以上の損失が生じる確率が0.5%であるような損失額を意味する。ESRが100%のときは自己資本がマイナスになる確率が0.5%であることを意味し、一般にトリプルB格の下限付近の健全性と解釈される。

ESRのかわりに、目標とする信頼水準（たとえば、2000年に一度の損失事象に耐えうるという意味で、1年99.95%のVaR）を自己資本が上回るというかたちで健全性を定義する考え方もある[20]。また、ある信頼水準のVaRに明示的なバッファーを上乗せして自己資本と比較する方法もある。これは、特定のストレスがかかってもなお、ある信頼水準のVaRを上回る自己資本を維持するという考え方に基づくものと解釈できる。ここでの特定のストレスは、10年に一度や100年に一度といったある頻度で生じる損失額として、あるいは過去に生じたシナリオや将来に生じうるシナリオを想定して設定される。

資本十分性確保のためのモニタリングの実効性を高める観点から、アラームポイントやリミット（ハードリミット、ソフトリミット[21]）等を設定する実務も一般にみられる。結果的に指標を眺めているだけという状態に陥らないように、たとえば、「アラームポイントに抵触したら、対応策を協議」「（ハードリミットの場合）リミットに抵触したら、直ちにリスク削減策を実行」など、具体的な対応策とセットでリミット等を設定する。ただし、リミット抵触に際しての対応は最終的には経営陣による判断となる点に留意したい。リミット設定のほか、信頼水準が異なる統合リスク量を併用し、対自己資本の

19　1年の99.95%といった高い信頼水準での統合リスク量に対する自己資本の割合をESRと呼ぶ会社も一部存在するが、このケースでは、ESRの数値によって満たすべき健全性水準を表すという使い方に加え、99.95%の統合リスク量と自己資本を比較することを重視していると考えられる。

20　1年99.95%のVaRと自己資本を直接比較するほか、99.95%のVaRと99.5% VaRの関係を考慮して、99.5% VaRを基準とするESRに換算して表現する方法もある。

21　一般的には、抵触したら強制的にリスク削減を行うのがハードリミットで、抵触したらリスク削減等の実施を協議するのがソフトリミットとされる。実務上はリミットに抵触してからではなく、抵触しそうになった時点でアクションを起こすとしている事例も多い。

水準に応じた対応を図る、またはESRの水準に応じて対応を図る実務もみられる。

　ERMにおける資本十分性の評価は、単に統合リスク量が自己資本の範囲内に収まっていることを確認するというよりは、後述する全社ベースのリスクアペタイトを具体的に表現したものといえ、ESRなどの資本十分性評価指標は、経営として定めた「確保すべき健全性」をモニタリングするためのツールという性格も強い。ソルベンシーの確保という観点からは、リスクに対する資本は多ければ多いほどいいが、資本の有効活用という観点からは、ESRが過度に高いということは、自社の強みがある分野でとるべきリスクをとっていない、もしくはとるべきリスクはとっているがそれに対応する資本に余剰がある状況にあることを示している。このため、確保すべき健全性の最低水準を定めるだけでなく、適正水準のレンジや上限を設けることもあるようだ。

8　パフォーマンスの評価

　計画どおりに企業価値の向上が図れたかどうかを確認するには、パフォーマンスの評価が必要である。

　ここでいう「パフォーマンス」「リターン」は、企業価値の変動に直結するものが望ましく、「基礎利益」「当期純利益」といった財務会計上の指標のみでは限界がある。たとえば、リスクテイク方針として「第三分野の契約を増やす」「外国株式のリスクをとる」と決めて実行し、思惑どおりに契約が増えたり、購入後の資産価格が上昇したりしても、基礎利益や当期純利益はほとんど反応しない（むしろ新契約の増加は当期の減益要因となる）。詳細は第3章と第4章で説明しているが、経済価値ベースのERMという観点からは、やはり経済価値ベースの指標を重視しつつ、制約要件として財務会計上の数値にも目を配るというのが自然な姿であろう。

　リターンはリスクとの対比でとらえることも必要であり、経営計画を策定する段階で、リスクテイクに見合ったリターンが期待できる事業分野やリスクカテゴリーに対して優先的に資本（リスク）を配賦した場合には、リスク

をとることの対価として必要なリターンが得られたかによってパフォーマンスを確認することになる。もしリスク対比リターン指標等を活用していれば、こちらも参考にする。

　事業ポートフォリオは「決まるもの」ではなく、「決めるもの」であるため、ある事業分野で期待どおりにリターンが上がったからといって、機械的にその分野での追加的なリスクテイクを行うという運営とはならない。なぜ計画どおりリターンが上がったのか、この間に発生した内外のリスク事象の影響などを分析したうえで、次の計画を決めることになる。もちろん、期待どおりにリターンが上がらなかった場合には、その理由や責任の所在を確認したうえで、今後のリスクテイク方針に活かしていく。

9 ITインフラと定量モデルの活用

　以上では、ERMのPDCA上の主な活動内容を紹介してきた。最後に、PDCAを支えるITインフラと定量モデルについてみていきたい。

　資本十分性のモニタリングやパフォーマンス評価を行ううえで、ITインフラの整備が求められることもある（ビジネスモデルやリスク特性がきわめてシンプルな会社を除く）。ここでのITインフラは、必ずしも大規模なITシステムを指すものではなく、スプレッドシートでの計算やデータ管理を含め、ERMで必要な計算やデータの管理、情報伝達等を効率的かつ必要な精度で行うための仕組みを指している。

　たとえば、経済価値ベースで保険負債を評価するには、保有契約から生じる将来の期待キャッシュフローの現在価値を、契約1件ごとまたはモデルポイントと呼ばれる代表契約ごとに計算することになるが、こうした計算を、将来の期待キャッシュフローに関する前提条件を変えて何度も行うには、社内で限られた専門性の高い社員を中心に相応の期間をかける必要があるのではないだろうか。計算期間を短縮化するための計算方法や作業プロセスの工夫を行ってもなお、こうした作業に時間がかかりすぎる場合には、相応のITインフラがあると助かるだろう。

　ITインフラは大量で複雑な計算を処理するといった計測面だけではなく、

保険会社またはグループ全体のリスク情報をタイムリーに収集する、あるいは、意思決定に必要なリスクに関する情報を使いやすいかたちで経営に提供するうえでも力を発揮する。このうち前者は、大型買収などによってグループ構造が複雑化していたり、グループ内に複数の中核事業会社を擁していたりする場合、特に重要となる。グループ統治のスタイルが「中央集権型」ではなく「分散型」「連邦経営型」だとしても、グループとして最適なリスクプロファイルを目指すには、システムの共通化を図らない場合でも、グループ内の情報を必要に応じて吸い上げる仕組みを確保する必要がある。

　一方、後者には「ERMダッシュボード」などと呼ばれ、経営にとって必要なリスク情報を一覧できるツールも含まれる。ただし、たとえば多額のIT投資を行い、ダッシュボード機能やシナリオ分析機能などを整備したとしても、そのこと自体はERMを高度化したことにはならず、あくまでもそのツールを使って何をするかという点が重要である。高度なITインフラがなければ経済価値ベースのERMを実装できないというものでもなく、費用対効果を考え、慎重に検討すべきであろう。

　経済価値ベースのERMでは、保険負債の評価やリスク量の計算、リターンの要因分解などのために定量モデルを活用することが必要になる。日本のソルベンシー規制では各社の内部管理用のモデルによるリスク計測がごく一部しか認められていないものの、金融庁のアンケート調査によると、「ここ数年で内部モデルを活用したリスク管理が一段と進んでいることが見受けられる[22]」「リスク管理・経営管理における内部モデルの活用が進められており（後略）[23]」など、ERMで定量モデルの活用が浸透していることがうかがえる。

　定量モデルを経営で活用するにあたっては、自社のリスク特性やモデルの使用目的を考慮したうえで、リスク計測の方法論や計算手法、前提条件設定

22　金融庁「経済価値ベースのソルベンシー規制の導入に係るフィールドテストの結果について」（2015年6月26日公表）。

23　金融庁「経済価値ベースの評価・監督手法の検討に関するフィールドテストの結果について」（2017年3月28日公表）。

の適切性の説明を自ら行えるようにすること、および代替的な手法との対比等を通じ、採用したモデルの特徴や限界を認識しておくことが重要である。さらに、モデルの品質維持・向上のために定期的な検証および必要に応じた追加検証が必要となる。モデル開発や検証のためにコストや労力をかけてでも、自社にあった定量モデルを構築・活用するのは、自社のリスクプロファイルを正しく表現することで、結果として適切な経営判断が行いやすくなるためである。リスクに対する経営陣の理解が深まることも期待できよう。

こうした「モデルガバナンス」に関連して、EUのソルベンシーⅡでは、規制として保険会社に求めるリスク量の計算を、すべての会社に一律で適用される標準的手法のほか、あらかじめ承認された内部モデル手法によって行うことを認めている。以下ではモデルガバナンス体制を構築する際の参考として、ソルベンシーⅡにおける内部モデル手法の承認基準の概略を紹介する。

- ユーステスト（Use test）……意思決定プロセスにおいて内部モデルが実際に使用され、経営陣がモデルの設計や運営の適切性を確認していること、など。
- 統計品質基準（Statistical quality standards）……保険会社が内部モデルで用いている前提条件の妥当性を監督当局に対して証明できることや、モデルで使用するデータが正確・完全・適切であること、また、会社の保有するすべての主要なリスクをモデルがカバーしていること、など。
- 較正基準（Calibration standards）……内部モデルで用いるリスク尺度を必要に応じて調整することにより、SCR[24]を計測することが可能となっていること、など。
- 損益属性（Profit and loss attribution）……事業分野ごとの損益の源泉が内部モデルにおけるリスク分類によっていかに表されているかが説明可能となっていること、モデルでのリスク分類が自社のリスクプロファイ

---

24 Solvency Capital Requirementの略。MCR（Minimum Capital Requirement）とともに、ソルベンシーⅡが求める資本要件であり、対象となるリスクをそれぞれ計測し、リスク間の相関を考慮して統合する。

ルを反映していること、など。

・有効性基準（Validation standards）……モデルによる計算結果と実績の
差異分析や統計分析、モデルの安定性分析等により、内部モデルの有効
性を検証するサイクルを確立していること、など。

・文書化基準（Documentation standards）……内部モデルの設計や運営の
詳細を文書化し、モデルの検証結果や内部モデルが機能しなくなる状
況、過去の変更履歴を記述すること、など。

・社外のモデルやデータ（External model and data）……社外から入手し
たモデルやデータを使用する場合であっても、上記の内部モデルに関す
る要件が適用されること。

　以上、まずERMの全体像をつかむため、保険会社のERMの枠組みの例を
示したうえで、ERMのPDCAサイクルを構成する主要な取組みについて紹
介してきた。ここから先は、枠組みの整備が一定程度進んだとみられる状況
だからこそ、ERMを十分機能させるために特に重要と思われる「ERMのガ
バナンス」「リスクアペタイト」「ERMのカルチャー」を取り上げ、さらに
「ERMと個別分野との関係」についても述べることにしたい。

第3節　ERMのガバナンス

1　ERMに求められるガバナンス

　ERMによって企業価値の向上を図るには、効果的なコーポレートガバナ
ンスの存在が前提となる。従来のリスク管理をERMに衣替えしても、自動
的にコーポレートガバナンスが強まりはしない。

　ERMのガバナンスを整理すると、ERMという経営手法を活用すべく、経
営陣の規律をいかに確保するかという論点と、経営として構築したERMの
枠組みをいかに機能させるかという論点がある。本章ではこれ以降、「経営

の規律の確保に関するガバナンス」および「ERMの枠組みを機能させるためのガバナンス」という呼称で、これら2つの論点を使い分けることにする。

「経営の規律の確保に関するガバナンス」に関して、ERMはあくまでも経営上の意思決定を支援するためのツールであり、経営戦略上の選択の「解」を与えるものではない。すなわち、ERMを導入することによって、健全性確保と収益確保のための経営戦略上の選択が「自動的」「客観的」に示されることはなく、むしろ、ERMは経営戦略上の選択にかかる責任をより明確にするものである。たとえば、なんらかのリスクを抱えた状況のなかで、想定外の不都合な事象が発生し、当該リスクが顕在化したことにより会社価値が大きく毀損したとする。「異常事態が発生した」「指標が現実を正しく反映していない」「他社も同じような状況にある」として責任の所在があいまいになりがちな局面だが、ERMでは、経営陣が「自らの意思」で「主観的」に当該リスクを抱えると判断した結果であると解釈され、責任の所在が明確化されることになる。

「ERMの枠組みを機能させるためのガバナンス」については、ERMの枠組みが機能している状態とは、単に構築したERMのPDCAサイクル内のタスクが実行されているというだけではなく、経営として設定したリスクアペタイトが個別分野に反映されていることを含め、経営での活用のためにPDCAサイクル上の活動が行われていることが重要である。

2 自らの組織のガバナンス構造の特徴をふまえたERM

ERMにおける「経営の規律の確保に関するガバナンス」を考えるにあたり、日本では保険会社に限らず、多くの会社で監督（取締役）と執行（経営者）の分離が必ずしも進んでおらず、取締役会と、常務会や経営会議といった経営陣レベルによって構成される組織のいずれも、ともに執行組織という性格が強く、構造上、経営者への監視機能が十分に備わっているとはいえない面があることをふまえておく必要がある[25]。

たとえば、ERMを軽視し、ERMを有効に機能させるための支援を怠り、

結果として会社を経営上重大なリスクにさらしたり、企業価値の著しい毀損を招いたりするような経営が行われた場合でも、それに対する監視が届きにくい面があるかもしれない。自社の強みのある分野でとるべきリスクをとらない経営者の存在もガバナンスの失敗といえるし、リスクテイクを行うための資本の余裕があるとしても、自社に強みがない分野でのリスクテイクも同じくガバナンスの失敗と考えられるが、監視機能が働きにくい組織では、そうしたことが問題視される機会が存在しないかもしれない。

　監督と執行の分離がかたちとしてだけではなく、実質的にもなされていれば、たとえばリスク管理委員会とは別途に、取締役会のもとに「リスク委員会」を設置し、リスクテイク方針をここで議論するといったかたちで、取締役会による経営陣の監督をより実効的なものにするための方策を導入することも考えられる。あるいは、CRO（最高リスク管理責任者）の退任を取締役会の承認事項とすることなどにより、CROの位置づけを強化することも可能だろう。監視機能を強化する手法はほかにも考えられそうだが、いずれにしても、経営の規律を確保するためのガバナンス上の工夫を考えていくことが重要であろう。

　もちろん、監督と執行を分離しさえすればすべての問題が解決するわけではないし、「機能体」というより「共同体」という性格が強い組織においては、かたちだけ整えても、ガバナンス改革がそう簡単に進むとは考えにくい。さらにいえば、銀行業と比べた保険事業のわかりにくさも、執行機能をもたない取締役会にとって監督上の制約となりうる。とはいえ、各社が自らの組織のガバナンス構造の特徴をふまえたうえで、ERMをいかに機能させるかを考えることが重要なのは間違いない。

　政府が2013年以降に進めてきたコーポレートガバナンス改革では、保険会

25　主に会社法の監査役会設置会社を念頭に置いている。会社法では、経営者への監視機能として監査役会（半数以上が社外監査役）の設置を求めている。監査役の監査には業務監査と会計監査があり、このうち業務監査は取締役の適法性監査ではあるが、日本監査役協会によると、「取締役の経営判断にかかわる事項についても、善管注意義務違反がないかどうかを監査する」とされる。ただし、監査役には取締役会での議決権がなく、代表取締役の選定・解職権もない。

社は機関投資家として上場企業の持続的な成長を促す役割を期待されており、第2版執筆時点で大手を中心に20社以上が日本版スチュワードシップ・コードの受入れを表明している。さらに、生命保険協会は以前から、株主・投資家の立場から、株式価値向上に向けた調査や要望を継続的に行っており、2019年度の報告書にも、「資本コストを踏まえたROEの目標設定と水準公表」という提言を盛り込んでいる。このような地位にある保険会社としては、自らも積極的にコーポレートガバナンスの強化に取り組むことが期待される。

特に、事業内容やリスクプロファイルが多様化・複雑化している会社・グループや、相互会社形態のように外部からの監視の目が構造的に届きにくい会社では、自主的な情報開示によって外部からの監視が働きやすくするなどの工夫により、ガバナンスの強化を常に心がけることが、ERMを通して経営の規律を確保することにもつながると考えられる。

③ ERMの推進体制

「ERMの枠組みを機能させるためのガバナンス」に関する取組みについても述べることにしたい。

ERMの枠組みのなかで、経営陣がリスクテイクに関する意思決定（付随的に抱えてしまうリスクへの対処方針を含む）を行うには、たとえば、次のような体制が必要である。

○意思決定に必要な情報を経営陣にタイムリーに提供
　・リスクに関する情報を定期的および必要に応じて経営陣に報告する体制を構築
　・情報量が多ければいいというものではなく、全体としてのリスクプロファイルや健全性等の状況が十分把握できる工夫が必要
　・計測に時間がかかるなどの要因でタイムリーな報告がむずかしい場合には、簡易な試算やストレステストの活用など、タイムラグを補完する情報を提供
○関連する部門ごとの役割と責任を明確化したうえで、部門間の協力・牽制

体制を構築

- ・ERMの中核的な担い手はリスク管理部門に限らないため、関連部門の役割を明確化し、リスク管理部門との連携体制を整備
- ・特に、大半の会社では従来型のリスク管理からの移行となり、たとえば、「経済価値ベースの管理はリスク管理部が担当し、財務会計ベースの管理は主計部が担当」というパッチワーク的な体制が意思決定の妨げとなることも考えられるため、留意が必要

○必要に応じて「ERM委員会」等の会議体を設置し、部門横断的な情報共有および議論を行う体制を整備

- ・設立当初は活発な議論を行う会議体だったものが、時間とともに形骸化していく事例もあるため、実質的な議論を行う会議体となるような取組みが必要

○組織内に、ERMに関連したスキル・経験を考慮した人材を配置

- ・ERMは全社的な活動ではあるが、「経済価値ベースの保険負債評価」「定量モデルを活用したリスク計測」など、経営管理に関する高い専門性を必要とする部門には、スキル・経験を考慮した専門人材の配置が必要

なお、最後の「人材」に関連して、ここでいう「専門性」とは、保険負債やリスク量を正しく計測できるというだけではなく、定性的な評価を含めたリスクに対する分析力や、経営陣や他部門等とのコミュニケーション能力も含んでいる。参考までに、ERMに関する資格制度として知られるCERA（日本では、Chartered Enterprise Risk Actuary）でも、専門知識とともに問題解決能力が問われている[26]。

4 リスク管理部門と各事業部門の役割

ERMのPDCAサイクルの「D」では、リスクアペタイトに基づき、各事業部門によるリスクテイクおよびコントロールの活動が行われる。このス

---

26 CERAはERMに関するアクチュアリーの国際資格で、日本では2012年度から日本アクチュアリー会がCERA資格の認定を開始している。

テップにおけるリスク管理部門と各事業部門の役割を考えてみたい。

　誤解をおそれずにいえば、従来型のリスク管理の時代には、保険会社の経営陣の役割（および関心事項）は「いかに事業を拡大させるか」、各事業部門が経営陣から求められる役割は「いかに販売量を伸ばすか」「いかに運用計画を達成するか」であり、結果として取得したリスクへの対応はもっぱらリスク管理担当役員やリスク管理部門に委ねられていた。言い換えれば、経営陣や事業部門は結果としてリスクテイクを行っていても、リスクへの対応を自らのこととして認識しにくかった。こうしたなかで、リスク管理部門の責任者や担当者はもっぱら事業部門に対する牽制機能を求められていたといえる。

　しかしERMでは、それぞれのリスクをどの程度とるか、とらないかの判断やそのコントロールを行うのはリスク管理部門の責任者・担当者ではなく、トップをはじめ経営陣の役割であり、経営陣によって事業ごとに定められたリスクテイク方針をふまえた各事業部門の役割である（PDCAサイクルの「D」）。だからこそ、ERMのガバナンスが論点として浮上するのであり、従来型のリスク管理からERMに移行する際、この点を十分意識して推進体制を整備しなければ、実質的に従来型のリスク管理と同じところにとどまってしまうおそれがある。

　それではERMにおいて、リスク管理担当役員やリスク管理部門は何を担うのか。専門的な視点から、リスクテイクの状況をモニタリングして、必要に応じてリスクの観点から経営に意見する牽制機能が求められるのはERMでも従来型のリスク管理でも同じである。ただし、リスク管理担当役員は単なる牽制者という立ち位置ではなく、企業価値の拡大を目指す経営陣の一員として、リスクテイク方針の策定や見直しにかかわることが期待される。つまり、ブレーキを踏むことが期待されているとはいえ、ブレーキを踏むだけの役割ではない。

　そして、何より経営陣や事業部門によるリスクベースでの事業遂行を可能とすること、つまり、リスク情報の提供によりアクセルを踏むかどうかの判断を支援することと、こうしたERMの枠組みがうまく機能するような企業

文化（ERMのカルチャー）を役職員に浸透させることこそが重要な役割となる。

　欧米の保険会社では執行役の一員としてCROを置くのが一般的であり、ERMの要としての役割を担っていることが多い。たとえば、やや古い資料となるが、「保険業界における資本とソルベンシーにかかわるERMに関する報告書」（国際アクチュアリー会、2009年）では、CROの主な役割・責任として以下のような事項をあげている。

・リスク管理方針の策定（承認は取締役会）とリスク管理活動の監督
・リスクの識別と評価（リスク管理委員会に報告）
・リスク管理委員会、統合的リスク管理部門の統率
・ERMの高度化推進　など

　上記に加え、欧米のCROを日本の保険会社における一般的なリスク管理担当役員と比べると、「原則として他の役割と兼務しない」「相応な地位と発言力を確保」「CEO（最高経営責任者）による解任が容易でない」といった点に違いがあると考えられる。いずれか一方のやり方が望ましいといえるわけではないものの、リスク管理部門と各事業部門の役割を考えるうえでは参考になる。

　なお、前述のとおり、各事業部門によるリスクテイク活動に伴うリスク（およびリターン）の責任者は、CROやリスク管理担当役員ではなく、商品開発部門や営業推進部門、資産運用部門など最初にリスクに直面する部門である。第1のディフェンスとして、各事業部門はリターンの確認や、定められたリスクテイク方針の遵守状況を確認、報告するだけではなく、たとえば、直面するリスク状況に変化の兆しがあると察知したら、リスクテイク方針の見直しを経営陣やリスク管理部門に働きかけるなど、能動的な取組みが期待される。

⑤　ERMと内部監査

　リスクへの対応について、あえて「ディフェンス」という言葉を使うと、ERMにおいて内部監査部門は三重ディフェンスの一翼を担う存在である。

第1のディフェンスは保険引受部門や資産運用部門など、事業を通じて管理すべきリスクに直接対応する部門、第2のディフェンスはモニタリングを行うリスク管理部門、そして第3のディフェンスは主に内部監査部門が担う[27]。

前述のように、ERMでのリスク管理部門の責任者は、経営陣や事業部門とは別の目線から経営に対する牽制機能を果たすという役割があるとはいえ、経営陣の一員として、リスクの専門家の観点から経営に貢献することになる。このため、ERMでは内部監査部門の役割が、従来型のリスク管理よりもいっそう重要となる。

内部監査部門は事業部門からはもちろん、リスク管理部門からも独立した立場で、ERM全体の遂行状況をチェックし、被監査部門だけではなく、必要に応じて経営にも意見を述べるというのが望ましい姿であろう。会社法の監査役会設置会社におけるガバナンス構造において、内部監査部門は経営トップのために監査業務を行うのであって、経営陣を監視する役割（「経営の規律の確保に関するガバナンス」）を求めるのはあまり現実的ではないのかもしれないが、それでもERMの有効性確保という観点（「ERMの枠組みを機能させるためのガバナンス」）からは、期待される役割は大きい。また、「経営の規律の確保に関するガバナンス」に関しても、監査役会との関係強化をはじめ、内部監査部門による経営監視機能を高めるような環境整備を行うことは可能であり、経営陣の取組みが期待されよう。

ERMの監査とは、経営陣によるリスクテイクの適切さや、会社全体のERMの運営の有効性を確保することであって、少なくとも、リスク管理部門が業務を社内規程どおりに行っているかを確認することではない。それには、独立性・客観性とともに、経営陣による強い支持と、高い専門性が求められる。

保険業界の内部監査部門の現状をみると、理想と現実のギャップに部門自

---

27 関連して、保険計理人をどこに位置づけるかという議論がある。第2のディフェンスまたは第3のディフェンスのいずれもありうるが、現状ではERMにおける位置づけや関与度合いは会社によりさまざまである。

体が苦しんでいる感がある。ERMやリスク管理の知識・経験をもつ担当者が配置されていない、あるいは、ごく少数しかいないことも多い。独立性に関しても、「レポーティングラインは執行機能を担う経営者」「配属は人事ローテーションの一環」という状況に置かれている場合は、専門的能力を備えていたとしても経営監視機能を発揮するのは限界があるかもしれない。ただ、ERMの有効性を確保する機能に地道に取り組むことで、経営陣をはじめ周囲の理解を得ていく道を目指すことはできるのではないだろうか。行政が内部監査やERMを重視する姿勢をもっていることも追い風となっている。

　繰り返しになるが、ERMにおいて内部監査部門に期待されているのは、部署ごとにかたちどおりの監査を行うのではなく、経営の規律を確保すること、および、構築したERMの枠組みの有効性について監査を行うことである。経営陣は経営資源配分の考え方や外部リソースの活用などを含め、内部監査部門の重要性を再確認することが望まれる。

第 4 節　リスクアペタイト

1　なぜ「リスクアペタイト」なのか

　リスクアペタイトとは、健全性の確保と企業価値の向上のために、経営としてどのようなリスクプロファイルとしたいのか（どのリスクをどのようにとりたいのか）、どのように収益をあげていくのかという、リスクのとり方に関する経営の意思を明確にしたものである。そして、このリスクアペタイトに関する決定内容を文書化したものを「リスクアペタイト・ステートメント（RAS）」などと呼ぶ。

　本章第 2 節 4 で述べたように、全社レベルのリスクアペタイトだけではなく、リスクカテゴリーレベルや事業レベルでのリスクアペタイト、さらに、必要に応じてより細分化されたレベルまでつくり込んでいく。また、こうし

たリスクアペタイトを具現化すべく、経営として重点的にリスクテイクする事業に多くの資本（リスク）を配賦し、そうでない事業への資本配賦を抑えるという、分野別にとるべきリスク量を決定する「資本配賦運営」も活用されている。

　RASを作成していない会社でも、リスクアペタイトとはいわないまでも、潜在的には過去から培ってきたなんらかのリスクテイク方針が存在していることが多い。ただしこの場合、経営として何を守りたいと考えているのかが必ずしも明確ではなかったり、部門ごとのリスクのとり方が整合的ではなく、会社全体でみるとチグハグだったりすることが多いため、経営陣による意思決定がその時その時の外部環境や社内事情等に左右されやすく、どうしても経営の軸がぶれやすくなる。すでにRASを作成している会社でも、それが単なるお題目にとどまっており、意思決定の際にほとんど考慮されない（別の判断基準が存在し、そちらが優先される）のであれば、同じことが起こりうる。ERMが意思決定を行うためのツールであることをふまえると、本来は自社の強みに基づいてリスクをとる十分な根拠を見出せる分野だけが、リスクをとる対象になる。だからこそ、リスクアペタイトがERMの要といわれる。

　日本の保険会社が相次いでリスクアペタイトを設定してからある程度の時間がたったとはいえ、依然として経営に浸透させるフェーズにある会社が多い。たとえば、全社ベースのリスクアペタイトとして、「（経済価値ベースでとらえた）ダブルA格水準の資本を当社の満たすべき健全性水準とする」「保険引受でリスクをテイクする」などと表明していた会社があったとする。たとえば、2016年に日銀による金融政策の影響でイールドカーブが一段とフラットニングし、経済価値ベースの資本十分性指標が急激に下がり、長期保険の収益性も落ち込むという状況に追い込まれた際、この会社の経営陣は自らが設定したリスクアペタイトに基づきどのような経営判断を行ったのか。リスクアペタイトがお題目にとどまったものか、真に経営に浸透しているかがみえたはずである。

　ERMにおけるリスクアペタイトの整備とは、RASを書けば終了というも

のではなく、これを起点にして経営の意思決定を行うことにある。

2 リスクアペタイトは戦略なのか、制約なのか

リスクアペタイトは比較的新しい概念であり、欧州の保険会社では、「戦略そのものだが、制約でもある」「制約という面が強い」など、経営を縛る制約という位置づけにしている事例もみられる。証券化商品などで過去にリスクを過度にとって失敗した経験、あるいは、2008年からのグローバル金融危機をふまえ、金融規制当局がリスクアペタイトに注目するようになった影響から、リスクアペタイトの整備がリスクを過度にとらないようにすることを念頭に置いた枠組みとして浸透してきたためかもしれない。

これに対し、同じ「健全なリスクテイク」という観点であっても、日本企業（主に事業会社）がしばしばリスクテイクに消極的といわれることから、自らが強みとする分野において、リスクを積極的にとることに軸足を置いたリスクアペタイトもありえよう。この場合は、制約というより戦略という性格が強まると思われる。同じような構図は、近年の日本のコーポレートガバナンス改革においてもみられる。諸外国では、アグレッシブな経営者をコーポレートガバナンスでコントロールするという傾向の議論が通例なのに対し、昨今の日本のガバナンス改革は、経営者による適切なリスクテイクを促す、すなわち、「攻めのガバナンス」機能に重点が置かれている。

いずれが正解ということはなく、リスクアペタイトは広い意味では戦略といえるものの、制約的な要素が強いこともあれば、前向きな戦略的要素が強いこともあると理解すればいいのだろう。

3 リスク対比リターン指標とリスクアペタイト

企業価値の向上を目指すERMにおいて、分野別のリスクとリターンの把握を行ったうえで、分野別の資本（リスク）配賦とも関連づけ、資本（リスク）効率の高い事業ポートフォリオを構築しようとすること自体は妥当な考えであり、その際にリスク対比リターン指標（あるいはリスク調整後収益指標）が参考にされることもある。指標により、各事業部門のリスクリターン

特性が明らかになるというのも魅力的だ。

　ただし、資本配賦やリスク対比リターン指標という「かたち」を取り入れればERMが高度化するわけではなく、留意点をふまえて導入しなければ弊害が生じることもある。資本配賦やリスク対比リターン指標がもつ意味や留意点を十分に理解したうえで、自社の経営においてどのように活用すべきかを考えることが必要である。

　たしかに、計画策定時にリスクとリターンの関係を考慮したり、リスクをとった対価としてリターンが得られたかを事後的に確認するために、リスク種類や事業区分ごとにリスク量とリターンの実績を把握して対比することは、ERMにおいて重要な取組みだ。しかし、リスク対比リターン指標にはさまざまな留意点がある。

　まず、将来の企業価値を高めるリスク構成には理論的に正しい答えがあるものではなく、自社にとってふさわしいリスク構成を考えることは経営戦略そのものである。したがって、リスク対比リターン指標によって、経営戦略上の最適行動が客観的に示されるわけではない。経営戦略上の最適な行動は、各保険会社の「主観」的な判断に基づいて選択されるものであり、「客観」的な最適解がリスク対比リターン指標によって求まるのではない。

　次に、リスク対比リターン指標の使用にあたっては、分野ごとの事業特性には違いがあり、かつ、リスクは単一の指標で把握できない多面的な性質をもっていることから、この指標は分野別のリスクとリターンの関係に関する情報の一部にすぎないという認識をもつことが必要である。リターンと対比させるリスク指標としてVaRを用いると、2つのリスク種類の確率分布の形状が異なっていたとしても、VaRが同じであれば、リスク対比リターン指標上は、それらは同じリスク特性をもつものとして扱われる。たとえば、信用リスクは平時のリターンの変動は小さいが低頻度で大きな損失をもたらし、リターンの非対称性がある（リターンが得られる確率は高いがその水準は限定的である一方、損失が生じる確率は低いがその水準は大きい）一方で、株式リスクは平時においても相応のリターンの変動性をもち、リターンの非対称性はそれほど存在しない傾向にある。信用リスクと株式リスクのVaRが仮に同じ

値であるとき、リスク対比リターン指標では、両リスクが異なる確率分布の特徴をもつという情報が無視されることになる。しかし、実際のリスクアペタイトに関する判断は、両リスクの損益分布の違いを、少なくとも定性的には考慮して行っているはずである。

また、リスクと対比させるリターンの把握方法にも留意が必要である。リスク対比リターン指標を計画策定に用いる際は期待リターンの設定（予測）が、事後的な評価に用いる際は実績リターンの把握が必要となり、それぞれに留意点がある。

保険引受分野では大数の法則が働くことにより、（期待リターンの周りの変動性は商品ごとに異なるものの）統計的な分析による期待リターンの推定の確度は相応に高いといえる。一方、資産運用分野では、（クレジット投資において大数の法則がある程度働くことを除けば）期待リターンは過去データの観測や関連情報の参照によって客観的に設定されるものではなく、市場のファクターの動きに関する主観的なビュー[28]に基づいて設定される必要があり、そのビューと関連づけて、事後的なパフォーマンス評価も行う必要がある。

実績リターンの把握においては、月次や四半期といった短期間の経済価値ベースの実績リターンのみで事業ポートフォリオを大きく変えることは現実的ではないとしても、たとえば、経済価値ベースの実績リターンに基づいた行動が何年も行われないとすれば、リスクテイクに対する事後的なパフォーマンス評価をふまえた責任の所在の明確化が行われない、という問題を生じさせることに留意すべきであろう。

期待リターンの設定と実績リターンの把握のいずれにおいても、リスクと整合的な指標でリターンを評価することが重要である。経済価値ベースのERMでは、リスクとリターンともに経済価値ベースで把握することが基本的な考え方になるであろう[29]。

自社のリスクアペタイトをリスク対比リターン指標だけで表現できるのか

28　ここで説明しているとおり、本書では「ビュー」という言葉を、今後の市場の動き等に関する主観的な見通しという意味で使っている。「ビュー」は、本書全体を通して使用している重要な概念である。

という問題もある。たとえば、日本の大手損害保険会社において、自動車保険のリスク対比リターンが見合わないから、特定地域のリスク対比リターンが見合わないからといって、自動車保険や特定地域での引受けをやめるという選択をするかといえば、おそらく答えはノーであろう（イエスという経営判断を否定するわけではない）。それはこの会社が、自動車保険を含めた総合補償サービスの提供や、日本全国での補償サービスの提供を経営としてのミッションとしているからであろう。あるいは、「自動車保険の提供」「全国展開」をリスクアペタイトの構成要素として整理することも可能であるが、これらをリスク対比リターン指標に落とし込むことは不可能に近い。

　さらにいえば、リスク対比リターンの向上がリスクの分散によって達成されたとしても、それは必ずしも企業価値の向上を意味するわけではないことにも留意が必要である。たとえば、既存事業と同程度の（場合によっては既存事業よりも低い）リスク対比リターンである分野を（新規事業への進出やM&Aによる他社の取込みによって）事業ポートフォリオに追加するだけで、既存の事業とのリスク分散効果によって全体のリスク対比リターンは向上する可能性があるが[30]、このことは企業価値の向上を意味しない。新規事業の追加によって既存事業とのシナジー効果が生じる等の根拠があってはじめて、企業価値の向上に寄与するといえる。リスク対比リターン指標に形式的に着目することが意味をもたないことが理解できるであろう。

　リスク対比リターン指標の留意点について述べてきたが、たとえば、ある事業を「会社のミッションだから」と聖域化してしまえば、ERMを導入した意味が損なわれてしまう。成功確率を高めるには、従来からの慣習や経験

29　健全性評価は経済価値ベースで行う一方で、収益評価は経済価値ベースと財務会計上の数値を併用している場合など、異なる基準で評価されたリスクとリターンの指標が、経営で考慮される一連の指標のなかに含まれることはありうるが、リスク対比リターン指標において、整合的ではないリスクとリターンの指標を対比させることは、本来のリスク対比リターン指標の使い方ではない。

30　ここでは、2つの確率変数の合計値が従う確率分布上の期待値は、それぞれの確率変数の期待値の合計と等しくなるが、VaRや標準偏差等の変動性にかかわる統計値は、それぞれの確率変数に対する統計値の合計よりも通常は小さくなる、ということを述べている。財務会計上の利益の計上額は、のれんの償却などの会計上のルールの影響を受けることになる。

則などに過度に依存せず、リスクとリターンの両面を考慮した経営体制の構築が不可欠であろう。

　しかし、上記のようなリスク対比リターン指標のさまざまな留意点を十分にふまえずに、ERMの高度化のためにはリスク対比リターン指標を活用する必要があるからといった形式的な理由でこの指標を導入することは、かえってERMの目的達成を遠ざけるおそれがある。ERMにおいて本質的に重要なことは、リスクとリターンの両面を考慮してリスクアペタイトの判断につなげること、そして、リスクをとった対価としてリターンが得られたかを事後的に確認してリスクアペタイトの見直しにつなげることであり、その際の参考情報のひとつとしてリスク対比リターン指標が存在しているのである。

　なお、たとえば、資本十分性評価でリスクと自己資本を関連づけ、自己資本とリターンの関係に関する目標を設定することで、結果的にリスクとリターンを関連づけている場合には、リスクとリターンは直接対比されていなくても、実質的な対比は行われていると考えられる。また、新契約価値の計算時にリスクマージンを控除していれば、収益性評価においてリスクの要素を考慮しているといえる。リスクとリターンを（両者の割り算などによって）対比させるという「かたち」が存在するかどうかよりも、リスクとリターンの両面を考慮しているかが重要であり、「実質的に意味があることは何か」ということを見失わないことが大切である。

　上述の留意点のほかに、生命保険を中心とした長期商品に対して「リスク調整後収益」や「リスク対比リターン」という概念が使用される際に混乱がみられることがあり、この点については第4章で整理をしている。

４ 資本配賦のもつ意味

　リスクアペタイトを具現化する手法として活用される「資本配賦」についても、その本質的な意味を理解しておく必要がある。

　資本配賦とは、会社全体の許容リスク量を分野別に配分すること、すなわち分野別にとるべきリスク量を決定することと本質的に同じ意味をもつ[31]。

複数の保険会社を含む保険グループにおいては、グループ内の会社ごとに資本配賦を行うという運営が考えられるが、たとえば、特定の事業やチャネルに集中している単体の保険会社では、無理に事業単位ごとにトップダウン的に資本配賦を行うことは必ずしもビジネスの実態になじまない。このように、保険会社の組織形態や事業特性によって資本配賦の意味は異なりうる。単体の保険会社においては、リスクアペタイトに基づいて個別分野別にリスクの上限を設定することや具体的なリスクのとり方について方針を策定することが、実質的には各分野への資本配賦を意味すると解釈すべきである。

　実質的には各分野への資本配賦と同じことを行っているにもかかわらず、資本配賦あるいはそれに類似した言葉を明示的に使った運営が行われていないことをもって、自社のERMには必要な要素が足りないと判断してしまったり、逆に、表面的に資本配賦を行っているようにみえることを重視したりすることは、真の意味でのERMの高度化のためには避けるべきであろう。

　上記のとおり、各分野でどこまでのリスクをとるかというリスクアペタイトの決定は、実質的には各分野への資本配賦を意味するのであり、（計画策定時および実績把握時のリスク対比リターン指標は分野別のリスクとリターンの関係に関する情報の一部にすぎないことにも留意しつつ）リスクとリターンの予測と実績も参考情報のひとつとして使いながら、各分野のリスク量を受動的に受け入れるのではなく能動的に決定していくことが、ERMにおける資本配賦で本質的に重要なことである。

　なお、コーポレートファイナンスの理論によれば、間接的な倒産コスト（企業の倒産確率が高まることで事業機会を逸すること）や情報の非対称性（企業の事業に関して、経営者が株主よりも多くの情報をもっていること）等の市場の非効率性がない状態を仮定すると、企業が分野別のリスク配分を考えるこ

31　分野ごとに現在とっているリスク量を、分野間のリスク分散効果の配賦後ベースで把握する（リスク分散効果の配賦後ベースでの分野別のリスク量の単純合計が統合リスク量に一致するように、オイラーの定理等によって、分野間のリスク分散効果を各分野に配賦する）ことを資本配賦と呼ぶことがある。また、グループ経営において、グループ内での資本の保有方法や必要に応じた移動方法を考えることを資本配賦と呼ぶこともある。これらについては本書での解説の対象としていない。

とは、その企業の価値に影響しない。市場の非効率性がない状態では、その企業の株主は、異なる分野を扱っている企業ごとの投資額を自由に決めることができる、すなわち株主自身が望ましいと考える分野別のリスク配分をして、リスク対比リターンのコントロールをすることができ、企業がそれを行うことには意味がないためである。しかし、現実の世界ではさまざまな市場の非効率性が存在するため、企業価値の向上のために、分野別のリスク配分（および、とるべきでないリスクのコントロール）を企業内部で行う意味が生じるというのが、資本配賦の意味に関する理論的背景である。

　このように、株主との情報の非対称性を根拠に資本配賦の意味づけがなされることを勘案すれば、保険会社の株主自身がリスク配分をするよりも、保険会社内でリスク配分をするほうが（あるいは、保険会社の株主自身が実施可能な投資を、保険会社を通して行うほうが）付加価値を生むということを、保険会社が説明できる必要がある。その意味でも、自社の強みがどこにあるかを見極めたうえで、どのリスクをどのようにとるかというリスクアペタイトに関する経営判断を行うことが重要である[32]。

5 　銀行のリスクアペタイト・フレームワーク

　ところで、銀行業界に目を転じると、第1章で触れているとおり「ERM」という用語はほとんど用いられていない。しかし、第2版執筆時点までに大手銀行を中心に整備が進んでいるリスクアペタイト・フレームワーク（RAF）の目指すところをみると、これまで説明してきたERMにかなり近い概念であることがわかる。

　たとえば、みずほフィナンシャルグループの「統合報告書」（2020年）におけるRAFに関する記述は以下のとおりである。

　・お客さまの実需に焦点をあてた適切なリスクテイクとソリューション

---

[32]　ここでは株式会社を対象にして説明したが、相互会社においても、保険会社内でリスク配分をすることで付加価値を生むということを説明できる必要がある、と考えられる。

提供を通じて競争優位を確立し、持続的かつ安定的な収益確保による企業価値の向上を実現し、公共的使命を全うすることを目指しています。

・当社は、RAFをリスクアペタイト（事業戦略や財務戦略を実現するために進んで受け入れるリスクの種類と水準）を実現するための経営管理の枠組みと位置づけています。具体的には、中期経営計画や業務計画（業務計画等）の策定において、リスクアペタイトを明確にしたうえで戦略・施策や資源配分・収益計画を決定し、その運営状況をモニタリングする等、戦略、収益およびリスク管理の一体運営を通じて、規律あるリスクテイクや最適なリスク・リターンを実現することを目指しています。

　ここには、適切なリスクテイク等を通じた持続的かつ安定的な収益確保により企業価値の向上の実現を目指すなかで、「リスクアペタイトを明確にしたうえで戦略・施策や資源配分・収益計画を決定」「戦略、収益およびリスク管理の一体運営を通じて規律あるリスクテイクや最適なリスク・リターンを実現」など、保険会社のERMの概念と共通した記述がみられる。

　他のメガバンクの公表資料にも、「（RAFの導入によって）経営計画の透明性が向上し、より多くの収益機会を追求できると同時に、リスクをコントロールした経営が可能となります」（三菱UFJフィナンシャル・グループ）、「収益拡大のために取る、あるいは許容するリスクの種類と量（リスクアペタイト）を明確にし、グループ全体のリスクをコントロールする枠組として、「リスクアペタイト・フレームワーク」を導入しています」（三井住友フィナンシャルグループ）などとある。

　また、金融機関（保険を除く）のRAFについて論じた『リスクアペタイト・フレームワークの構築』[33]では、従来の「統合リスク管理／経済資本運営」との違いとして次の5点をあげており、これをみると、やはり本書で説

33　大山剛編著、中央経済社、2015年。

明してきた保険会社のERMの枠組みや考え方に類似したところが見受けられる。

- ・「経営戦略」判断のための枠組みであるため、経営のより主体的な関与が必要となる。
- ・流動性や収益の変動など資本以外の財務リスクも対象となる。
- ・経済資本配賦の枠組みでは資本が配賦されないような（計量化がむずかしい）非財務のリスクもRAFの対象となる。
- ・リスクを一定範囲内に抑制すると同時に、戦略目標等を達成するために、適切なリスクをテイクしているか（リスクの下限という考え方）という視点も加わる。
- ・時間軸という観点からは、リスク・キャピタル配賦はVaRが主な計測ツールとなっている（バックワードルッキング）のに対し、RAFでは将来起こりえるリスクを分析するストレステストが重要な計測ツールとなっている（フォワードルッキング）。

銀行のRAFは、グローバル金融危機後の国際的な金融規制強化の一環として規制当局が金融機関に求めるようになったという経緯があり、たとえば、FSB（金融安定理事会）は2013年に「実効的なリスクアペタイト・フレームワークの諸原則」という文書をグローバル金融機関向けに公表している。

このような動きに対し、金融機関の経営を縛るといった後ろ向きの見方もありそうだが、その一方で、「ディフェンシブなスタンスからの脱却」「経営者と社外取締役の有効なコミュニケーション・ツールとなる」といった前向きな見方もあるようだ。

第5節 ERMのカルチャー

1 ERMを支える企業文化

　たとえば、「次のうち、自らの組織に当てはまるものがあるか」という質問を考えてみることは、自らの組織のカルチャーを知るきっかけになる。

〈質問1〉
　・悪い情報を隠さず、おおむね自然体で報告できる。
　・悪い情報を伝えた人が責められるかもしれない。
　・悪い情報に気がつかないふりをすることが横行している。

〈質問2〉
　・1つの失敗がその後、広範囲な改革につながる。
　・失敗すると、その部分だけ修正される。
　・些細な失敗でも会社人生に響くので、できるだけ新たな挑戦を避ける。

〈質問3〉
　・経営計画が目標未達となっても、経営陣はだれも責められない（ただし、議論にかける時間は長い）。
　・リスクをとってリターンを上げても、あまりほめられない（そもそも何をすればほめられるのか、よくわからない）。
　・経営会議では声の大きい人の意見が通りやすい。

　「発覚した悪い情報をきちんと報告できる」「失敗を今後に活かそうとする」「経営方針や責任の所在が明確であり、リスクを軸とした議論が行われる」といった風土が形成されていることが、構築したERMの枠組みを十分

機能させるための鍵となるだろう。

　ERMのPDCAサイクルや推進体制といった枠組みそのものは、採用する手法の技術的なむずかしさはあるとしても、時間とコストをかければ、整備を進めること自体はそうむずかしいことではないかもしれない。しかし、枠組みのなかでそれぞれの要素が期待どおりに機能するためには、ERMを支える企業文化（ERMのカルチャー）が組織にしっかり根づいていなければならない。ERMの根底にある、リスクや収益の概念を軸とした議論や意思決定を行う企業文化を、経営陣だけではなく役職員全体に浸透させることは、ERMの構築を進めるうえで最も重要かつむずかしい取組みと考えられる。

　たとえば、国内保険会社による海外保険事業の大型M&Aについて、ERMの観点から考えてみよう。少し前までは海外展開に積極的ではなかった日本の保険会社が、いかにして「積極的なリスクテイクを行う」という経営戦略の大転換を行ったのだろうか。「競合他社に遅れないように」「声の大きい人の意見に引きずられて」などといったことではなく、中期的な事業ポートフォリオの方向性を十分議論したうえで実行したといえるかどうか。「資本・リスク・リターンのバランスを追求」といった考え方のもとで、経営として海外展開を加速するというリスクテイク方針を打ち出すなかで、「短期間のうちに結論を出さなければならない」という状況に置かれた場合に、経営判断を支援するためにリスク管理部門によって提供されたリスク情報をふまえた決定が行われたかどうか。これらはあらかじめ枠組みを整備することで対応できる部分もあるとはいえ、このようなときにこそ、ERMを支える企業文化が組織にどの程度根づいているかを知ることができるだろう。

　2016年9月に金融庁が公表した保険会社のERM評価の結果概要をみると、「多くの保険会社においては、ERMに基づく考え方を今後社内浸透させていく段階であり、リスク文化の醸成はこれからという状況」としたうえで、大手損害保険グループや一部の生命保険グループによる先進的な事例として、「社内研修や経営計画の社内周知等を通じ、リスク選好等のERMに関する事項が社内に浸透している、または浸透させる仕組みがある」「企業買収等において、リスク文化の整合性やERMに関する各取組みの整合性を確認する

など、ERMを有効に活用している」などを取り上げている。それから数年を経て、ERMのカルチャーは社内に浸透してきただろうか。

ERMのカルチャーの浸透には、まず、経営陣によるERM実施へのコミットメントと協力が組織内に明確に示されていることが重要である。経営陣はERMの重要性および枠組みに関する理解が組織内で浸透するように努めなければならないし、組織内のコミュニケーションにおいて、ERMの考え方や指標が意識されるような環境整備も必要である。これらを進めるには、トップダウン的な取組みが有効であろう。トップダウンということでいえば、経営としてリスクアペタイトを設定し、個別の業務運営に落とし込むことで、リスクをベースとした考え方を組織内に浸透させるという取組みも、同時にERMのカルチャーの浸透につながる。

もちろん、組織にはこれまで積み重ねてきた歴史があり、なんらかの企業文化が根づいている。そこに、たとえば、研修や社内通知などで「あるべきERMのカルチャー」を押しつけてみても、それだけでは定着しないと思われ、なんらかの工夫が必要になるだろう。以下、ERMのカルチャーの醸成に向けたいくつかの方策を紹介する。

2 ORSAレポートの活用

ERMに基づく考え方を社内に浸透させていく段階という会社には、後述する健全性規制の一環として2015年度に導入されたORSAレポートの活用が有効と考えられる。

ORSA（Own Risk and Solvency Assessment：リスクとソルベンシーの自己評価）とは、保険会社自らが現在および将来のリスクと資本等を比較して資本等の十分性評価を行うとともに、リスクテイク戦略等の妥当性を総合的に検証するプロセスであり、金融庁は2014年2月に「保険会社向けの総合的な監督指針」を改正し、ORSAに関する指針を整備した。さらに、2015事務年度（2015年7月〜2016年6月）からはORSAの状況を取りまとめた報告書（ORSAレポート）の提出を定期的に保険会社に求めている[34]。

ORSAレポートは健全性規制の一環として提出が義務づけられているもの

ではあるが、記載すべき内容はあくまで自己評価である。すなわち、ORSA
レポートの作成は、金融庁への報告であると同時に、社内で実際に行ってい
るERMの枠組みやその考え方、足元のみならず中期的なリスクテイクの状
況や自社の脆弱性などを、経営として定期的に認識するためのツールといえ
る。ERMの考え方を社内浸透させるうえで、これを活用しない手はない。

　ORSAに関する監督指針のなかに、「保険会社は、リスクとソルベンシー
の自己評価に当たっては、中長期事業戦略（例えば3年から5年間）、特に新
規事業計画に十分留意しているか」という記述がある。ORSAの「継続性分
析」と呼ばれるもので、経営計画と関連づけて将来にわたるリスクテイクの
妥当性を分析するものである。単なる規制対応ととらえれば、極論すると中
期経営計画とともに、計画期間中の標準シナリオとストレスシナリオ（複
数）に基づいたソルベンシー・マージン比率と内部管理上の健全性指標を計
測し、「資本十分性に問題はない」という結果を当局に示せば作業は完了す
る。しかし、将来にわたるリスクテイクの妥当性を分析し、経営に活かすの
であれば、実際のリスクテイクの状況が経営として定めたリスクアペタイト
から外れつつある状態や、シナリオが想定どおりに推移しない状態を想定し
たうえで、経営陣で議論し、対応方法の検討や経営戦略の見直し（あるいは
戦略の妥当性の再確認）をする必要があるだろう。こうしたプロセスを通じ
てこそ、ERMの浸透が期待できる。

③ ERM情報の開示

　ERMのカルチャーを組織に根づかせる取組みとして、ERM関連情報の積
極的な開示もあげておきたい。

　2010年代以降、上場保険会社を中心にERM関連情報を自主的に開示する

---

34 「ORSA」という場合、ERMのうち健全性確保の側面を主に対象とする狭義の
ORSA、すなわち「保険会社自らが現在および将来のリスクと資本等を比較して資本等
の十分性評価を行う（リスクとソルベンシーの自己評価）」活動のみを指す場合（その
うち継続性分析のみを指すこともある）と、この自己評価を含めたERM態勢全体を示
す広義のORSAがあり、文脈によりどちらの意味なのか注意が必要である。「ORSAレ
ポート」は広義のORSAの状況を取りまとめたもので、「ERMレポート」と同義。

動きが目立っている。自社で取り組んでいるERMの枠組みに関する説明のほか、ESRに代表される内部管理上の資本十分性の指標の開示や、リスクアペタイトやリスクプロファイルの概要説明などがみられる。保険会社がERM関連情報を自主的に開示しているのは、各社が経営の重要課題としてERMの推進に取り組んでいることを示すほか、情報開示によって投資家やアナリストの評価が向上することを期待しているためと考えられるが、情報開示によって社内でのERMのカルチャーの浸透を促す効果もあるだろう。

　ERM関連情報を外部に示していれば、種々の経営判断がリスクベースの考え方に基づいているかどうか、外部のステークホルダーがある程度は把握できるため、経営陣をはじめ会社全体の規律を高める効果が期待できる。たとえば、経営として「資本・リスク・リターンのバランス」を掲げ、リスクに見合った収益確保を目指す一方で、営業現場では採算を度外視した保険引受が恒常的に行われているといった社内での意思疎通の問題がある場合には、その解消にもつながる可能性があるのではなかろうか。

　ERMに関する情報開示の機会が多くない保険会社では、ERMが足元でどう運営されているのかを外部のステークホルダーが知る手がかりはほとんどない。しかし、関連情報を開示してきた保険会社の場合には、内部管理手法の修正を含め、経営におけるERMの位置づけや今後の対応方針等について外部との対話が求められるため、情報開示が経営陣の規律の確保につながると考えられる。

> **コラム**　**破綻した生命保険会社の企業文化**
>
> 　本書の執筆者の1人である植村が、1990年代後半から2000年代初頭にかけて経営破綻した中堅生命保険会社の破綻要因を調査・分析した結果、金融市場の急激な変動など外的要因の影響は無視できないものの、破綻に至るにはその会社固有の内的要因が重要な意味をもっていたことがわかった[35]。経営トップやその周辺にいる幹部たちの不適切な行動という、ある意味わかりやすい話のほ

35　本章第7節1の参考文献参照。

か、根底にある企業文化がその後の経営危機につながった事例もみられる。

　ある会社は、他社との商品構成の違いなどを主因として低収益構造に陥っており、改善が進まないまま、1990年代の厳しい経営環境を迎えてしまった。収益構造の改善が進まなかったことに関して証言を集めたところ、「計画は立てただけで終わることが多かった。利差益が大きく、株式含み益も大きかったため、達成できなくても「まあいいや」となった」「議論をすると、対応策として常に「保障性商品の拡販」「コストの削減」「株式売却」といういつものお題目が出てきたが、実行可能かどうかの議論はなく、着手するとすぐに実態と乖離してしまう」といったコメントが聞かれた。

　別の会社では、業界で最も保守的といわれていた財務部門（資産運用部門）において、各種の制約や牽制機能を設けていたにもかかわらず、証言によると、「（権限のある）素人がやってきてかき回してしまった」結果、バブル崩壊後に多額の不良債権に苦しむことになった。「もともとは（投融資の実行部隊と財務審査の）担当が分かれていたのだが、（財務部門の担当となった）Ａ氏が審査業務を兼任するようになった。それまでの審査責任者はこの人事に反対したが、Ａ氏によって外されてしまった」「批判を減らすために（運用方針会議の）出席者が徐々に少人数となり、さらにＡ氏に直接もっていく体制になった」「バックに社長がいて、実際に反対した数人が外されると、もうだれも止めに入らなかった」など、外部規律が働かないなかで、保守的な企業文化が簡単に変わりうることが示されている。

第6節　ERMと個別分野との関係

　本章第2節4でみたように、決定されたリスクアペタイトに基づいて、会社全体の経営計画と個別分野ごとの計画が策定される。ERMの経営への浸透という観点から、ERMの枠組みをどのようにして個別分野に落とし込んでいくかを述べてみたい。

1　保険引受分野との関係

　最初に、商品開発や保険販売、出再保険といった保険引受業務について述べる。ERMの枠組みのもとでは、経営として設定した保険引受リスクのと

り方についてのリスクアペタイトを、商品開発や保険販売、出再政策、販売後の管理に反映し、モニタリングやコントロールを行い、定期的にパフォーマンスを把握したうえで、リスクアペタイトの見直しの必要性を判断する。

ただし、後述の資産運用分野とは異なり、リスクアペタイトに基づき販売計画を立てたからといって、計画どおりに商品が提供できるとは限らないし、一度引き受けた契約を、収益性が悪いからといって保険会社のほうから解約することはできないため、資産運用に比べると機動的な対応はむずかしい。

もっとも、ERM導入以前の業務においても、このような保険引受の特性をふまえたうえで、たとえば、新商品の投入時には各種の引受制限や異なるリスクの組合せを盛り込み、長期にわたる収支分析を行うなどの収益・リスク管理が行われてきたのであれば、ERMだからといって特別な対応が求められることはない。ただ、後から導入したERMの枠組みとの整合性が必ずしも確保されていない場合には、新旧枠組みの融合は早急に取り組むべき課題である。これには、伝統的な経営管理の枠組みを担ってきた部門がERMの導入・高度化にどうかかわるかが鍵となる。

商品認可や責任準備金など規制上の縛りが厳しい生命保険会社に比べ、料率設定の自在性が相対的に高い損害保険会社の企業分野では、競合上の要請などからリスクアペタイトや確保すべき採算を逸脱した保険引受が生じやすい。「顧客との総合取引や中長期的な関係を重視して」など、こうした引受けを正当化する理由はいくつか考えられるうえ、自社だけが規律を意識しても、リスク意識の低い競争相手に顧客基盤を一方的に奪われてしまうかもしれないというジレンマもある。ただし、料率自由化後、長く料率引下げ局面が続いていた日本でも、第2版執筆時点においては相次ぐ自然災害の発生などを受け、料率引上げ局面に転じている。これまで構築してきたERMの枠組みを活用し、「リスクベースプライシング36」の定着に向けて、規律重視の引受けに舵を切ることができているだろうか。

---

36 とっているリスクを考慮して、自社が必要と考えるリスクマージンをプライシングに反映させること、またはプライシングの検証に反映させること。

再保険についても、従来の枠組みをERMのPDCAサイクルに組み込んで
いくことが、ERMにおける課題となる。出再方針を検討するにあたっては、
確保すべき健全性や収益の安定性に関するリスクアペタイトと関連づけて、
必要なリスク移転を判断しなければならないし、リスク移転の効果と出再保
険料のバランスについても考慮しなければならない。99.5％の信頼水準に相
当する損害など、特定の発生頻度での損害のみに着目するのではなく、高頻
度低損害、中頻度中損害、低頻度高損害のバランスを考慮する（「リスクカー
ブ」全体のかたちをコントロールする）ことも重要である。ERMの枠組みのな
かで、定量モデルによる計算結果だけではなく、リスクプロファイルの把握
やストレステストの結果もふまえ、保有するリスクの性質を多面的に把握し
たうえで必要なリスク移転を判断することになる。

② 資産運用分野との関係

　次に、資産運用について考える。保険会社の資産運用業務は保険引受業務
とともに車の両輪などといわれるが、ERMの枠組みのもとでは、機能とし
ては少なくとも次の2つに分けて整理する必要がある[37]。

　第1の機能は保険負債とのマッチングを行い、保険商品に内在する金利リ
スクをヘッジするための機能である[38]。保険事業の本源的な性質に基づくも
ので、投資顧問業などの資産運用会社とは本質的に異なる部分である。

　第2の機能は資産運用に関する追加的なリスクテイクによりリターンを追
求するという機能である。注意しなければいけないのは、経営として資産運
用で追加的なリスクテイクを行うという判断があってはじめて、第2の機能
が存在するのであって、保険事業では第2の機能が必ず存在するというもの
ではないという点である。資産運用でリスクテイクを行わない（つまり、第

---

[37]　なお、資産運用の機能としては、保険商品がもつ市場リスクに対するコントロールの
　　しやすさの観点からの商品設計に対する意見発信や、資産運用部門がもつ金融市場の情
　　報の他部門への提供などもあげられる。
[38]　保険商品が金利リスク以外の市場リスクをもつ場合は、そのリスクをヘッジすること
　　も第1の機能に含まれる。保険期間が1年以内で保険負債が金利リスクをほとんどもた
　　ない場合は、それに対応する資産運用の第1の機能は不要である。

2の機能をもたない)という道もある。

　ERMでは、資産運用の第1の機能と第2の機能に対する自社の考え方、すなわち、第1の機能に加えて第2の機能をもつのか、第2の機能をもつとしたら、どのリスクをとり、どのリスクをとらないのかというリスクアペタイトの考え方を明確にしておくことが重要である。金利リスク、あるいは金利以外の資産運用リスクをとるのであれば、追加的なリスクテイクに関する経営のリスクアペタイトを明らかにしておかなければならない。また、そうしたリスクアペタイトを設定するには、根拠として資産運用に関する強みが必要だ。

　第2の機能には、保険負債の金利リスクのヘッジをあえて行わず、リスクテイクをすることも含まれる[39]。この場合、結果として金利リスクに関して2つの機能を一体的に扱うことも考えられるが、それぞれの機能の方針を明確にしておくことが重要である。金利リスクにおけるリスクテイクを行うのであれば、金利リスクに対するヘッジ方針と金利のビューを明確にしたうえで、責任の所在をあらかじめ定めておきたい。もし経営陣が、資産運用部門の金利のビューにかかわらず、金利リスクのヘッジは行わないという経営判断を行った場合、金利リスクテイクは資産運用部門のコントロール範囲外のものとなり、その判断が裏目に出た際の責任は資産運用部門ではなく、経営陣が負うべきであろう[40]。リスクをとった対価としてのリターンが得られたかどうかを把握できるような体制も必要である。パフォーマンス評価をふまえ、リスクアペタイトの見直しを検討するような枠組みも整備することが求められる。

　金利以外の資産運用リスクについては、リスクのとり方に関するリスクアペタイトを資産運用方針の策定に反映し、個別の投資分野ごとに、リスクをとった対価としてのリターンが得られたかをとらえ、リスクアペタイトの見

---

[39] 保険商品が金利リスク以外の市場リスクをもつ場合は、そのリスクのヘッジをあえて行わないでリスクテイクをすることも第2の機能に含まれる。
[40] 資産運用部門が金利ビューに基づいてとった金利リスクがあれば、その部分は同部門の責任となる(この場合も最終的には経営の責任ではあるものの、資産運用部門のパフォーマンス評価の対象になるという点が異なる)。

直しの必要性に関する判断につなげることになる。

　なお、保険営業などを意識した政策保有株式を、資産運用の第2の機能と位置づけるのは困難だろう。リスクアペタイトの考え方が異なるはずであり、第2の機能とは別個に、政策保有株式に関するリスクアペタイトを明らかにしておくべきだろう。

③ 健全性と資産運用のリスクテイク

　資産運用の第2の機能としてリスクをとる意味について、健全性との関係でもう少し考えてみたい。

　ERMでは、「健全性の確保とリターンを確保することはトレードオフの関係にある」といわれることがよくある。「リターンを確保しようと思えばリスクをとる必要があるので、健全性が犠牲になる」という意味ではそのとおりである。

　しかしこれは、「健全性の範囲内でリスクを高めればリターンの向上が期待できるのだから、健全性に余裕があるときは新たなリスクをとったほうがよい」という意味ではない。リターンを得るためにはリスクをとることは必須であるが、新たなリスクをとったからといってリターンの期待値が上がるとは限らない。本章第4節3で述べたとおり、資産運用の期待リターンは、市場のファクターの動きに関する主観的なビューに基づいて設定されるものであり、新たなリスクをとればリターンの期待値が上がるということが客観的にいえるわけではないためである。

　リスクテイクが正当化されるかどうかは、健全性の水準に余裕がある（あるいはリスクリミットまで余裕がある）かによってではなく、資産運用の分野別の強みをふまえた、「どのリスクをどのようにとるか」というリスクアペタイトによって判断されるものである。健全性水準やリミットに余裕があるかは、その際の制約としては考慮されるが、リスクテイクの理由にはならない。「どの程度までリスクをとれるか」という制約のもとで、「リターンをねらうためのリスクテイクが自社の強みの観点から正当化できるか」ということが重要となる。資産運用の第2の機能で自社の強みを根拠とするリスクテ

106

イクを行う場合、前述のとおり定期的なパフォーマンス把握をふまえて、リスクアペタイトの見直しの必要性を判断することも必要となるだろう。

第7節　ERMと健全性規制の関係

ERMはあくまで保険会社が自らのために行うものではあるが、本章第1節3のとおり、監督当局が保険会社のERMに注目し、健全性規制の一環としてERMを促進する動きがみられる。以下では、金融庁による保険会社のERMの活用状況とその背景について紹介する。

1　金融庁によるERMの活用

金融庁は、保険会社のERMに注目し、その導入や高度化を促してきた。主な取組みを、図表2－3にまとめてみた。

ここにみられるように、金融庁の取組みには2つの流れがある。

1つは、ERMの導入・高度化を促す取組みであり、すでに紹介したORSAに関する指針の整備などがあげられる。ORSAは、IAIS（保険監督者国際機構）が2011年に採択したICP（保険コアプリンシプル）に盛り込まれた保険監督の1項目で、国際的な規制動向をふまえ、金融庁は段階的に国内規制としての導入を進めてきた[41]。

まず、保険検査マニュアルや監督指針のなかで、当局による保険会社のERMへの注目点やORSAに関する指針を示したうえで、原則としてすべての保険会社にORSAレポートの作成・提出を求めている。2015事務年度（2015年7月～2016年6月）には、金融庁は提出されたレポートをもとにした「統合的リスク管理（ERM）態勢ヒアリング」を実施し、各保険会社のERM

41　ICPの原則16では保険会社および保険グループのERMの要件について規定したうえで、ERMの一環として「リスクとソルベンシーの自己評価（ORSA）」の実施を求めている。

図表2-3　金融庁によるERM活用の取組み

2011年	保険検査マニュアルの全面改定
	※検証項目に「統合的リスク管理態勢（ERM）」を新設
	「経済価値ベースのソルベンシー規制の導入に係るフィールドテスト」
	の結果概要を公表
	※「リスク管理についての調査結果」「ERMヒアリングの実施」も公
	表
2012年	「ERMヒアリング」の結果概要を公表
2014年	保険会社向けの総合的な監督指針等の改正
	※ORSAに関する指針の整備
2015年	「ORSAレポート」の制度化
2016年	「ERM評価」の結果概要を公表
2020年	「経済価値ベースのソルベンシー規制等に関する有識者会議報告書」を
	公表
	※ORSAの枠組みを「第2の柱」として整理

（出所）　筆者作成

の現状について5段階評価を行った。後ほど紹介するが、金融庁は評価にあたり「ERM評価目線の概要」を公表している。ORSAレポートに関しても、「各保険会社のERM態勢を、業界横断的に横串を通して把握するツールとして有用」とコメントしている。第1章で紹介した2020年6月公表の「経済価値ベースのソルベンシー規制等に関する有識者会議報告書」では、ORSAの枠組みが第2の柱として有効に機能することを求めている。

　もう1つの流れとしては、経済価値ベースのソルベンシー規制導入に向けた取組みがあげられる。経済価値ベースのソルベンシー規制は、資産・負債の一体的な経済価値ベースの評価を通じ、保険会社の財務状況の的確な把握や、保険会社のリスク管理の高度化に資すると認識されており、金融庁は、ソルベンシー・マージン比率の算出基準等に関する検討チームによる2007年4月の報告書（第1章参照）を受け、新たな枠組みの導入に向けて、すべての保険会社を対象とするフィールドテストを複数回行ってきた。フィールドテストでは保険会社に経済価値ベースの保険負債やリスク量の計算を求めるばかりでなく、内部モデルの活用状況などリスク管理についてのアンケート

も行っており、結果として、フィールドテストを通じて保険会社のERMの高度化を促すことにつながっている。「有識者会議報告書」でも、経済価値ベースの規制導入が保険会社におけるリスク管理の高度化を促すうえで重要な役割をもつとしている。

　金融庁が保険会社のERMを促す背景には、国際的な規制動向のほか、従来型のリスク管理がうまく機能しなかった過去の経験を活かすという意味もありそうだ。たとえば、中堅の生命保険会社の破綻要因について独自の調査を行った、『経営なき破綻　平成生保危機の真実』[42]には、「例えば金利リスクに関しては、ALMこそ実施していなかったものの、財務部門や数理部門が高コスト資金の急拡大を問題視していたケースが多く見られた。問題はこれらが経営に生かされなかったことにある」「どんなに形を整え、きちんと数値を算出しても、経営に活用されなければリスク管理にはならない」など、従来型のリスク管理が機能不全に陥っていたことを示唆する記述がある。ERMは健全性を確保しつつ、企業価値の向上を図ろうとする取組みであり、経営陣がリスク管理を自らのこととしてとらえやすい。

　金融庁は、ソルベンシー・マージン比率のような数値基準を定めるだけで保険会社の健全性を確保しようとしてはおらず、以前から早め早めの経営改善を促していく枠組み（早期警戒制度）を導入している。昨今のERM高度化の促進もその延長線上にあるといえよう。

2 保険会社のERMに関する監督当局の目線

　金融庁の考える保険会社のERMの内容を知る手がかりとして、金融庁が2016年9月に公表した「ERM評価の結果概要」「ERM評価目線の概要（2016年6月版）」をみてみよう。

　まず、監督当局が各社のERM評価を行った理由として、「ERM評価は、定量的・画一的に健全性を評価するのみではなく、適切なリスク文化・ガバナンスと高度なリスク管理態勢を備えた保険会社における積極的なリスクテ

42　植村信保、日本経済新聞出版、2008年。

イクを合わせて評価する枠組みであり、健全性を維持した上で保険会社の適切な成長を促す観点から、引き続きERMの高度化を促進していく」とあり、健全性の確保とともに、保険会社の成長を促す取組みと位置づけているようだ。同時に公表された「平成27事務年度金融レポート」においても、「自己資本の充実や、高度なリスク管理に支えられたリターンの向上等を通じてビジネスの持続可能性を確保する観点」から保険会社のERM高度化を促すとしており、当局の目線が健全性確保にとどまっていないことが明記されている。

　公表された「評価目線」をみると、次の4項目を検証することで健全性の面と収益性の面を総合的にみて、評価（レベル1～5に区分）を行ったもようである。

○リスク文化とリスクガバナンス
　　・販売偏重の経営ではなく、保険商品等のリスクとリターンのバランスに着目したリスクベースの経営が、経営陣や職員を通じ保険会社にどの程度浸透しているかを検証
○リスクコントロールと資本の十分性
　　・リスク許容度やリスクリミットの管理を通じ、経営の根幹となる健全性を確保する態勢を検証
○リスクプロファイルとリスクの測定
　　・ERMを支えるリスクの計量方法及び計量不能なリスクの把握方法を検証
○経営への活用
　　・ERMにおける資本配賦等や保険商品のリスクリターン分析を通じ、健全かつ収益性のあるビジネスを展開できているかを検証

　これらをみても、金融庁の評価目線は、体系整理の方法や強調している点に一定の違いがみられるものの、本章で説明してきた保険会社のERMとおおむね整合的であることがうかがえる。金融庁の評価目線の特徴をあえてあげるとすれば、全社ベースの健全性確保（「リスクコントロールと資本の十分

図表 2 - 4　金融庁によるERM活用の概念図

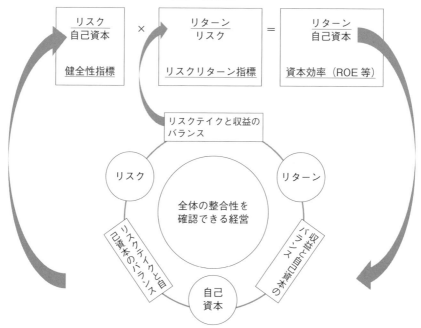

(出所)　金融庁「保険会社におけるリスクとソルベンシーの自己評価に関する報告書
　　　　（ORSAレポート）及び統合的リスク管理（ERM）態勢ヒアリングに基づくERM
　　　　評価の結果概要について」

性」の評価項目のひとつ）として、「現行ソルベンシー規制と経済価値ベース
の双方の健全性に関するモニタリング」体制が入っていることや、「経営へ
の活用」を中心に、全体としてリスク対比でのリターン向上を図る枠組みの
構築が強調されていることだろう（図表 2 - 4 参照）[43]。

3　当局によるERM推進のメリットとデメリット

　ここ数年、日本の保険会社においてERMの導入が急速に進んだのは、金

---

[43]　たとえば、「評価目線」には、先進的な取組みとして、「リスクリターンの結果を業績
　　評価に活用」「リスクリターン指標により配賦額の調整」「ROR等のリスクリターン指
　　標等を設定」「保険商品ごとのリスクリターンの状況を把握」などの記述が多くみられ
　　る。

融庁がERMを重視し、検査や各種ヒアリング、ERM評価などにより高度化を継続的に促してきたことも大きかったのではないか。金融庁の動向にかかわらず、自らの必要性に基づいてERMを推進してきた会社も存在すると思われるが、金融庁による後押しがなければ、保険業界全体へのERMの浸透は、これほど急速には進まなかっただろう。当局が考える保険会社のERMの内容は、おそらく各社が目指すものと大きくかけ離れてはいないと考えられるため、今後も保険会社と当局が十分なコミュニケーションをとることによって、保険業界全体としてERMの底上げを図ることが期待できよう。

ただし、監督当局が注目することで、ERMへの取組みが単なる金融庁対応となり、形式的な取組みに陥ってしまう懸念もある。当局のERM評価を他社よりも高めることが経営課題となってしまい、「評価目線」に書いてある「先進的な取組」の整備を優先し、これをあたかもチェックリストのようにして、自社にとっての本質的な意味を深く考えずに形式的に体制整備を進めるようなことは起きないだろうか。また、評価対象となっている一連の項目のうち特定の部分について、自社にとっての意味を深く考えたうえで、本質的に必要な範囲を超えてまで形式的な取組みは行わないという結論を出した保険会社が、仮に、当局が評価対象項目をチェックリストのようにとらえてしまった場合、低く評価されるということは起きないだろうか。たとえば、ERMではリスクとリターンの両面を考慮することが必要であり、リスク対比リターン指標はそのための重要な情報のひとつではあるものの、前述のように、指標を形式的に取り入れるだけでは弊害が生じるおそれもあり、指標の意味や留意点を十分に理解したうえで経営での活用方法を考える必要がある。もし、当局がこの指標を過度に強調するようなことがあると、保険会社が形式にとらわれ本質を見失うことを促す結果になりはしないだろうか。

ERMにおける行政当局の役割は、すでに一律に導入を促す段階ではなく、普及活動から活用促進へとシフトしている。保険会社が形式的な取組みに陥らないよう、画一的な対応ではなく、ERMの本質をとらえた適切な個別対応が求められよう。

第 3 章

経済価値ベースのERMの考え方
（準備編）

1 金利とは

　経済価値ベースのERMでは、資産および負債の「価値」を扱う。価値は「金利」と密接な関連があるため、最初に金利の基本概念を確認しておく。

　将来時点での100円と、現時点の100円は同じ価値ではなく、将来時点の100円は、現時点では100円よりも低い価値で評価され、現時点の100円は、将来時点では100円よりも高い価値で評価される[1]。将来時点の価値と現時点の価値を比較するには、「貨幣の時間価値」という概念が必要になる。金利によって、異時点間の価値を、貨幣の時間価値を考慮して、時点をそろえて比較することができる。

　「将来の100円のキャッシュフローの、現時点の価値はいくらか」を考える。金融市場では、将来時点のキャッシュフローと現時点の価値の「対応関係」が決まっている。たとえば、1年後の100円の現時点における価値（現在価値）が98円、2年後の100円の現在価値が95円とする。この対応関係は市場参加者による取引によって変化する。ある時点におけるこの対応関係を表現するための方法は2つある。

　1つ目は、現在価値への換算係数で表現する方法である。現在価値への換算係数は「ディスカウントファクター（DF）」（または割引係数）と呼ばれる。この例では、1年間のDFは0.98、2年間のDFは0.95となる。

　2つ目は、金利によって表現する方法である。現時点の98円（あるいは95円）がどのような金利で利殖されれば、1年後（あるいは2年後）に100円になるのかを考えることは、金利によって将来キャッシュフローとその現在価値の対応関係を表現することを意味する。

1　マイナス金利の環境下では、将来時点と現時点の関係が逆になる。

利殖期間が１年の場合、現時点の98円を１年後の100円に殖やすことを考える。利殖の単位が１年ごとであれば、

$$98 \times (1+x) = 100$$

$$x \fallingdotseq 2.041\%$$

として、１年間での利殖のための金利が求まる。

利殖期間が複数年の場合は、「１年当り」の金利を求める必要がある。１年当りの金利を使わなくても、将来キャッシュフローとその現在価値の対応関係を金利の概念を使って表現することは可能であるが、金利を１年当りで定義することは金融の世界での実務慣行である。

利殖期間が複数年の場合に１年当りの金利を求める方法として、単利計算と複利計算があり、金利をxとすると単利計算は下式のとおりとなる。

$$95 \times (1+2x) = 100$$

$$x \fallingdotseq 2.632\%$$

複利計算は下式のとおり。

$$95 \times (1+x)^2 = 100$$

$$x \fallingdotseq 2.598\%$$

複利計算のほうが、１年当りの金利は小さくみえる。利殖計算の頻度を１年ごとにして複利計算を行うことを、年複利と呼ぶ。以下では複利計算を前提とする。

半年複利では利殖計算の頻度を半年ごとにする。年複利以外の場合でも、１年当りの金利を用いることが金融の世界での実務慣行であるため、半年複利の金利を1/2倍して、半年ごとの利殖計算に使う。

前述の例では、

$$98 \times (1+x/2)^2 = 100$$

$$x \fallingdotseq 2.031\%$$

$$95 \times (1+x/2)^4 = 100$$

$$x \fallingdotseq 2.581\%$$

となる。

現在の価値がPV、n年後の価値がFV、$1/m$年複利の（1年当りの）金利がxのとき、

$$PV\left(1+\frac{x}{m}\right)^{mn} = FV$$

$$x = m\left\{\left(\frac{FV}{PV}\right)^{\frac{1}{mn}} - 1\right\}$$

というかたちで、一般式が表される。

ここで、mを無限大まで大きくしたときに得られるxが、連続複利の金利である。$r = \dfrac{m}{x}$と置くと、

$$\lim_{m \to \infty}\left(1+\frac{x}{m}\right)^{mn} = \left\{\lim_{r \to \infty}\left(1+\frac{1}{r}\right)^r\right\}^{nx} = \exp(nx)$$

$$PV\exp(nx) = FV$$

$$x = \frac{1}{n}\log\left(\frac{FV}{PV}\right)$$

が得られる[2]。

116

図表 3 − 1　利殖計算の頻度別の金利

期間（年）		1	2
現在価値		98	95
将来キャッシュフロー		100	100
ディスカウントファクター		0.98	0.95
m	1	2.041%	2.598%
	2	2.031%	2.581%
	12	2.022%	2.567%
連続複利		2.020%	2.565%

（出所）　筆者作成

　mの値ごとの$1/m$年複利および連続複利の金利は図表 3 − 1 のとおりとなる。

　どのmの値を使うかは、将来時点のキャッシュフローを現在価値と対応づけるために、利殖計算上の頻度をどこまで高くするかという前提によって選択され、mの値にかかわらず将来時点のキャッシュフローと現在価値の対応関係は変わらない。

② 債券価格と金利の関係

　将来時点のキャッシュフローを現在価値に割り引くための金利は「割引金利」（または割引率、ディスカウントレート）と呼ばれる。たとえば、期間 5 年の割引金利は、5 年後のキャッシュフローを現在価値に換算するために使われる。割引金利は、経済価値ベースのERMの基礎を理解するために不可欠な概念であり、以下では、市場の債券価格と割引金利の関係に関する基本的な考え方の説明を行う。

　将来のキャッシュフローが確定的に生じる（債券の発行者の信用度に起因して、クーポン支払または元本償還のタイミングおよび金額が変化することがない）

2　$\lim_{r \to \infty} \left(1 + \dfrac{1}{r} \right)^r$は自然対数の底$e$であり、$e$の累乗を$\exp(\ )$で表した。

債券である国債から生じるキャッシュフローと、その現在価値の関係を考える。将来の確定キャッシュフローを現在価値に割り引くための割引金利は、無リスク金利と呼ばれる。ここでの無リスクとは、信用リスクがない状態を意味する。以下での割引金利は、すべて無リスク金利という前提を置いている[3]。

　一般に市場で取引されている国債は、固定利付債券すなわち利率（クーポンレート）が固定されている利付債であり、将来のキャッシュフローは、半年ごとのクーポンと満期時の元本償還からなる。半年ごとのクーポンは、個々の国債の発行時に決定された条件である利率によって決まっており、国債を発行した後の市場金利の変化にかかわらず、満期時まで変わらない。

　現時点で、図表3−2のような種類の国債が取引されているとする。表中の価格は、現時点での市場価格（元本100円当り）である。単純化のため、

図表3−2　10種類の債券の発行条件と市場価格

	残存期間（年）	利率（%）	価格
債券A	1	0.20	100.1
債券B	2	0.30	100.1
債券C	3	0.50	100.0
債券D	4	0.60	99.6
債券E	5	0.80	99.6
債券F	6	1.00	99.7
債券G	7	1.00	98.7
債券H	8	1.40	100.7
債券I	9	1.20	98.2
債券J	10	1.60	100.9

（出所）　筆者作成

3　日本国債の信用リスクに関する議論も存在するが、本書では一般の金融理論と同様に、日本国債には信用リスクがないという前提を置いている。日本国債の信用リスクに関する議論と経済価値ベースのERMの関係については第4章で取り上げている。

クーポンは年1回期末払と仮定する。

　このとき、期間1〜10年の割引金利をそれぞれ、年複利の前提で求めることにする。

　期間1年の割引金利は債券Aの情報から計算できる。1年後のキャッシュフロー（クーポン0.2円（0.2%×100円）と元本償還100円の合計である100.2円）を、どのような金利で割り引けば現時点での市場価格100.1円に一致するかを求めればよい。

$$100.1 = \frac{100.2}{1 + r_1}$$

$$r_1 \fallingdotseq 0.100\%$$

　期間2年の割引金利は下式のように、債券Bの将来キャッシュフロー（年1回のクーポンと満期時の元本償還）とその市場価格、および、すでに求まっている期間1年の割引金利の情報を使って計算できる。

$$100.1 = \frac{0.3}{1 + r_1} + \frac{100.3}{(1 + r_2)^2}$$

$$r_2 \fallingdotseq 0.250\%$$

　期間3年の割引金利も同様に、債券Cの将来キャッシュフローとその市場価格、および、すでに求まっている期間1年と期間2年の割引金利の情報を使って下式のように計算できる。

$$100.0 = \frac{0.5}{1 + r_1} + \frac{0.5}{(1 + r_2)^2} + \frac{100.5}{(1 + r_3)^3}$$

$$r_3 \fallingdotseq 0.502\%$$

期間4年以上の割引金利も同様の方法で導出することができる。

国債が利付債ではなく割引債である場合には、ある期間の割引金利とその期間を残存期間とする割引債の元本償還額によって、その割引債の市場価格が表現できる。そのため、割引金利のことはゼロクーポンレート（ゼロクーポン債すなわち割引債の価格と将来のキャッシュフローの関係を表すための割引金利）とも呼ばれる。

　実際の債券市場では、割引金利そのものではなく、債券の価格に対して取引が行われるため、市場におけるさまざまな国債の発行条件と価格をもとにして、期間別の割引金利を求めることになる。期間別の割引金利を、横軸を期間、縦軸を割引金利としてグラフ上にプロットしたものは、イールドカーブと呼ばれる。割引金利に関するカーブなので、ゼロクーポンイールドカーブとも呼ばれる。横軸の期間は一般に「年限」と呼ばれ、単に金利あるいは市場金利という言葉で、縦軸の割引金利を指すこともある。

　図表3－2の債券の情報から、前述の方法で期間別の割引金利を順次求めていくと、期間10年までの割引金利のイールドカーブは図表3－3のとおりとなる（年限間は直線補間をした）。

図表3－3　図表3－2の債券の情報から求めた割引金利（年複利）のイールドカーブ

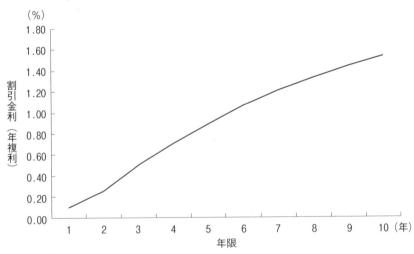

（出所）　筆者作成

なお、単にイールドカーブという場合、必ずしも割引金利を対象にしているとは限らない。割引金利に関するイールドカーブと整合的に導出される年限別のパークーポンレート（将来のクーポンおよび元本償還額の現在価値が元本に一致するように、クーポンレートを仮想的に求めたもの）や、残存期間別に選定した特定の債券の最終利回り（あるいは、残存期間別の債券の最終利回りの平均値）をグラフ上にプロットしたもの[4]をイールドカーブと呼ぶこともある。

　最終利回りとは、特定の債券を対象にして、すべての年限の割引金利が等しいと仮定した場合に、将来のクーポンおよび元本償還額の現在価値が債券価格に一致するように割引金利を求めたものである。元本を100、クーポン（1年当り）をC、nを償還までの年数とすると、半年複利の最終利回りは、以下の値が債券価格に一致するようなrである[5]。

$$\frac{C/2}{(1+r/2)^1} + \frac{C/2}{(1+r/2)^2} + \cdots + \frac{C/2}{(1+r/2)^{2n}} + \frac{100}{(1+r/2)^{2n}}$$

　債券価格が元本と等しいときは、最終利回りは債券のクーポンレートと等しくなる。最終利回りは、特定の債券を購入したときの投資期間（残存期間）全体での平均的な利回りを表すものであり、内部収益率とも呼ばれる。債券投資では一般に用いられる概念であるが、期間ごとの割引金利とは異なるものであり、将来の各時点のキャッシュフローと現在価値の対応づけのために使うことはできない。

　市場におけるさまざまな国債の発行条件と価格をもとに割引金利のイールドカーブを導出する方法は、いくつか存在する。前述のように、短い年限から順次割引金利を求めていく方法は「ブートストラップ法」と呼ばれる。ブートストラップ法を用いるためには、残存期間別に、市場に存在する国債

4　財務省が公表している「国債金利情報」は、選定した銘柄ごとの最終利回りの情報をもとに、カーブ全体のスムージングを行っている。
5　償還までの期間が整数年ではない場合、経過利子を考慮した市場価格の調整や端月数を考慮した割引計算を行う必要がある。

から代表的な銘柄を選ぶ必要がある。同じ5年の残存期間でも、直近に発行された5年債、5年前に発行された10年債……というように複数の債券が存在し、そのうちのひとつの情報が使われることになる。

これに対して、イールドカーブの形状に関してなんらかの前提を置いて、市場におけるさまざまな国債価格を最もよく表せるように、その形状を表現するためのパラメータを調整する方法がある。代表的なものとして、3次スプラインによる方法や、ネルソンシーゲルのモデルによる手法、スベンソンのモデル（ネルソンシーゲルのモデルの拡張版）による手法[6]等があげられる。

残存期間別の最終利回りの情報（残存期間別の最終利回りの平均値、または特定の債券の最終利回り）を年限別のパークーポンレートとみなして、それに対してブートストラップ法を適用して割引金利のイールドカーブを導出するという方法は、近似的な方法である。本来は、パークーポンレートに対してブートストラップ法を適用して割引金利のイールドカーブを導出することができるのは、割引金利のイールドカーブと整合的にパークーポンレートが作成されている場合だけである[7]。

市場におけるさまざまな国債の発行条件と価格をもとに割引金利のイールドカーブを導出する方法の選択肢とは別に、経済価値ベースの保険負債評価のためのイールドカーブの設定に関する論点として以下が存在する。これらの論点ごとの考え方は本章第2節5で説明する。

・無リスク金利を導出するためにどの金融商品の価格を参照するか
・マイナス金利にゼロフロアを適用するか
・市場金利が存在しない長期の年限における補外方法
・無リスク金利への上乗せを行うか

---

6 スベンソンのモデルは、ECB（欧州中央銀行）が公表するイールドカーブの作成のために使用されている。
7 たとえば、ブートストラップ法によってゼロクーポンレートから導出されたパークーポンレートに、再度ブートストラップ法を適用してゼロクーポンレートに戻す場合である。

3 インプライドフォワードレート

　ここで、インプライドフォワードレートについて説明しておく。インプライドフォワードレートとは、現時点のイールドカーブに織り込まれた、将来時点の金利のことである。r_t は現時点における期間 t 年の割引金利、${}_mf_n$ は m 年後時点における期間 n 年の割引金利のインプライドフォワードレートとし、いずれも年複利で表現されているとすると、下式が成り立つ。

$$(1+r_m)^m(1+{}_mf_n)^n = (1+r_{m+n})^{m+n}$$

　割引金利に関する現在のイールドカーブが右肩上り（順イールド）の形状であれば、将来の任意の時点におけるある年限のインプライドフォワードレートは、現時点での同年限の割引金利よりも高くなる。

　連続複利ベースの現時点の割引金利および将来時点のインプライドフォワードレートを上記の記号で表すと、現時点のイールドカーブが順イールドであれば、

$$r_1 < r_t < r_{t+1}$$

である。インプライドフォワードレートの定義から、r_1 と ${}_1f_t$ を $1:t$ で加重平均すると、r_{t+1} に等しくなる。したがって、

$$r_1 < r_{t+1} < {}_1f_t$$

が成り立つ。よって、

$$r_t < {}_1f_t$$

となる（年複利の場合にも、この関係は成り立つ）。

　将来時点の金利が必ずインプライドフォワードレートになることを意味しているわけではないが、債券投資において、市場金利がインプライドフォワードどおりに推移することは、良くも悪くもない「ニュートラルな金利推移」であるといえる。経済価値ベースの管理では、市場金利の動きを、イン

プライドフォワードレートに対する動きとして把握することが重要である。

　ここでのニュートラルな金利推移とは、将来の金利推移の予想の平均値や最も起こりうる金利推移といった意味ではなく、金利リスクをとらない投資すなわち短期資産への投資と同じリターンが債券投資によって得られるような、イールドカーブの動きを意味している[8]。債券投資において金利リスクをとる場合、金利リスクをとらない投資である短期資産への投資を上回る時価ベースの収益率をねらうことになり（そうでなければ金利リスクをとる意味がないため）、債券投資による収益率が短期資産の収益率をどの程度上回るかによって、債券投資で金利リスクをとった対価が得られたかを評価できる。したがって、債券投資で金利リスクをとった結果として得られる収益率が、良くも悪くもない水準すなわち短期資産への投資と同じ水準になるようなイールドカーブの動きを、ニュートラルな金利推移と表現している[9]。

④ 債券の金利感応度

　債券の価格は、将来のキャッシュフローであるクーポンと元本償還額を、それぞれの発生時点までの期間に応じた金利で割り引いた現在価値と一致するため、イールドカーブ上で各年限の割引金利が変化すると、債券（固定利付債券）の価格が変化する。割引金利が大きくなれば、将来のキャッシュフローはより小さい値まで割り引かれるため、現在価値は小さくなる（割引金利が小さくなるときはその逆のことが起きる）。これは、債券が金利リスクをもっていることを意味する。

　固定利付債券を保有していると、市場金利が上昇するときには定期的に得られる固定的なクーポンの相対的な水準が下がるため、金利上昇は固定利付

---

[8] ここでは負債を考慮せず資産（債券）のみを対象に説明しているが、資産と負債の両面を考慮する場合も同様のことがいえる。

[9] 負債が存在しない場合の債券投資におけるいわゆる「ロールダウン効果」（イールドカーブの水準が仮に一定期間後も変わらない場合、長期債への投資によって短期債を上回る時価ベースの収益率が得られるという効果）は、将来の金利がインプライドフォワードレート対比で低くなるという見通しが当たった場合に得られる効果であると解釈できる。

債券の保有者に実質的な損失をもたらし、このことは債券価格の低下として説明できる。市場金利が低下すれば、その逆となる。こうした実質的な損益の方向と度合いは、市場における債券価格の変化と整合的である。

　債券の金利リスクを理解することで、保険負債の金利リスクの理解につながるため、以下では、債券の金利リスクの基礎を解説する。

　市場の割引金利が変化するときに債券価格がどのような影響を受けるかという「金利感応度」によって、金利リスクの特性が表現される。すべての年限の割引金利が同じ幅だけ変化するケース（イールドカーブの平行移動）もあれば、年限ごとに割引金利の変化幅が異なり、イールドカーブの形状（傾きや曲率）が変化するケースもある。

　代表的な金利感応度の表現方法として以下があげられる。

・デュレーション

・コンベクシティ

・BPV（Basis Point Value）

・GPS（Grid Point Sensitivity）

本章第2節7で述べるように、金利感応度の指標は経済価値ベースの資産と負債の両面に適用できるが、以下では資産側を対象にして各指標の特徴を説明する。

　デュレーションは、金利の微小変化に対する価値の変化率（符号は金利変化の逆方向）の近似値である。ここでの金利の微小変化とは、すべての年限の割引金利が同じ幅だけ微小に変化することを指し、イールドカーブの平行移動を仮定している。

　将来時点t_iでのキャッシュフローをC_i、期間t_iの連続複利ベースの割引金利をr_i+xとすると（$i=1,2,\ldots,n$）、将来のキャッシュフローの現在価値は、

$$PV(x) = C_1 \exp(-t_1(r_1+x)) + C_2 \exp(-t_2(r_2+x)) + \cdots + C_n \exp(-t_n(r_n+x))$$

となる。これをxで微分してから$x=0$とし、符号を逆にして$PV(0)$で割ると、デュレーションは、

$$-\frac{1}{PV(0)}\left.\frac{dPV(x)}{dx}\right|_{x=0}$$

$$=\frac{1}{PV(0)}\{t_1C_1\exp(-t_1r_1)+t_2C_2\exp(-t_2r_2)+\cdots+t_nC_n\exp(-t_nr_n)\}$$

となる[10]。

　デュレーションは、将来の各時点までの期間の、各時点のキャッシュフローの現在価値による加重平均となっている。したがって、デュレーションは金利感応度を表す指標であるとともに、平均残存期間と類似した概念のようにみえる。固定利付債券の場合はそのとおりであり、残存期間が長い債券のほうが短い債券よりも金利リスクが大きい。

　短期金利に連動する変動金利型の資産を保有している場合は、固定金利型の資産とは異なり、金利リスクがない。すなわち、市場金利が変化しても、資産保有者が受け取れるクーポンの相対的な水準は変化しないため、債券の保有者にとっての実質的な損益は生じず、価格は変化しない。市場の1年金利に連動してクーポン（年1回期末払と仮定）が再計算される変動金利型の資産のデュレーションは、1という小さな数値になる。

　ところで、デュレーションの計算で、年限別の割引金利のかわりに債券の最終利回りを用いるという単純化が行われることがある。最終利回りrが年複利で計算されているものとし、この単純化を行うと、将来のキャッシュフローの現在価値は、

$$PV(x)=\frac{C}{(1+r+x)}+\frac{C}{(1+r+x)^2}+\cdots+\frac{100+C}{(1+r+x)^n}$$

となり、これをxで微分してから$x=0$とし、符号を逆にして$PV(0)$で除すと、下式のとおりとなる。

10　ここで、合成関数の微分の公式（$(f(g(x)))'=g'(x)f'(g(x))$）と、指数関数の微分の公式（$(e^x)'=e^x$）を用いた。

$$-\frac{1}{PV(0)}\frac{dPV(x)}{dx}\bigg|_{x=0} = \frac{1}{(1+r)PV(0)}\left\{\frac{C}{1+r} + \frac{2C}{(1+r)^2} + \cdots + \frac{n(100+C)}{(1+r)^n}\right\}$$

　右辺は修正デュレーションと呼ばれ、それに $(1+r)$ を乗じたものはマコーレーデュレーションと呼ばれる。最終利回りの微小変化に対する債券価格の変化率の近似値は、修正デュレーションによって表される。年複利のかわりに半年複利で最終利回りを表した場合の修正デュレーションの導出も同様にできる。

　この単純化（最終利回りの使用）は、最終利回りの微小変化に対する債券価値の変化率をとらえているため、最終利回りと債券価格の対応関係に着目するときには便利である。しかし、経済価値ベースの管理を行うためには、将来の各時点のキャッシュフローを現時点で評価するための年限別の割引金利の変化を考える必要があるため、本書で扱う金利感応度を表すためのデュレーションは、上記の単純化を行わないものである。

　デュレーションは、金利の微小変化に対する価値の変化率（符号は逆方向）の近似値であった。これに対して金額デュレーション（ダラー（Dollar）デュレーションとも呼ばれる）は、金利の微小変化に対する価値の変化額（符号は逆方向）の近似値である。金額デュレーションは、デュレーションに将来キャッシュフローの現在価値を乗じて求めることができる。

　デュレーションが、金利の微小変化に対する価値の変化率（符号は逆方向）の1次微分であるのに対して、コンベクシティでは2次微分まで考慮する。デュレーションによる1次近似では金利感応度を十分に表現できない場合には、コンベクシティもあわせた2次近似が有用である。本書では、コンベクシティの計算式の紹介は省略する。

　BPVは、すべての年限の割引金利が1bp（basis point）だけ同方向に変化したときの債券価格の変化額を表し、金額デュレーションと類似した概念である。

　ここまでは、イールドカーブ上のすべての年限の割引金利が同じ幅だけ動くという前提を置いていた。これに対して、ある年限の割引金利のみが動く

ときの価値変化額を、GPSと呼ぶ。実務上は、特定の年限の割引金利が10bp
や1bp変化したときの価値変化額を、主要な年限ごとに計算する。デュレー
ションやBPVとは違い、GPSの情報を使うことによって、イールドカーブの
平行移動以外の形状変化による価値への影響を把握できる。

第2節 経済価値ベースの保険負債評価

　本章内でこれ以降に保険商品の特性と関連した説明を行う際は、主に生命
保険商品を対象にした記述をしているが、長期契約の占める割合等の商品特
性の違い11を除き、基本的な考え方は損害保険商品にも当てはまる。損害保
険に特有の事項については、生命保険商品を対象にした記述に追記をしてい
る。

1　伝統的な保険数理に基づく保険料および責任準備金の計算

　経済価値ベースの保険負債評価を理解するための前提として、保険数理の
分野で伝統的に用いられてきた保険料および責任準備金の計算の考え方を概
観する。

　保険数理における2つの重要な前提として以下があげられる。

・大数の法則……個々の保険契約については、保険事故が生じるかは偶然
　に支配されており、保険の収支は安定しない。しかし、保険契約を多数
　集めれば、大数の法則により、保険金支払の総額は計算上の期待値に近
　づく。大数の法則は、保険事業が成り立つための条件だといえる12。

・収支相等の原則……個々の契約について、保険期間を通して保険会社が

11　その他の商品特性の主な違いとして、生命保険では、契約後の時間の経過に伴って保
　険事故発生率が上昇していく商品が中心であること、損害保険では、保険事故発生率だ
　けではなく1事故当りの保険金支払額の不確実性があること、および自然災害による集
　積リスクの影響が大きい商品が存在することがあげられる。

受け取る保険料の期待値と、支払う保険金の期待値が等しくなるように、保険料を計算するという考え方である。保険会社による支払には保険金以外に、保険会社の運営に必要な事業費があり、これら全体として収支相等を考える。

これらを前提として、生命保険の保険料計算の基本的な考え方を概観する。保険契約ごとの保険料は、契約締結時点以降の保険期間全体のキャッシュフローを対象にして、以下が等しくなるように設定される。

・将来の収入キャッシュフロー（保険料）の期待値の現在価値
・将来の支出キャッシュフロー（保険金および事業費）の期待値の現在価値

契約ごとに、期待値ベースでの収支相等が保険期間全体で成り立つように保険料を設定しておき、かつ多数の契約を集めれば、大数の法則によって、契約全体で保険期間を通した収支相等が達成されることになる。

保険料計算上は、将来の収入および支出キャッシュフローを現在価値に換算するための年複利ベースの割引金利として、「予定利率」が用いられる。予定利率は、将来の収入および支出キャッシュフローの期待値を求めるための前提である予定死亡率および予定事業費率とともに、保険料計算のための予定基礎率を構成するものであり[13]、契約時点の市場環境を考慮して決定される[14]。

一例として、保険期間と払込期間が10年の養老保険（加入年齢30歳、保険金額1）の純保険料（事業費部分を含まない保険料）を求めるための算式を示す。保険料は年払（期初払）、死亡保険金および生存保険金は期末にのみ発

12　集積リスクの存在（生命保険ではパンデミック、損害保険では台風等）により、多くの保険契約を集めても大数の法則が成り立たないことがある。集積リスクがあると、個々の保険契約の独立性が失われるためである。集積リスクの影響を大きく受ける損害保険契約では単年度ごとには大数の法則が成り立たず、保険収支が安定しない原因となるが、長期間でみれば大数の法則が一定程度成り立つと考えることができる。

13　保険料計算に予定解約率が織り込まれている商品もある。

14　実際には、契約時点以前の一定期間の市場金利を参照して責任準備金計算上の予定利率を決定するという標準責任準備金制度の存在により、保険料計算上の予定利率の設定は、過去一定期間の市場金利の影響を受ける可能性がある。

生すると仮定すると、以下[15]を満たすようなPが、この契約の年払保険料である。

$$P \times \sum_{n=0}^{9} {}_n p_{30} \frac{1}{(1+r)^n} = \sum_{n=1}^{10} {}_{n-1|}q_{30} \frac{1}{(1+r)^n} + {}_{10} p_{30} \frac{1}{(1+r)^{10}}$$

ここで、${}_{n|}q_x$はx歳の人がn年間生存してその次の年に死亡する確率、${}_n p_x$はx歳の人がn年間生存する確率、rは予定利率とする。

続いて、責任準備金について概観する。責任準備金は、保険会社が保有する保険契約に対する将来の保険金支払のために積み立てておくべき金額であり、保険会社の負債の多くの部分を占める。

たとえば、保険期間と払込期間が30年の定期保険を考えると、死亡率の期待値は年齢が上がるにつれて上昇していく。保険期間1年の定期保険契約を1年ごとに締結することで、死亡率に応じて毎年保険料を調整していく場合（このような保険料は、自然保険料と呼ばれる）、最初の1年間の保険料は低く抑えられ、その後保険料は徐々に高くなっていく。保険期間が1年ではなく30年の場合は、通常は30年間にわたり毎年の保険料を一定水準に設定して、保険期間全体での収支相等が成り立つようにする[16]。

その結果、保険期間の前半部分では保険料が本来あるべき水準（被保険者の死亡率に見合った水準という意味で、「本来あるべき水準」という言葉を使う）よりも高くなり、後半部分では逆に保険料が本来あるべき水準よりも低くなる。保険料を本来あるべき水準よりも多めに受け取っている期間中は、保険会社は多めに受け取った分を積み立てておき、保険期間の後半部分で保険料が本来あるべき水準に不足するときに取り崩して補てんしていく。保険会社が積み立てている金額は、予定利率によって毎年利殖されることで、保険期間の終了時までの保険金の支払をすることができる。ここで積み立てておく

15　算式の左辺は、保険期間中に被保険者が生存している限り保険料が保険会社に収入されることを、右辺は、保険期間中に被保険者が死亡した場合は死亡保険金、満期まで生存した場合は満期保険金が保険会社から支払われることを意味する。

16　このような保険料の支払方法を、平準払という。

べきものが責任準備金であり、責任準備金の計算を行うことは、伝統的な保険数理の主な用途のひとつである。

契約形態ごとに責任準備金は以下の意味をもつ。

・平準払契約の死亡保険では、上記の定期保険の例のとおりである。

・一時払契約では、保険期間全体の保険金支払に必要な保険料が、契約締結時点で収入されている。そのため、収入した一時払保険料のうち、将来の保険金支払に充てられる部分が責任準備金に積み立てられる。次年度以降は、積立金が徐々に取り崩されることで、毎年の保険金支払に充当されていく。

・保険期間よりも払込期間が短い短期払契約では、責任準備金は全期払契約（保険期間と払込期間が等しい契約）と一時払契約の性質を併せ持つ。

・生存保険では、将来の生存保険金や年金の支払のために、収入した保険料の多くの部分が責任準備金に積み立てられる。

・生存混合保険では、責任準備金は死亡保険と生存保険の性質を併せ持つ。

次に、責任準備金と生命保険の商品性の関係について述べる。保険期間の途中で契約者が保険契約を解約すると解約返戻金が支払われる。解約返戻金は責任準備金として積み立てられた金額を基準にして計算されるため、保険料のうち責任準備金として積み立てられる部分は、解約したときに契約者に戻ってくる部分という意味で、貯蓄部分と解釈される。保険料のうち貯蓄部分の割合が高いほど、保険商品の貯蓄性（解約したときに戻ってくる割合が高いという性質）が高くなる。「保険料のうち責任準備金として積み立てられる部分」の割合が高いのは、保険料の収入と比べて保険金の支払がより後のタイミングになる契約であり、たとえば、個人年金保険や終身保険、養老保険（特にこれらの一時払契約）が該当する。

どの契約にも共通しているのは、責任準備金は「将来の保険金支払のために、保険会社が現時点で積み立てておかなければならない額」ということである。現時点の責任準備金に将来の収入（保険料）の現価[17]を加えて、将来の支出（保険金）の現価をまかなうため、責任準備金は、その時点以降の支

出の現価からその時点以降の収入の現価を控除したものとして計算することができ、このような責任準備金の計算方法を将来法という。

　責任準備金は、別の見方をすると、「過去に収入した保険料のうち、現時点までに保険金として支払われずに積み立てられている額」ととらえることができる。この場合、責任準備金は、その時点までの収入（保険料）の終価[18]からその時点までの支出（保険金）の終価を控除したものとなり、このような責任準備金の計算方法を過去法という。

　財務会計上の責任準備金の計算は、予定死亡率、予定事業費率、予定利率という基礎率によって、将来法によって行われる。保険料計算と責任準備金計算用の予定基礎率は同じであることが伝統的な保険数理での基本的な考え方であるが、責任準備金計算用の基礎率は標準責任準備金制度によって契約時期ごとに定められており、両者の基礎率は異なることもある。また、財務会計上の責任準備金の計算では、保険契約の将来の解約見込みにかかわらず、解約は生じないという前提を置いている[19]。

② 生命保険会社の損益および資産・負債の基本構造

　生命保険会社の財務会計上の損益計算では、契約者から受け取る保険料と資産運用による収益が収益計上され、契約者に対する支払（保険金や年金、解約返戻金）、事業費支出および負債である責任準備金の増加額が費用計上される。貸借対照表上の資産の主なものは、保険会社が保有する運用資産（有価証券や貸付金）であり、負債の主なものは責任準備金である。

　生命保険会社は保険料を受け取ったら、そのうち将来に向けて積み立てておくべき部分を、責任準備金として負債に計上する。責任準備金という負債の増加は損益計算書上の費用であり、収入した保険料からこの費用を控除した金額は、その年度の保険金の支払に充当される部分である。保険期間の後

17　現価とは、現在価値を表す保険数理の用語である。
18　終価とは、現価とは逆に、ある時点のキャッシュフローの将来時点での価値を表すための保険数理の用語である。
19　保険料計算に予定解約率が織り込まれている商品では、責任準備金の計算に予定解約率が関係する。

半になると逆に、責任準備金が取り崩される。責任準備金という負債の減少は損益計算書上の収益（またはマイナスの費用）であり、この取崩し額を保険料に加算した金額が、その年度の保険金の支払に充当される。

　ある年度の保険金が保険料計算時の想定よりも少なければ（実際の死亡率が保険料計算時の想定よりも低ければ）、「死差益（危険差益）」が生じる（死亡保険の場合）。その年度の事業費が保険料計算時の想定よりも少なければ、「費差益」が生じる。前述のとおり、保険料計算上、将来の収入および支出キャッシュフローを現在価値に換算するために予定利率が使われており、予定利率は契約者に対する保証利率となっている。保険会社が積み立てている責任準備金が予定利率によって毎年増加することが、保険期間全体での収支相等の達成の前提となる。予定利率による責任準備金の増加額は、保険会社の費用であり、財務会計上は資産の運用による収益と年度ごとに対比される。ある年度の資産運用の成果（運用利回り）が予定利率を上回ると、「利差益」が生じる。

　生命保険会社の損益をこのように源泉別に分解することが「利源分析」であり、有配当契約（三利源配当や利差配当を行う契約）では、利源別に把握された損益に基づき契約者への配当が行われる。相互会社では、契約者への配当は剰余金の処分として行われる。株式会社では契約者への配当は費用として支払われ、株主への還元対象となる利益は、契約者への配当後のものである。

　なお、費差損益については、上述のような想定と実際の事業費支出の差異に加えて、事業費支出のタイミングが原因となって生じる。保険料計算上の事業費支出の前提どおりに事業費が支出されると、（収支相等の原則により）保険期間内の各年度の費差損益の予定利率による現在価値の合計はゼロになるが、各年度の費差損益はゼロにはならない。事業費の支出と保険料に含まれる予定事業費部分の収入の、財務会計上の認識タイミングが一致しないためである（それぞれの予定利率による現在価値の合計は一致する）。特に、平準払契約の獲得時点で保険会社から支出される新契約費に関しては、支出と収入を認識するタイミングがずれているため、財務会計上は契約の初年度に費

差損が生じ、次年度以降に費差益が生じて保険期間全体で収支がまかなえるという構造になっている。そのため、生命保険会社は新規の契約を多く獲得するほど、その年度の費差損益が悪化しやすい[20]。

3 経済価値ベースの保険負債評価の考え方

　財務諸表だけでは、契約期間が長期にわたる保険事業の業績や価値を的確に把握できないという認識が伝統的に存在していた。財務会計上は、新規の契約量が伸びている会社ほど損益が一時的に悪化してみえ、契約量が落ちている会社ほど損益が一時的に改善するようにみえることがある。また、保有契約から生じることが期待される将来の損益が反映されないことも、財務会計の特徴として認識されていた。

　さらに、財務諸表だけでは、長期の保険契約がもつ金利リスクの顕在化によって生じる「隠れた純資産毀損」の存在を把握することができない、という認識が広がってきた。こうした背景のもと、財務会計上の数値だけで経営管理を行うことの限界、および経済価値ベースの管理の必要性が認識されるようになった。

　本節2でみたように、生命保険会社は、収入した保険料のうち将来の保険金支払に充てられる部分を責任準備金として積み立てる。その結果、ある時点で保険会社が保有している（保険期間の満期が到来しておらず、死亡や解約によって契約が終了していない）契約に対して、負債である責任準備金の残高が存在する。この金額は、ある時点で保険会社が保有する契約に対して負っている負債すなわち保険負債である。これ以降、保険負債である責任準備金を、伝統的な保険数理に基づく手法ではなく、経済価値ベースと呼ばれる手法で評価する考え方を説明する。

　本書における資産および負債の経済価値とは、市場整合的な価値評価額と同義であり、以下の条件を満たす価値である[21]。

20　US-GAAP（米国の一般に認められた会計原則）のように、新契約費の支出に起因する期間損益のゆがみを抑制するための対応が行われている会計基準が、海外では存在する。

・市場価格が存在する場合は、その価格
・市場価格が存在しない場合は、市場における金融商品の価格と整合的に評価された価値

　経済価値ベースの保険負債評価とは、「保険契約が取引される市場が仮に存在した場合に、保険負債につけられると考えられる価格」を、市場における金融商品の価格と整合的に導出することを意味する。第1章で参照しているとおり、IAIS（保険監督者国際機構）のストラクチャー・ペーパーでは、経済価値評価を「市場価格が利用可能な場合には、現時点での市場価格と整合的な方法により導かれ、市場価格が利用可能でない場合には市場整合的な原則、方法、パラメーターを用いた資産・負債のキャッシュフローの評価を指す」と定義している。

　経済価値ベースの保険負債の評価額は以下から構成される。
・将来の期待キャッシュフローの現在価値
・キャッシュフローの不確実性に対するマージン（リスクマージン）
・保険契約に内在するオプション・保証の時間価値

4 経済価値ベースの保険負債の構成要素ごとの計算の考え方

将来の期待キャッシュフローの現在価値

　債券（ここでは国債を想定）の市場価格は、その債券から将来得られるクーポンおよび元本償還というキャッシュフローを、それぞれのキャッシュフロー発生までの期間に応じた割引金利で現在価値にした値の合計と一致する。実際には、債券から将来得られるキャッシュフローを現在価値に換算した値が市場における債券価格と一致するように、年限別の割引金利が導出される。

　保険負債の経済価値ベース評価で、「保険契約が取引される市場が仮に存在した場合に、保険負債につけられると考えられる価格」を評価するために

21　資産および保険負債以外の負債について、市場価格が存在するといえるための条件、参照すべき市場価格の特定、および市場価格が存在しない場合の評価方法に関する議論は、本書では扱わない。

は、債券の場合と逆のことをすればよい[22]。国債価格の情報をもとに年限別の割引金利すなわちイールドカーブの情報は得られているが、保険負債の評価額が得られていないため、すでに得られている割引金利の情報をもとにして、保険契約から生じる将来キャッシュフローを割り引いて現在価値にして合計すれば、「保険契約が取引される市場が仮に存在した場合に、保険負債につけられると考えられる価格」、すなわち経済価値ベースの保険負債評価額を求めることができる。

仮に、保険関係の将来キャッシュフローが確定的に発生するのであれば、そのキャッシュフローを年限別の割引金利で現在価値にすることで、同じく確定的なキャッシュフローをもつ国債の市場価格と整合的に保険負債の価値評価をすることができる。したがって、以下の2つの情報があれば、経済価値ベースの保険負債価値が評価できる。

- ・将来の各時点のキャッシュフローを現在価値に換算するための割引金利
- ・保有する保険契約から生じる将来キャッシュフローの期待値（保険料、保険金、事業費、解約返戻金）

保険負債を評価するためには、評価時点以降に生じるキャッシュフローを、保険会社にとっての支出はプラス、収入はマイナスの符号にして、年限別の割引金利で現在価値にすればよい。「将来キャッシュフローを、支出はプラス、収入はマイナスの符号にして現在価値にする」ことは、保険会社の財務会計上の負債である責任準備金の計算でも行われているが、経済価値ベースの保険負債評価のためには、財務会計上の責任準備金の計算方法に対して以下の修正が必要となる。

- ・保険料計算上の前提にかかわらず、現実的に見込まれる将来キャッシュフローを用いる。その際は、将来の保険契約の解約も考慮する。
- ・過去の契約時点で適用されていた予定利率ではなく、保険負債の評価時点の市場における割引金利によって将来キャッシュフローを割り引く。

経済価値ベースの保険負債評価において、予定利率は契約ごとの保険料

22　IAISのストラクチャー・ペーパーにおける「市場価格が利用可能な場合には、現時点での市場価格と整合的な方法により導かれ」という部分に相当すると解釈できる。

と保険金の関係を決定するための条件という以上の意味をもたないた
め、将来キャッシュフローの割引には使用されない。

このように、債券の発行条件と市場価格から導出された年限別の割引金利
によって保険契約の将来キャッシュフローを現在価値にすることは、同じ
キャッシュフロー特性をもつ異なる資産（または負債）は同じ価格で評価さ
れるべきという「一物一価」の原則に基づき、国債という金融商品によっ
て、保険契約と同じキャッシュフロー特性（ペイオフ）を複製していること
を意味する。

損害保険の場合は、保険期間が長期の契約では生命保険と同様に割引金利
の影響を受ける。支払備金を経済価値ベースで評価する際は、既発生事故か
ら生じる将来の保険金支払の期待値を、年限別の割引金利によって現在価値
にする。

キャッシュフローの不確実性に対するマージン（リスクマージン）

前述のとおり、仮に保険契約から生じる将来キャッシュフローが確定的な
ものであれば、そのキャッシュフローを年限別の割引金利で現在価値にする
ことで、同じく確定的なキャッシュフローをもつ国債の市場価格と整合的
に、保険負債の価値評価をすることができる。

しかし、実際には、保険契約から生じる将来キャッシュフローは以下のよ
うな不確実性をもつ。

・毎年の死亡発生数が、期待値どおりとはならず、ランダムに変動あるい
　は一時的に悪化する可能性がある。
・解約率が一時的に急上昇する可能性がある。
・事業費支出が一時的に急増する可能性がある。
・将来の死亡率や解約率の推定を誤る可能性がある。

経済価値ベースの保険負債評価では、将来キャッシュフローの期待値の割
引現在価値に、キャッシュフローの不確実性に対するマージンを上乗せする
という考え方がとられる。この上乗せ部分は一般に「リスクマージン」と呼
ばれる。

本章第6節で扱う経済価値ベースのERMの関連動向のうち、MCEV（市場整合的（Market Consistent）EV（Embedded Value））で「ヘッジ不能リスクに係る費用」、ソルベンシーⅡで「リスクマージン」、ICS（Insurance Capital Standard）で「MOCE（Margin Over Current Estimate）」、IFRS17号で「リスク調整」と呼ばれるものは、いずれも保険契約から生じる将来キャッシュフローの不確実性を考慮して、価値評価を調整するものである。

　将来キャッシュフローが不確実性をもつ場合にも、「保険契約が取引される市場が仮に存在した場合に、保険負債につけられると考えられる価格」を求めるという原則は適用される。ただし、将来キャッシュフローが確定的に発生するという前提を置くときと違い、不確実性を含めて、保険契約と同じキャッシュフロー特性をもつ金融商品が取引される市場は存在しない[23]。

　このようなキャッシュフローの不確実性は、市場の金融商品によってつくりだすことができない（複製することができない）という意味で、市場でヘッジ不能なリスクと呼ばれる。参照できる金融商品が存在しないため、市場でヘッジ不能なリスクの価値評価を行うための方法のうち、いずれか1つのみが正しいといえるわけではない。そこで、できるだけ市場と整合的に評価をするためには、どのような方法を用いれば合理的な説明が可能で、実務的な対応も可能か、ということを考えることになる[24]。

　リスクマージンの計算すなわち市場でヘッジ不能なリスクの価値評価のために、海外の規制当局、保険業界および学界からさまざまな提唱がなされてきたが、代表的な手法として資本コスト法と呼ばれるものがある。

　資本コスト法によるリスクマージンの計算は、以下の考え方で行われる。

　・保有契約から生じる将来キャッシュフローの不確実性を考慮して、一定

23　保険リンク証券の取引市場は存在するが、すべての保険リスクを対象として十分な取引量があるわけではない。また、再保険市場での取引は存在するが、再保険料は、保険会社と再保険会社の関係を反映した価格づけになっている可能性があり、また再保険スキームの個別性が強いため、市場価格として参照することは困難と認識されている。

24　IAISのストラクチャー・ペーパーにおける「市場価格が利用可能でない場合には市場整合的な原則、方法、パラメーターを用いた資産・負債のキャッシュフローの評価を指す」という部分に相当すると解釈できる。

の信頼水準（たとえば、99.5％）でのリスク量を将来の年度別に導出する。

・将来の各年度において、リスク量と同額だけ、リスクに対応するための資本が必要になると考える。

・リスクに対応するための資本からは、リスクにさらされることへの対価として資本コストが求められると考える。

・将来の各年度において必要な資本の額に資本コスト率を乗じることで、将来の年度別の資本コストを算出する。

・将来の年度別の資本コストを、市場金利で現在価値に換算して合計する。

・この金額が保有契約に対するリスクマージンであり、将来キャッシュフローが確定的であると仮定して計算した保険負債の評価額に加算される。

リスクマージンの計算対象とすべきリスクは、保険契約を保有することによって生じるヘッジ不能なリスクであり、一般に以下が含まれる。

・保険引受リスク

・オペレーショナルリスク

・再保険に係るカウンターパーティリスク

そのほかに、第4章で解説している「不可避な金利リスク」も保険契約を保有することによって生じるヘッジ不能なリスクであるといえるため、リスクマージンの計算対象となりうる[25]。

資本コスト法はソルベンシーⅡで採用されており、MCEVでも広く採用されている。IFRS17号ではリスク調整が満たすべき条件だけを定め、具体的な計算手法は指定していない。ICSについては、2017年7月に公表されたVersion 1.0ではMOCEの計算方法として資本コスト法が採用されていたが、2019年11月に公表されたVersion 2.0ではパーセンタイル法と呼ばれる方法が採用された。

25　規制上の取扱いは、規制の目的も勘案して決定されるため、保険会社の内部管理上の取扱いとは異なりうる。

損害保険においても、リスクマージンの評価の考え方は生命保険と同様である。長期の契約で割引金利の影響が大きい場合を除き、損害保険の保険負債評価の主な要素は、保険金の期待値の推定とリスクマージンの計算である。支払備金を経済価値ベースで評価する際は、既発生事故から生じる将来の保険金支払の不確実性を考慮して、リスクマージンを計算する。

保険契約に内在するオプション・保証の時間価値

　これまでにみてきたように、経済価値ベースの保険負債評価は、保険キャッシュフローの特性を考慮して以下のように行われる。

- ・保有する保険契約から生じる将来の期待キャッシュフローを確定的なものとみなして、市場金利によって将来キャッシュフローを現在価値に換算し、
- ・将来キャッシュフローが不確実性をもつことに対しては、リスクマージンを上乗せする。

　それでも価値評価をしきれていない保険キャッシュフローの特性として、保険契約に内在するオプション・保証の特性がある。保険契約に内在するオプションとは、市場環境が変化した場合に、契約者が自身にとって有利な選択をする権利を指し、保険契約に内在する保証とは、市場環境が変化した場合に、契約者にとって不利な状況を保険会社が補てんする義務を指す。以下では、オプションと保証をあわせて扱っている。

　オプション・保証の時間価値の評価は、同じくオプション・保証特性をもつ市場の金融商品の価格を参照して行われる[26]。価値評価の対象になる保険契約のオプション・保証特性は、金融的なもの、すなわち金融市場のファクター（金利や株価）に関連するオプション・保証特性のみである。保険契約には、金融市場のファクターとは関係のないオプション・保証特性が内在していることもあるが（定期保険特約の更新時の逆選択[27]等）、こうした非金融的なオプション・保証特性をもつ市場の商品は存在しないため、将来キャッ

---

[26] IAISのストラクチャー・ペーパーにおける「市場価格が利用可能な場合には、現時点での市場価格と整合的な方法により導かれ」という部分に相当すると解釈できる。

シュフローの期待値および不確実性に対する価値評価の枠組みで扱われる。

　保険契約に内在するオプション・保証特性の代表例としては以下の3つがあげられる[28]。

[金利上昇時の動的解約オプション]

　解約返戻金は責任準備金[29]をもとに計算されており、契約時点で定められた予定利率が固定的に適用される。つまり、契約時点以降に市場金利が変化しても、解約返戻金の原資となる責任準備金は常に契約時に固定された予定利率を使用して計算され、この予定利率によって毎年利殖されていく。

　ここで、市場金利が予定利率と比べて一定程度高い水準まで上昇すると、契約者にとっては、解約返戻金が予定利率で利殖されるよりも、直近の市場金利が適用されるような新しい保険商品に入り直す、あるいは保険以外の金融商品に乗り換えるほうが有利になる可能性がある。逆に、市場金利が予定利率よりも低いときには、固定的な予定利率で解約返戻金が利殖されるほうが有利であるため、契約者としてはあえて解約行動を起こす必要がないと考える可能性がある。

　このように、固定的な保証利率である予定利率よりも市場金利が高く、契約者が解約をしたほうが有利なとき（解約によって保険会社に経済価値ベースの損失が生じるとき）に解約が多く生じやすい一方で、契約者が解約をすると不利なとき（解約によって保険会社に経済価値ベースの利益が生じるとき）に解約が生じにくい、という非対称性が生じる。保険商品の貯蓄性の度合いが高いほど、また契約者が市場金利に感応する度合いが高いほど、こうしたことが起こる可能性がある。

27　一般に定期保険特約では、契約者の意思によって保険期間を更新することが可能であり、保険会社の側から更新を拒否することや、更新時における被保険者の健康状態に応じて割増保険料を設定することはできない。その結果、健康状態に不安がある契約者ほど更新を選択する可能性がある。

28　その他にも保険契約に内在する金融的なオプション・保証特性は存在する。

29　ここでの責任準備金は、標準責任準備金制度のもとでの標準基礎率にかかわらず、保険料計算上の予定基礎率によって計算されたものであり、契約者価額と呼ばれる。

[有配当契約における予定利率保証]

　有配当契約では、運用利回りが予定利率を上回れば契約者に対して利差配当が支払われる可能性がある一方で、運用利回りが予定利率を下回るときは、契約者に対して固定利率である予定利率を保証している。

　このように、固定的な保証利率である予定利率よりも運用利回りが高いときには、その差の一定部分が利差配当として支払われることで、保険会社にとっての実質的な運用利回りが利差配当の支払分だけ低くなる可能性がある一方で、予定利率よりも運用利回りが低いときにはその差を保険会社が補てんする、という非対称性が生じる。

[変額商品における最低保証]

　変額商品（変額保険または変額年金）とは、契約者が選択した投資ファンドでの運用成績が、契約者の持分に直接反映される商品である。株式ファンドが選択されている場合は、契約者は、株価が高い水準にあるときに解約すれば株価の上昇分を享受でき、株価が低迷しているときに解約すれば、株価の下落分だけ損失を被るというように、株式変動に係るリスクを契約者が負っている。

　被保険者が保険期間の途中で死亡した場合の保険金にも、そのときの株価が反映されるが、被保険者の死亡時に株価が低迷していた場合、保険会社が死亡保険金の最低保証を行う。保険期間の満期時点での契約者の受取額などについても、同様に保険会社が最低保証を行う商品がある。

　このような最低保証によって、株価が高い水準にあるときに被保険者が死亡したら（または満期時等に）、その株価を反映した金額を契約者に支払う一方で、株価が低い水準にあるときに被保険者が死亡したら（または満期時等に）、あらかじめ保証した金額との差額を保険会社が補てんする、という非対称性が生じる。

　保険契約に内在するオプション・保証の時間価値の評価を解析的手法[30]によって行うことは一般に困難であるため、リスク中立確率に基づく経済シナ

30　算式によって解を得る方法。

リオを用いて、モンテカルロシミュレーションによって評価が行われる。リスク中立確率に基づく経済シナリオを生成する際に、市場のオプション商品の価格を参照することで、市場の金融商品と整合的にオプション・保証の時間価値の評価が行われることになる。オプション・保証の時間価値の評価のためには、経営上のアクションおよび契約者行動に関する前提を置くことも必要である。

たとえば、金利上昇時の動的解約に係るオプション・保証の時間価値の評価の手順は、以下のとおりである。

・契約者行動に関するモデルとして、解約率が市場金利に連動して変化するモデル（動的解約モデル[31]）を作成する。
・市場のオプション商品の価格を参照して、リスク中立確率に基づく金利シナリオを作成する。
・金利シナリオのパスごとに、契約者行動である動的解約を反映して、保有する保険契約から生じる将来キャッシュフローを展開し、計算基準時点における現在価値を計算する。
・すべてのパスの現在価値の期待値を計算することで、計算基準時点におけるオプション・保証の時間価値を含む保険負債価値が得られる[32]。

なお、保険契約のオプション・保証特性は、キャッシュフローの不確実性とは別のものであることに注意が必要である。たとえば、金利上昇時の動的解約という契約者行動は、市場でヘッジ不能なリスクである保険引受リスクのうちの解約リスクとは別のものである。動的解約モデルが想定する契約者行動（解約率の上昇）は、１つの金利シナリオに対して一意に決まる、すなわち決定論的なものであり、金利上昇時の解約増加はリスクではない。これに対して、動的解約モデルが想定する一意な解約率変化の周りでの解約率変

---

31 非合理的な契約者行動（市場金利の変化に対して動的解約行動を起こさないこと）も含むモデル。
32 オプション・保証の時間価値を含む保険負債価値を、オプション・保証の本源的価値と時間価値に分けて把握する必要がある場合は、すべての市場のファクターがインプライドフォワードどおりに推移した場合の将来キャッシュフローの現在価値を本源的価値とし、残りを時間価値とするという方法が一般にとられる。

動、すなわちランダムな解約率の変動や（金利上昇以外の原因による）突発的な解約率の上昇、および将来にわたる解約率の期待値の推定誤りは、保険引受リスクのひとつである解約リスクであり、動的解約とは区別する必要がある。動的解約に関するオプション・保証の時間価値の評価は、動的解約モデルが想定する契約者行動が生じるという仮定のもとで行われるが、動的解約モデルの構造やパラメータが誤っているというモデルリスクも存在する。

　有配当契約における予定利率保証に係るオプション・保証の時間価値評価では、契約者配当の決定という経営上のアクションに関する前提が必要となる。契約者配当の支払は、保険会社の裁量に基づくものではあるが、契約者配当の決定に関する一定の考え方は存在すると考えられる。現実的な契約者配当の決定スキームに関する前提を置くことで、リスク中立確率に基づく金利およびその他の市場ファクターに関するシナリオを用いて、金利上昇時の動的解約の場合と同様にオプション・保証の時間価値評価が行われる。

　変額商品の最低保証に係るオプション・保証の時間価値評価は、経営上のアクションおよび契約者行動にかかわらず、死亡や満期といった最低保証の対象となる事象に関する前提に基づいて行われる。ただし、投資ファンドの価格が最低保証額を下回っているときほど解約が生じにくいといった契約者行動が見込まれる場合には、オプション・保証の時間価値評価のために契約者行動の前提が必要になる。

　損害保険では、オプション・保証特性をもつ可能性がある商品は、期間が長い貯蓄性の商品などに限られる。

⑤　保険負債評価のための割引金利の設定に関する論点

　本章第1節2で触れたように、将来キャッシュフローを現在価値に換算するための年限別の割引金利の設定に関して、いくつかの論点がある。

無リスク金利を導出するためにどの金融商品の価格を参照するか

　年限別の割引金利に関するイールドカーブを導出するために参照される代表的な金融商品として、国債と金利スワップがある。将来キャッシュフロー

が確定している、すなわち信用リスクがないといえるか、十分な市場の流動性があるか等の条件を考慮して、国債と金利スワップのいずれかが選択され、必要に応じた調整がなされる。

　金利スワップを用いる場合は、スワップの銀行間取引に含まれる信用リスク相当分を控除する必要がある。OIS（Overnight Index Swap）ベースのスワップ金利が信頼性のある市場価格として参照可能な場合には、それを参照するという選択肢もあろう。社債の市場価格によって作成されるイールドカーブから、社債のデフォルトおよび格付推移による損失の期待値、流動性プレミアムおよびその他のプレミアム（デフォルトおよび格付推移による損失額の不確実性に対するリスクプレミアム等）の推定値を控除して、無リスク金利を導出するという考え方もある[33]。

　このような、信用リスクに関して無リスクであり、かつ十分な市場の流動性があるか等の条件に加えて、経済価値ベースの管理との整合性の観点[34]が考慮されることもある。

マイナス金利にゼロフロアを適用するか

　保険負債評価のための割引金利を設定する際に、マイナス金利の年限ではゼロフロアをかけるかという論点である。そのような年限の将来キャッシュフローに対しては、国債でマッチングせずとも現金（マイナス金利がかからない短期資産を含む）を保有することで対応できるのだから、マイナス金利で将来キャッシュフローを割り引くべきではない（金利ゼロで割り引くべき）、という主張がなされることがある。

　「金利が負値になっている年限における将来キャッシュフローへの対応

---

[33]　後述の「無リスク金利への上乗せを行うか」において、流動性プレミアムを無リスク金利に上乗せするかわりに、社債のイールドカーブから、社債のデフォルトおよび格付推移による損失の期待値と、流動性プレミアム以外のプレミアムの推定値を控除するという考え方もある。

[34]　たとえば、国債によって保険負債の金利リスクのヘッジを行っている場合は、金利スワップよりも国債ベースの金利で保険負債を評価したほうが、リスクヘッジの行動と経済価値ベースの指標が整合的になるという観点。

を、マイナス金利がかからない資産によって保管コストをかけずに行うことが現実的に可能である」という条件が満たされれば、こうした主張も成り立つが、この条件が満たされない場合には、金利がマイナスになっている年限における将来キャッシュフローをマイナス金利で割り引く必要があると考えられる。これは、国債の市場価格にマイナス金利が反映されていることとも整合的である。

市場金利が存在しない長期の年限における補外方法

参照される金融商品が存在しないような長期の年限における割引金利の設定に関する論点である。経済価値ベースの保険負債評価では、保険契約から生じる将来のすべてのキャッシュフローを現在価値に割り引く必要がある。市場の金融商品の価格から割引金利を導出可能な最大年限を超える年限に保険契約の将来キャッシュフローが存在する場合は、市場の金融商品の価格から導出されるイールドカーブを、さらに長期の部分までなんらかの方向で延ばす（外側に向かって延ばすことから、補外と呼ばれる）必要があり、この補外をいかに行うか（補外を開始する年限および補外方法）が論点になる。

市場金利を取得可能な最大年限付近における短期のインプライドフォワードレートがそれ以降は一定である、という前提を置いてイールドカーブの補外を行う方法が実務上は多く採用されてきた。これに対して、第1章で説明しているように、60年後といった遠い将来時点における短期のインプライドフォワードレート（終局金利（Ultimate Forward Rate：UFR）と呼ばれる）をマクロ経済的手法などによって設定し、短期のインプライドフォワードレートが、市場金利を取得可能な最大年限付近における値から終局金利に向かって変化していくように、イールドカーブの補外を行うという考え方もみられる。経済価値ベースのERMにおける資本十分性評価や商品別収益性評価と終局金利の関係については、第4章で扱っている。

この論点をより広くとらえると、市場整合的な保険負債の価値評価のために参照する金融商品の価格に関する「合理的な補間・補外」をいかに行うかという問題であるといえる。市場の金融商品が存在しないような年限におけ

る割引金利の設定が必要なときには、市場に存在する金融商品の価格をもとに、合理的と考えられる方法による補間・補外計算を行うことが必要になる[35]。

無リスク金利への上乗せを行うか

　保険負債の価値評価に使用される割引金利の設定において、無リスク金利になんらかの上乗せをするか、という論点がある。保険負債は非流動的な性質をもつため、同じく非流動的な資産の価格を参照して保険負債の価値評価を行うことができる（非流動的な資産によって保険負債を複製することができる）という理由で、流動性プレミアム[36]を無リスク金利に上乗せするべき、という考え方が存在する（流動性プレミアムに関する議論の経緯は第1章で説明している）。

　流動性プレミアムを上乗せすることとしないことのいずれが妥当な考え方かについては議論があり、また流動性プレミアムの推定方法として唯一の確立された考え方は存在していないが、第1章で述べているとおり、流動性プレミアムは金融危機以降に欧州のEVで採用され、ソルベンシーⅡの検討にも影響を与えた。2019年11月に公表されたICSのVersion 2.0では、社債の市場スプレッドを参照して無リスク金利への上乗せを行うための方法が示されている。

6 　経済価値ベースの保険負債と財務会計上の責任準備金の関係

　本節4では、「将来キャッシュフローを、支出はプラス、収入はマイナス

35　イールドカーブの外側に向けた補外だけではなく、イールドカーブ上で割引金利が得られている年限間の補間も行われる。また、保険契約に内在するオプション・保証の時間価値の評価においても、市場のオプション商品が存在しないような期間のインプライドボラティリティに関する前提をいかに設定するかという、合理的な補間・補外に関する論点が存在する。

36　第1章の脚注5でも述べているように、同じ意味をもつ言葉として非流動性プレミアムがあるが、本書では流動性プレミアムと表記する。

の符号にして現在価値にする」という計算は、財務会計上の保険負債である責任準備金（伝統的な保険数理による責任準備金）と経済価値ベースの保険負債で共通していると述べた。さらに、財務会計上の責任準備金にはない経済価値ベースの保険負債の特徴として、評価対象とする将来キャッシュフローは現実的に見込まれる金額であること、および将来キャッシュフローを現在価値に換算するための割引金利は予定利率ではなく評価時点の市場金利であることをあげた。

　財務会計上の責任準備金と経済価値ベースの保険負債のこうした相違点によって、財務会計上の責任準備金ではみることのできない情報を、保険負債を経済価値ベースで評価することによって把握することができる。

　財務会計上の責任準備金ではみることのできない情報の１点目として、「価値」の観点からは、以下のことがいえる。

　　・保有契約から将来の死差益・費差益が生じることが期待される状況では、経済価値ベースの保険負債評価額は小さくなる。

　　・評価時点の市場金利に対して、保有契約の予定利率（過去の契約締結時に固定された保証利率）の負担が大きい状況では、経済価値ベースの保険負債評価額は大きくなる。

　したがって、経済価値ベースの保険負債の評価額（うち、将来の期待キャッシュフローの現在価値の部分）と財務会計上の責任準備金の差額は、保有契約から生じる将来各年度における財務会計上の損益の期待値の現在価値になる（評価時点のイールドカーブと整合的に設定された将来の運用利回りを用いて、将来各年度の損益を計算）。このことをふまえ、財務会計上の責任準備金から出発して経済価値ベースの保険負債評価額を導出する方法もある。

　財務会計上の責任準備金ではみることのできない情報の２点目として、「リスク」の観点からは以下のことがいえる。

　　・市場金利が変化することで、固定金利型の負債を負っている保険会社に実質的な損益が生じることが、負債の経済価値の変化として表現できる。資産側（債券）と同様に、金利感応度の指標を保険負債に対しても計算することで、資産と負債を相殺したベースで金利リスクがどの程度

残っているか、イールドカーブのどのような形状変化に弱いのか、ということがわかる。

・保有契約から生じる将来キャッシュフローを計算するための死亡率や解約率等の推定値が変化したときの、将来各年度の財務会計上の損益の現在価値への影響を把握することができる。

[7] 保険負債の金利感応度と資産・負債のマッチング状況の確認

本章第1節4では、債券の金利感応度指標の説明をした。保険負債を経済価値ベースで評価することによって、資産側（債券）と同様に、金利感応度の指標を負債側（保険負債）に対しても計算できる。イールドカーブ上で各年限の割引金利が変化すると、債券の価格が変化するのと同様に、保険負債の価値も変化する。割引金利が大きくなれば、将来のキャッシュフローはより小さい値まで割り引かれるため、保険負債は小さくなる（割引金利が小さくなるときはその逆のことが起きる）。これは、保険負債が金利リスクをもっていることを意味する。

本章第1節4で述べたとおり、固定利付債券を保有していると、市場金利が上昇するときは定期的に得られる固定的なクーポンの相対的な水準が下がるため、金利上昇は固定利付債券の保有者に実質的な損失をもたらし、このことは債券価格の低下として説明できる。市場金利が低下すれば、その逆となる。

保険会社が予定利率という固定的な利率を保険契約者に対して保証していることは、保険負債が固定金利型の負債であることを意味する。市場金利が上昇するときは契約者に対して固定的に保証している予定利率の相対的な水準が下がるため、金利上昇は固定金利型の負債の保有者に実質的な利益をもたらし、このことは保険負債価値の低下として説明できる。市場金利が低下すれば、その逆となる。

金利変化時の保険負債価値の変化は、負債のデュレーションが長いほど大きくなる。このことは、金利が変化すると、残りの期間が長いほど（予定利

率が保証されている期間が長いほど)、保険会社にとっての実質的な利益／損失が生じる度合いが大きい、というかたちで直感的に理解することができる。

　ここで、資産側と負債側が両方とも固定金利型であれば、両者の金利リスクが相殺される。市場金利の上昇は債券保有者にとっては実質的な損失であるが、保険負債の保有者にとっては実質的な利益であり、市場金利が低下するときはその逆となる。市場金利の上昇による資産価格の低下と保険負債価値の低下は相殺され、市場金利の低下時も資産側と負債側への影響は相殺される。資産側と負債側の金利リスクが完全に相殺されない場合は、いずれか一方の側に金利リスクが残る。資産側と負債側の金利リスクが相殺されることを資産と負債がマッチングされている状態と呼び、相殺されずに金利リスクが残ることを資産と負債のミスマッチがある状態と呼ぶ。

　以下では、資産と負債のマッチング状況の把握方法を説明する。

[資産のデュレーションと負債のデュレーションの比較]

　イールドカーブの平行移動に対する資産と負債それぞれへの影響が相殺されているかを確認する。資産側と負債側の影響額の相殺効果を確認するためには、「金額デュレーション」によって比較することが必要である。コンベクシティによる影響が大きいときは、デュレーションによる資産と負債の価値変化の近似ではマッチング状況を十分に把握できないこともある。

[主要な年限ごとの資産と負債のGPSの比較]

　イールドカーブ上の各年限に着目して、資産と負債の金利リスクが相殺されているか、相殺されていないときはその年限における金利上昇と金利低下のどちらにどの程度弱いかを把握することができる。イールドカーブの形状変化は平行移動だけではないため、デュレーションではわからない年限別のミスマッチ状況をGPSによって把握することが必要になる。

　資産と負債のミスマッチ状況の把握は、通常は負債の将来キャッシュフローが期待値どおりに生じるという前提で行う。実際には将来キャッシュフローは不確実性をもつため、ミスマッチ状況の把握内容に誤差が生じる。負

債の将来キャッシュフローが期待値どおりに生じるという前提で資産と負債が完全にマッチングしていても、実際の負債キャッシュフローが想定から乖離すると、新たなミスマッチが生じる。

もっとも、新契約を獲得し続ける限り、負債の将来キャッシュフローは獲得した契約分だけ変化していくため、負債の将来キャッシュフローの不確実性がなかったとしても、新たに生じるミスマッチへの対応は必要になる。死亡率や解約率の実績値が事前の推定値から乖離することによる影響と、新契約獲得による影響の両方を考慮して、定期的に将来キャッシュフローの推定をし直し、資産と負債のミスマッチ状況を把握することになる。

生命保険会社によるEVの開示では、EVの感応度として、EVに影響を与える要因を変化させたときのEVの変化も示されている。さまざまな要因に対するEVの感応度をみることで、保険会社が保有するリスクの状況をある程度把握することができる。たとえば、イールドカーブが平行移動することに対するEVの感応度をみることで、金利リスクの状況をある程度把握できる。このことと、資産と負債のミスマッチ状況を金額デュレーションで把握することは、計算のアプローチは異なるが本質的には似たことを意味する。

次に、主要な年限ごとの資産と負債のGPSのイメージを示す。ある保険会社の資産と負債の年限別のGPSが図表3－4のとおりであったとする。図表3－4のGPSは、各年限での1bpの金利低下による資産および負債の価値変化額（純資産が増加／減少する方向を、プラス／マイナスの符号で表している）である（金額の単位は省略）。

図表3－4の「合計」欄はすべての年限のGPSを合計したものであり、負債側の絶対値が資産側の絶対値より大きくなっている。これは、イールドカーブ全体の水準が下方にシフトすることが（各年限の金利が同じ幅だけ低下することが）純資産価値の減少要因（資産価値の増加よりも負債価値の増加が大きくなる要因）であることを意味している。

イールドカーブ全体の水準変化に加えて、カーブの傾きなどの形状の変化による影響を把握するためには、年限別の資産側と負債側のGPSの関係に着目する必要がある。図表3－4では、年限が7年以下の部分では資産のGPS

図表 3 − 4　主要な年限ごとの資産と負債のGPSのイメージ

年限	1	3	5	7	10	15	20	30	合計
資産GPS	300	400	800	1,000	500	200	100	100	3,400
負債GPS	− 200	− 300	− 500	− 600	− 700	− 1,200	− 800	− 500	− 4,800
ネットGPS	100	100	300	400	− 200	− 1,000	− 700	− 400	− 1,400

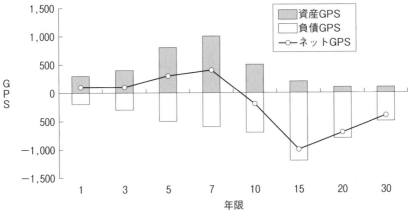

(出所)　筆者作成

の絶対値が負債のGPSの絶対値より大きく、年限が10年以上の部分ではその
逆になっている。このことから、年限7年以下では金利が上昇して（あるい
は金利が変化せず）年限10年以上では金利が低下するようなイールドカーブ
の形状変化（たとえば、イールドカーブ全体の水準が低下しつつ傾きが小さくな
るという変化）に対して、この資産・負債ポジションは脆弱性をもっている
（純資産価値が減少しやすい）ことがわかる。

<table>
<tr><td>第 3 節</td><td>経済価値ベースの管理とは</td></tr>
</table>

1 本書での「リスク」という言葉の使い方

　経済価値ベースの管理の基本的な考え方をこれ以降で解説していくにあた
り、本書で「リスク」という言葉をどのような意味で使っているかを説明し
ておきたい。第2章の脚注1にあるように、本書でこれまでにリスクという
言葉が現れた部分でも、以下と同様の考え方をしている。

　金融のリスクマネジメントにおいて「リスク」という言葉は、キャッシュ
フローやその現在価値の不確実性（変動性）を指す。損失事象が確実に生
じ、その際の損失額が確定している場合には、損失を抱えることがわかって
いたとしても、それは不確実性（変動性）という意味でのリスクではない。
また、損益の期待値がマイナスであり、平均的には損失を抱えるという状況
であっても、それは不確実性（変動性）という意味でのリスクではない。本
書では、金融のリスクマネジメントにおけるリスク、すなわちキャッシュフ
ローやその現在価値の不確実性（変動性）を表現するために、リスクという
言葉を使用している。

　なお、本書では「不確実性」と「変動性」を区別せず、いずれも確率分布
をもつ（確定的ではない）ことを意味するという点において、同義語として
扱っている。確率分布の形状自体がわからないことを「不確実性」と呼ん
で、「リスク」という言葉と区別する事例もあるが（「ナイトの不確実性」と
呼ばれるもの）、本書ではこの意味で「不確実性」という言葉を使っていな
い。本書では、確率分布の形状がわかっているかにかかわらず、確率分布を
もつのであれば、それは不確実性すなわち変動性として扱う。また、確率分
布上の期待値の推定を誤ることを「不確実性」、期待値からの乖離を「変動
性」と呼んで、言葉を使い分ける事例もあるが、本書ではこのような言葉の
使い分けもしていない。期待値の推定誤差も確率分布をもっているため、期

待値の推定を誤ることと期待値からの乖離は、いずれも確率分布をもつという意味で、不確実性すなわち変動性として扱う。

2 経済価値ベースの純資産・リスク・リターンの概念

経済価値ベースのERMでは、純資産（自己資本）・リスク・リターン（損益）を、以下のように資産と負債の経済価値によってとらえる。

- ・経済価値ベースで資産および負債を評価し、その差額として経済価値ベースの純資産を把握する。
- ・経済価値ベースの純資産の変動性をリスクととらえる。また、経済価値ベースの純資産を、リスクへの対応のための実質的な自己資本ととらえる。
- ・経済価値ベースの純資産の変化（確率変動の実現値）をリターンととらえる。

本書における経済価値は、市場整合的な価値と同義である。本章第2節3で述べたとおり、経済価値ベースの保険負債評価は、「保険契約が取引される市場が仮に存在した場合に、保険負債につけられると考えられる価格」を求めるという考え方で行われる。資産の経済価値は、市場価格が存在する場合はその価格であり、市場価格が存在しない場合は市場整合的な評価額である。

図表3－5のように、ある時点での保険会社の価値は、資産と負債の差額である純資産によって表される。企業価値を評価する目的では、純資産価値は経済価値ベースで（市場整合的に）評価することが自然である。保険会社の企業価値にはそれ以外に、将来にわたって新規に契約を獲得するための営業基盤がもつ価値等も含まれるが、図表3－5ではある時点で保険会社が保有する資産と負債（保険負債の対象は、過去に獲得した契約のうちその時点で残存しているもの）を対象にしている。

一定期間（たとえば、1年間）が経過して、資産価値と負債価値がそれぞれ確率変動することで、純資産価値が変動する。この変動性が経済価値ベースのリスクであり、確率変動の実現値が経済価値ベースのリターンである[37]。

図表3－5　経済価値ベースの純資産とリスクのイメージ（1）

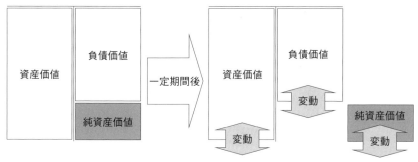

（出所）　筆者作成

　経済価値ベースの純資産とリスクを別の角度から眺めたのが図表3－6で
ある。資産価値と負債価値の差額である純資産価値は、過去に変動を繰り返
してきて、現在の水準に至っている。一定期間後（たとえば、1年後）には
純資産価値がなんらかの値になるが、現時点ではそれが確定していない。こ
のように、1年後時点での純資産価値が変動性をもつことがリスクである
（図表3－6では確率分布の形状のイメージでこの変動性を表現している）。図表
3－6の確率分布のうち、純資産価値がゼロ以下になっている部分の面積
が、一定期間後に経済価値ベースでの債務超過が生じる確率である。

　第2章で述べているとおり、ERMは財務の健全性の確保と企業価値の向
上（リターンの確保）の両面を目的にしている。図表3－5と図表3－6で
の純資産とリスクの概念をふまえると、健全性の確保とリターンの確保は以
下のように説明できる。

・財務の健全性の確保とは、資産価値と負債価値の変動によって純資産価
　値が変動する結果、純資産価値がゼロ以下まで減少する確率が一定水準
　以下になるように、純資産とリスクの関係をコントロールすることであ
　る[38]（ここでの一定水準は、各社が必要と考える健全性の高さによって決ま

37　このように、ERMにおけるリスクとリターンは、資産価値と負債価値の変動によっ
　　て説明できる。資産と負債を関連づけた管理の手法であるALM（Asset Liability Man-
　　agement：資産負債管理）は、ERMに包含される概念である。

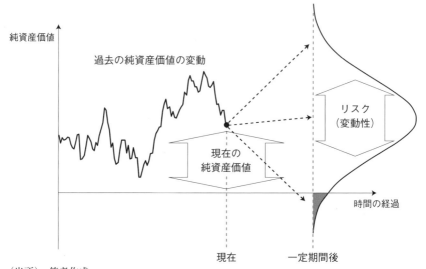

図表 3 - 6　経済価値ベースの純資産とリスクのイメージ（２）

純資産価値

過去の純資産価値の変動

リスク
（変動性）

現在の
純資産価値

時間の経過

現在　　　　　一定期間後

（出所）　筆者作成

る）。

・企業価値の向上のためのリターンの確保とは、純資産価値を変動性にさ
らすというリスクをとった対価として、純資産を増やすことを目指すこ
とである。

　以下に関する指標を経済価値ベースでとらえる必要があるのは、経済価値
ベースでは、財務会計上の数値では把握できない実質的な健全性や収益性の
状況を表現できるためである。

・資本十分性評価

・保険商品の収益性評価

・資産運用の管理

・その他（企業価値の評価、分野別のパフォーマンス評価等）

　経済価値ベースのERMにおけるこれらの指標の使用方法は、第４章で解
説している。

38　純資産価値がゼロより大きい水準まで減少する確率を一定水準以下にすることも、広
い意味での健全性の確保である。

経済価値ベースの純資産・リスク・リターンの特徴

　経済価値ベースの純資産・リスク・リターンがそれぞれ、財務会計と比べてどのような特徴をもっているかをみていく。

経済価値ベースの純資産の特徴

　経済価値ベースと財務会計上の純資産の違いの例として、以下があげられる。

- ・危険準備金、異常危険準備金、価格変動準備金等の資本性の財務会計上の負債[39]は、経済価値ベースでは負債として扱われないため、純資産に含まれる。
- ・財務会計上は、市場価格が存在していてもその価格で評価されない有価証券の分類があるのに対して、経済価値ベースでは市場価格が存在すればそれを評価額として用いるため、市場価格と簿価の差額はすべて純資産に反映される。また、貸付金のように市場価格が取得できない資産についても、経済価値ベースでは市場と整合的な価値評価を行うことが基本的な考え方となる。
- ・保険負債については、財務会計上の責任準備金と経済価値ベースの保険負債評価額の差異が、経済価値ベースと財務会計上の純資産の違いに反映される。その結果、保有契約から将来の死差益・費差益が生じることが期待される状況では経済価値ベースの純資産が大きくなり、評価時点の市場金利との対比で過去に締結された契約の予定利率負担が大きい状況では、経済価値ベースの保険負債評価額が大きくなる（このことで純資産がどの程度小さくなるかは、資産と負債のマッチングの状況に依存する）。

　このように、経済価値ベースの純資産は、財務会計上の純資産に対する調整を行うことで、実質的な企業価値（将来にわたって新規に契約を獲得するための営業基盤がもつ価値等を除く）を表したものだと解釈することもできる。

---

[39]　企業会計上の負債性は弱いものの、保険業法上の準備金として負債に計上されているものを、ここでは資本性の負債と呼んでいる。

本章第6節1で述べるとおり、同じく実質的な企業価値を表す目的で使用される MCEV（および MCEV に近い手法による EEV（ヨーロピアン EV））は、一定の前提のもとで経済価値ベースの純資産と一致する。

なお、ソルベンシー・マージン比率の分子である「ソルベンシー・マージン総額」の計算でも、資本性の負債は広義の自己資本として扱うなど、財務会計上の純資産に対する一定の調整は行われているが、経済価値ベースの保険負債評価額の反映は行われていない[40]。

経済価値ベースのリスクの特徴

経済価値ベースのリスク（経済価値ベースの純資産の変動性）と財務会計上のリスク（ここでは、損益計算書上の損益変動を通して貸借対照表上の純資産が変動するリスク、および損益計算書を経由せずに貸借対照表上の純資産に反映される金額が変動するリスクを指すものとする）の違いの例として、以下があげられる。

・経済価値ベースでは、将来得られると期待していた死差益・費差益が保険契約の想定外の解約増加によって減少することによる影響のように、財務会計上の純資産の変動には表れないリスクも認識する。

・財務会計上のリスクのひとつに、保険料計算時に見込んだ死亡率と実績の死亡率の差による損益の単年度ごとの変動があるが、経済価値ベースでは、将来期間の死亡率の推定誤りによって、将来得られると期待していた死差益が減少することによる影響もリスクと認識する。

・危険準備金、異常危険準備金、価格変動準備金等の資本性の財務会計上の負債の繰入れ・取崩しによる財務会計上の損益変動の抑制効果は、経済価値ベースでは考慮されない。

・金利リスクについては、財務会計上は資産側の変動のみが純資産の変動に反映されるが（簿価評価される有価証券は除く）、経済価値ベースでは

40　ソルベンシー・マージン比率上も、責任準備金の一部を広義の自己資本ととらえる等の調整が一定程度なされているが、経済価値ベースの保険負債と財務会計上の責任準備金の差をとらえたものではない。

資産の変動と負債の変動が相殺されて純資産の変動に反映される。
・財務会計上は、簿価評価される有価証券の時価の変動は減損が生じない限り純資産に影響しないが、経済価値ベースでは時価変動をリスクと認識する。

このように、保険引受リスクについては、経済価値ベースでは財務会計上のリスクと異なり、単年度の死差益および費差益の変動性だけではなく、保有契約から生じる将来キャッシュフローの計算のための死亡率や解約率の推定誤りや単年度の解約率の変動によって、将来の死差益・費差益が変動することもリスクとなる。また、損害保険会社では異常危険準備金の繰入れ・取崩しをすることで、自然災害に代表される巨大災害による財務会計上の損益変動が抑制されるが、経済価値ベースではこのような抑制効果を考慮せずに、巨大災害による影響をリスクと認識する。

資産運用リスクのうち金利リスク以外については、財務会計上の評価にかかわらず資産時価が変動することが経済価値ベースのリスクであり、金利リスクについては、資産側の時価変動と保険負債の価値変動が相殺されずに残ることが経済価値ベースのリスクである（保険負債が金利リスク以外の市場リスクをもつ場合も同様）。

経済価値ベースのリターンの特徴

財務会計と比べた経済価値ベースのリターン（損益）認識の特徴の例として、以下があげられる。
・新契約の獲得時に、その契約から保険期間にわたってもたらされる会計損益がリターンとして認識される。
・保有契約の将来キャッシュフローの見込みの変更時に、残りの保険期間全体での会計損益の変化がリターンとして認識される。
・市場金利の変化による純資産価値の変化が、資産と負債のミスマッチ部分に対して把握され、リターンとして認識される。
・金利リスク以外の資産運用に関して、時価の変化を含めたトータルリターンが把握される。

このように、財務会計上は、死亡率等の保険料計算上の基礎率の予定と実績の差異によって徐々に保険引受の損益が認識されるのに対して、経済価値ベースでは、保有契約から将来生じることが見込まれる保険引受の会計損益は、現時点の純資産に反映ずみである。経済価値ベースのリターンは、経済価値ベースの純資産の増減要因、すなわち将来の死亡率等の見込みが変化することや、新契約の獲得によって将来見込まれる会計損益が変化することによって生じる。

資産運用については、財務会計上は利息および配当金というインカム収入に加えて、資産の売却を行った場合のみ売却損益というキャピタル損益が認識され、保有資産の含み損益の増減は、減損処理される場合を除いて損益認識されないが、経済価値ベースでは、売却の有無にかかわらず時価の変化がリターンとして認識される。さらに、市場金利の変化による保険負債の評価額の変化も（資産側の時価の変化と相殺されて）リターンとして認識される（保険負債が金利リスク以外の市場リスクをもつ場合も同様）。

４ 経済価値ベースのリターンの分解

経済価値ベースのリターン（損益）は、経済価値ベースの純資産の対前期末の変化であり、経済価値ベースの資産と負債のそれぞれが一定期間にどのように変化したかが把握できれば、経済価値ベースの純資産の変化を求めることができる。しかし、資産価値と負債価値のそれぞれの変化に着目するだけでは、どのような要因で経済価値ベースの純資産が変化したかを説明することは困難であるため[41]、以下のように、経済価値ベースの資産と負債のそれぞれの変化ではなく、純資産の変化の要因となる事象に直接着目して、損益の分解をすることが必要になる。

［期間の経過］

純資産価値の評価時点が前期末から当期末になることによって、当期の

---

41 資産または負債の変化は必ずしも損益に関係する事象によってもたらされるものではないこと、および資産と負債の両面に影響を与える事象があることが、主な理由である。

期間分の割引金利、リスクマージンおよびオプション・保証の時間価値が解放される。

　価値を評価する時点が当期末になることで、当期の期間分の貨幣の時間価値だけ純資産価値が増加する（前期末の純資産価値が、その時点における当期の期間の金利で増える[42]）。仮に保険会社がいっさいのリスクをとっていなければ、純資産価値はこの額だけ確実に変化する。また、経済価値ベースの保険負債評価の時点が前期末から当期末に変わり、保有契約がリスクにさらされる期間が短くなることで、リスクマージンの計算対象となる将来各年度のリスクのうち当期の期間分が解放されて純資産価値が増加する。保険契約に内在するオプション・保証の時間価値についても、オプション・保証の対象期間が短くなることで、当期の期間分の時間価値が解放されて純資産価値が増加する。

　仮に、保有契約の将来キャッシュフローが前期末の想定どおりに当期末まで推移し（また、当期末以降のキャッシュフローの想定に関する見直しもなされず）、かつ前期末以降にすべての市場ファクターがインプライドフォワードレートどおりに推移すると、純資産価値は、前期末における当期の期間の金利に相当する額、リスクマージンの解放分およびオプション・保証の時間価値の解放分だけ増加する。

［新契約獲得］

　当期に獲得した新契約がもつ価値である新契約価値によって、経済価値ベースの純資産が増加する。契約獲得時（初回保険料の収入直前）に評価した経済価値ベースの保険負債評価額の符号を変えたものが新契約価値であり、獲得した契約から保険期間にわたってもたらされる会計損益を現在価値で評価したものとも解釈できる。契約獲得時の経済価値ベースの保険負債評価額がマイナスであれば、新契約の保険期間全体での収益性が確保されていることを意味する。

42　前期末における当期の期間の金利が負値であれば、減少する。

[保険関係の前提・実績差異および前提の見直し]

　前期末の保有契約から生じる将来キャッシュフローの推定のために使用していた死亡率、解約率等の前提と当期の実績が乖離することで、経済価値ベースの純資産が変化する。また、前期末の保有契約から生じる当期末以降のキャッシュフローの推定のための前提を当期末に見直すことによっても、経済価値ベースの純資産が変化する。たとえば、前期末に死亡保険の契約に対して見込んでいた将来の死亡率を当期末に引上げ方向で見直せば、経済価値ベースの保険負債評価額が増加し、純資産が減少する。これは、保有契約から生じる将来の死差益の見込みが減少するためであると解釈できる。

[市場関係の要因]

　市場金利の変化によって（正確には、前期末のイールドカーブから計算される当期末のインプライドフォワードレートと、当期末の実際のイールドカーブが乖離することで）資産価値と負債価値が変化し、経済価値ベースの純資産が変化する[43]。これは、前期末のイールドカーブをもとに見込んでいた将来の利差益が変化するためであると解釈できる。さらに、金利リスク以外の資産運用リスクをもつ運用資産から生じる時価ベースのリターン（利息・配当金収入と売却損益に時価の変化を含めたトータルリターン）によって、経済価値ベースの純資産が変化する。

第4節　経済価値ベースのリスク計測

1　経済価値ベースのリスク計測の考え方

　経済価値ベースのERMでは、保険会社の財務の健全性を把握するために、

43　保険負債が金利リスク以外の市場リスクをもつ場合も同様。

一定期間に経済価値ベースの純資産が変動するリスクである統合リスク量を
VaR（Value at Risk）[44]によって定量化し、リスク対応のために保有する自己
資本である経済価値ベースの純資産と比較する。統合リスク量に対する自己
資本の十分性を確認することは資本十分性評価と呼ばれる。以下では、統合
リスク量を求めるためのリスク計測の考え方を説明する[45]。

　保険会社が保有する個別のリスク（死亡リスク等の保険引受リスク、金利リ
スクやその他の資産運用リスク、オペレーショナルリスク等）は経済価値ベース
の純資産価値の変動要因となり、それらのリスクを同時に保有することによ
る純資産価値の変動性を推定して、統合リスク量を求める。リスク種類ごと
のリスク量から統合リスク量を求めることは、リスク統合と呼ばれる。

　さまざまなリスクを同時に保有することによる純資産価値の変動性を推定
して、統合リスク量を求めるための手順は以下のとおりである。

・リスク種類ごとに、当該リスク種類を要因とする経済価値ベースの純資
　産の変動性を推定することによって、当該リスク種類のリスク量を求め
　る。必ずしも確率分布全体の形状を求めなくても、確率分布上のパーセ
　ント点の値を求めることができれば、リスク量を算出できる。

・リスク種類ごとに算出したリスク量およびリスク種類間の相関係数を用
　いて、すべてのリスク種類を統合する。リスク統合は、リスクの階層構
　造を設定して複数段階で行われることが多い（保険引受リスク内と資産運
　用リスク内をそれぞれ統合した後、保険引受リスクと資産運用リスクの統合
　を行う等）。リスクの階層構造は、重複やもれがなく、かつ論理的にな
　るように設定される。リスク種類間の相関係数が高い／低いほど、リス
　ク統合時のリスク分散効果（リスク種類ごとのリスク量の単純合計額より
　も、それらのリスク種類を統合したリスク量が小さくなる効果）が小さく／
　大きくなる。

44　たとえば、保有期間が1年で信頼水準が99％のVaR（1年の99％ VaRなどと表現さ
　れる）は、1年間でそれ以上の損失が生じる確率が1％であるような損失額を意味す
　る。
45　経済価値ベースの資本十分性評価の枠組みは、第4章で説明している。

2 個別のリスク種類の特徴

経済価値ベースの純資産の変動要因となる個別のリスク種類の特徴を、以下で概観する。内部管理におけるリスク計測上のリスクの分類方法は保険会社によって異なりうるが、以下では一例を示している。

保険引受リスク（うち、生命保険引受リスク）

生命保険リスクは、死亡や入院のような保険事故の発生率や、解約率、事業費率といった保険契約の収益性に影響を与えるその他の要素の変動により、保険負債価値が変動する結果、経済価値ベースの純資産価値が変動するリスクである。

死亡リスクおよび生存リスクについては、死亡保険であれば死亡率の上昇方向、生存保険であれば死亡率の低下方向が経済価値ベースの損失事象すなわち純資産が減少する要因となる。解約リスクについては、解約時に契約者に支払う解約返戻金が、その時点での経済価値ベースの保険負債価値を上回っているかどうかにより、解約率の上昇と低下のいずれが経済価値ベースの損失事象になるかが決まる。入院等を保障する保険では、入院等の発生率の上昇が損失事象である（一般に、入院等を保障する保険は生存保険の性格ももつため、死亡率の低下も損失事象となる）。事業費リスクについては、保険契約の維持・管理に係る事業費が増加することが損失事象となる。

保険引受リスク（うち、損害保険引受リスク）

損害保険リスクは、計算基準時点で未発生の保険事故に係るリスク（未経過責任部分に係るリスク）と、発生ずみであるが保険金が未払いとなっている保険事故に係るリスク（既経過責任部分に係るリスク）に分かれる。

未経過責任部分に係るリスクは、保険事故の発生頻度および1事故当りの保険金の変動によって保険金支払の総額が変動するリスクや、台風や地震等の自然災害のように多くの保険契約に同時に影響を与える事象の発生によって保険金支払が巨額になるリスクである。

既経過責任部分に係るリスクは、既発生事故から生じる将来の保険金支払の不確実性によって、経済価値ベースで評価した支払備金が変動するリスクである。

資産運用リスク（うち、市場リスク）

　市場のリスクファクターが変動することによって、保険会社が保有する資産および保険負債の価値が変動する結果、経済価値ベースの純資産価値が変動するリスクである。イールドカーブの水準や形状の変化によって公社債や貸付金の時価および保険負債価値が変動する金利リスク、株式の時価が変動する株式リスク、為替レートの変動によって外国通貨建ての資産や負債の価値が変動する為替リスク、不動産価格が変動する不動産リスク等がある。

　生命保険の多くの商品、損害保険のうち積立保険や長期火災保険等の長期商品、および生命保険と損害保険にまたがる第三分野の長期商品は、市場金利の変動によって経済価値ベースの保険負債価値が変動するという金利リスクをもつ（保険負債が金利リスク以外の市場リスクをもつ場合も同様）。また、損害保険で、保険事故発生から保険金支払まで長い期間がかかる、いわゆるロングテール商品では、市場金利の変動によって経済価値ベースで評価された支払備金が変動するという金利リスクもある[46]。

　なお、市場金利の変化によって資産および保険負債の評価額が変化すると、金利リスクのエクスポージャーが変化し、金利感応度が変化するため、市場金利の変化は純資産価値だけではなく金利リスク量にも影響を与える（「コンベクシティ効果」）。また、長期の保険商品では、市場金利の低下によって保険負債の評価額が大きくなると、前述の「保険引受リスク（うち、生命保険引受リスク）」のエクスポージャーが大きくなり、保険引受リスクが増加する。

46　日本の損害保険会社では金利リスクの主な要素ではないが、ロングテール商品の割合が高い国においては、金利リスクの主な要素のひとつである。

資産運用リスク（うち、信用リスク）

　保険会社が保有する社債や貸付金の債務者がデフォルトすることで損失が生じるリスク（デフォルトリスク）、債務者の信用度変化によって債権価値が変動するリスク（格付推移リスク）、および債務者の信用度変化にかかわらず市場でのスプレッド水準が変動することによって債権価値が変動するリスク（市場スプレッド変動リスク）から構成される。市場スプレッド変動リスクは、信用リスクではなく市場リスクに分類されることもある。

その他のリスク

　その他にリスク計測の対象になるリスクとして、オペレーショナルリスクとカウンターパーティリスクがあげられる。

　オペレーショナルリスクは、事務リスク、システムリスク、法務リスク等に分かれ、内的あるいは外的な事象によって損失が生じるリスクである。

　カウンターパーティリスクは、再保険やデリバティブの取引先（カウンターパーティ）のデフォルトによって契約の履行がなされないことで、取引先に対する債権が失われ、また想定していたリスク削減効果が得られなくなるリスクであり、信用リスクに分類されることもある。

③　経済価値ベースのリスク計測における論点

　以下では、保険引受リスクと資産運用リスク（うち、市場リスク）を対象にして、リスク種類ごとのリスク計測およびリスク統合に関する主な論点をあげる。

保険引受リスク（うち、生命保険引受リスク）

　死亡率や解約率等の変動については、リスク計測の保有期間内における変動（ランダムな変動や突発的な事象の発生であり、プロセスリスクと呼ばれる）のほかに、保険期間終了時までの将来全期間のキャッシュフローの推定誤り（パラメータの推定誤りによって生じる保険負債価値の変動であり、パラメータリスクと呼ばれる）が存在する。こうしたリスクの性質に応じて適切なリスク

計測の手法を適用する必要がある。

　パラメータの推定誤りを「真のパラメータからの誤差」ととらえると、パラメータリスクは保有期間の概念をもたないが、前期末に推定したパラメータが当期末に見直される可能性ととらえると保有期間の概念をもつことになり、VaRの枠組みで他のリスクと整合的に扱うことができる。

保険引受リスク（うち、損害保険引受リスク）

　巨大災害以外の損害については、損害率の変動性や、保険事故の発生頻度および1事故当りの保険金支払の変動性に関して、自社の過去の実績等の統計データから確率分布を推定して、リスク計測を行う。これに対して、自然災害に代表される巨大災害による集積リスクは、過去の観測データだけでは信頼性の高いリスク計測はできないため、台風等の自然災害の発生やその発生時の被害の大きさを工学的手法によってシミュレーションしてリスク計測を行うこと（工学的モデルの使用）が必要となる。損害保険引受リスクの多くをプロセスリスクが占めると考えられるが、長期火災保険等の長期の損害保険商品では生命保険と同様に、パラメータリスクも存在する。ただし、自然災害を対象とした長期の損害保険商品のパラメータリスク（たとえば、将来における台風の発生頻度の期待値の推定誤り）の定量化が可能かは議論の余地がある。

　既経過責任部分に係るリスクについては、すでに発生した保険事故に対する将来の保険金支払に関して、リスク計測の保有期間内における支払額が変動するリスク（プロセスリスク）と、保険金の支払を終えるまでの全期間にわたる支払額の推定誤りのリスク（パラメータリスク）が存在する。こうしたリスクの性質に応じて適切なリスク計測の手法を適用する必要がある。

資産運用リスク（うち、市場リスク）

　市場リスク計測における共通の論点として、以下があげられる。
　・分散共分散法、ヒストリカル法、モンテカルロ法、ショックシナリオ法のどれを選択するか。

・過去データの観測期間

・過去データの観測頻度（月次や週次、日次）

・過去データの取得方法と年次換算方法（データの重なりを認めるMoving Window法か、重なりを認めないBox Car法とルートT倍法の組合せか等）

・市場のリスクファクターの変化によって、保険契約に内在するオプション・保証の時間価値が変動するリスクをいかに計測するか。

さらに、金利リスク計測に特有の論点として、以下があげられる。

・市場金利の変化幅と変化率のどちらの変動に着目するか、またはそれらの中間的な手法（一定の幅だけ金利データを上方にシフトさせてから変化率ベースの金利リスク計測を行う方法等）を採用するか。

・年限別の市場金利の変動を表現するための方法（主要な年限ごとの変動性を求めて年限間の統合をする方法、イールドカーブの形状変化の要素を主成分分析によって抽出する方法、イールドカーブの形状を表す関数のパラメータを変動させる方法等）

・他の市場リスクのファクターとは違い、価値変動そのものをモデル化しているわけではないので、金利変動と価値変動の関係を適切に表現する必要がある。

・金利変化による資産および負債のキャッシュフローの変化をいかに考慮するか。

・マイナス金利の年限における金利変動をいかにモデル化するか。

・保険負債評価に終局金利を導入した場合における、金利リスク計測での終局金利の取扱い

リスク統合における論点

リスク種類ごとのリスク量から統合リスク量を求める手法に関する論点として、以下があげられる。

・リスク統合の階層構造の設定

・リスク種類間の相関係数の設定

・平時の相関関係が危機時には崩れるという「テール相関」を考慮する

か。

- ・あるリスクファクターの変化が他のリスクファクターのエクスポージャーに影響を与えるという「複合効果」を考慮するか。
- ・複数のリスク種類の統合をモンテカルロシミュレーションで行うか、リスク種類ごとのリスク量を相関係数によって段階的に統合するか、それらの組合せか。

計測対象とするリスク種類の範囲に関する論点

　将来の新契約価値の変動等のビジネスリスクや流動性リスクは、一般にリスク計測の対象とはならない。リスク計測モデル自体が誤っているリスクであるモデルリスクも一般にリスク計測の対象とはならないが、資本十分性評価において、モデルリスクの存在をいかに考慮するかは論点となる。

　市場のオプション商品の価格の決定要因のひとつであるインプライドボラティリティが変動することで、保険契約に内在するオプション・保証の時間価値が変動するリスクや、市場金利の変動によってリスクマージンが変動するリスクを計測対象に含めるかは、論点となる。

第 5 節　経済価値ベースの管理と財務会計上の損益

1　経済価値ベースと財務会計上の損益の関係

　経済価値ベースの損失事象が生じると、いずれ財務会計上の損益の悪化として表れる可能性があるという意味で、経済価値ベースの指標は財務会計上の損益と密接に関連している。したがって、経済価値ベースで何が起きているかに着目することで、将来の財務会計上の損益への影響も考慮できることになる。

　最初に、以下の2つの例をみてみる。

［例1］

　負債をもたない会社が、資産側で残存期間が長い固定利付債券を保有するとする。この場合、経済価値ベースでは、金利上昇によって資産価値が減少することが損失事象である。財務会計上は、保有資産の残存期間が短ければ、上昇後の金利水準での再投資による利息収入を得ることができるものの、残存期間が長いとその機会が失われる。つまり、金利上昇によって世の中は高金利での投資ができる環境であるにもかかわらず、（いったん売却して売却損を計上しない限りは）その高金利での再投資ができないという「機会損失」が生じることが、財務会計上の損益への影響である。

［例2］

　固定金利型の資産と負債を保有する会社において、資産側よりも負債側の残存期間が長いとする。この場合、経済価値ベースでは、金利低下によって資産価値と負債価値の両方が増加するが、負債価値のほうが資産価値よりも大きく増加し、純資産価値が減少することが損失事象である。財務会計上は、金利低下によって将来再投資する債券の利息収入が減少する一方で、負債側の利息負担が固定されていることで、利息収支が悪化することが損失事象となる。つまり、「再投資における損失」が、財務会計上の損益への影響である。

　このように、経済価値ベースの損失事象が生じると、「機会損失」または「再投資における損失」というかたちで、将来の財務会計上の損益に影響が表れる。短期的には、経済価値ベースと財務会計上の損益の方向性は整合的にならないことがあるが、中長期的には両者は整合的になっていく。

② 経済価値ベースと財務会計上の損益の関係に関する数値例

試算で用いる前提

　経済価値ベースと財務会計上の損益の関係に関する数値例を示すために、以下の前提を置く。

・保険契約として、保険期間10年、保険金額100万円の一時払養老保険を想定する。

・単純化のため、予定死亡率と実際の死亡率はともにゼロとし、付加保険料部分は考慮せず、解約は発生しないと仮定

・予定利率は1.5%とする。

・イールドカーブは期間構造をもたないものとする。

このように単純な仮定を置くと、養老保険のキャッシュフローは割引債のそれと同じになる（将来のキャッシュフローは満期時点でのみ確定的に発生するため）。死亡率や付加保険料を考慮すると数値は変わるが、以下で説明する内容の本質的な意味は変わらない。

この保険契約の保険料は、下式のように10年後の100万円を予定利率で現在価値に換算して得られる。

$$1,000,000 \times \frac{1}{(1+1.5\%)^{10}} = 861,667$$

保険会社がこの保険契約を販売した後の資産運用について考察する。仮に、現在の市場金利（割引金利）が年複利で1.5%とし（イールドカーブは期間構造をもたないという前提を置いているため、どの年限でも同じ市場金利）、残存期間が10年の無リスク割引債[47]が存在しているとする。養老保険の一時払保険料86万1,667円で10年無リスク割引債を購入すると、債券の満期時点で償還される額は下式のとおり100万円になり、養老保険の満期保険金100万円に充当できる。

$$861,667 \times (1+1.5\%)^{10} = 1,000,000$$

経済価値ベースおよび財務会計上の損益と純資産の推移

この無リスク割引債を、財務会計上は満期保有目的債券または責任準備金対応（以下「責準対応」）債券に分類しているとすると、償却原価法[48]によって図表3－7のように債券のバランスシート上の価額が増加していき、毎年

47　信用リスクがない、すなわち将来のキャッシュフローが確定的に生じる割引債。

48　ここでは、利息法に基づいて計算を行っている。

図表 3 - 7　債券を満期保有目的または責準対応に分類した場合　(単位：円、%)

	資産側（満期保有目的・責準対応の場合）			負債側	
	B/S価額	利息収入	簿価利回り	責任準備金	責準繰入額
0年目	861,667	—	—	861,667	—
1年目	874,592	12,925	1.50	874,592	12,925
2年目	887,711	13,119	1.50	887,711	13,119
3年目	901,027	13,316	1.50	901,027	13,316
4年目	914,542	13,515	1.50	914,542	13,515
5年目	928,260	13,718	1.50	928,260	13,718
6年目	942,184	13,924	1.50	942,184	13,924
7年目	956,317	14,133	1.50	956,317	14,133
8年目	970,662	14,345	1.50	970,662	14,345
9年目	985,222	14,560	1.50	985,222	14,560
10年目	1,000,000	14,778	1.50	1,000,000	14,778

（出所）　筆者作成

の増加額が利息収入として計上される。毎年の利回り（簿価利回り）は常に1.5％になる。なお、10年目のバランスシート価額100万円は、満期償還の直前の状態を表している。

　負債側については、死亡保険金や解約返戻金の支払は発生しないので、財務会計上の損益項目は責任準備金の繰入額のみとなる。責任準備金繰入額は、前年末の責任準備金に予定利率を乗じることで計算できる。図表 3 - 7 のとおり、毎年の利息収入と責任準備金繰入額が一致し、保険期間にわたって毎年の損益がゼロになる。

　この債券の財務会計上の分類がその他有価証券である場合は、毎年の利息収入と責任準備金は図表 3 - 7 と同じになり、バランスシート価額（その他有価証券であるため時価）は、その時々の市場金利によって決まる。たとえば、 1 年経過時点で市場金利が 1 ％に低下または 2 ％に上昇した場合には、図表 3 - 8 のように割引債の時価が変化し、簿価との差額が純資産として認

図表 3 - 8　債券をその他有価証券に分類した場合

[1年後に金利が1％に低下した場合]

バランスシート（財務会計）（円）			
割引債	914,340	責任準備金 純資産	874,592 39,748

バランスシート（経済価値ベース）（円）			
割引債	914,340	保険負債 純資産	914,340 0

[1年後に金利が2％に上昇した場合]

バランスシート（財務会計）（円）			
割引債	836,755	責任準備金 純資産	874,592 - 37,837

バランスシート（経済価値ベース）（円）			
割引債	836,755	保険負債 純資産	836,755 0

（出所）　筆者作成

識される（税効果は無視している）。

　ここで、保険負債を経済価値ベースで評価した場合は、保険負債の評価額が市場金利によって変化するため、割引債の時価の変化と相殺される。

資産と負債の期間が一致していない場合

　次に、10年ではなく5年の割引債を購入する場合を考える。養老保険の一時払保険料86万1,667円で5年割引債を購入すると、債券の満期時点で得られる額は下式のとおりとなる。

$$861,667 \times (1 + 1.5\%)^5 = 928,260$$

　5年経過時点で得られる割引債の償還額によって、再度5年割引債を購入するとする。5年経過時点で市場金利が1.5％のままであれば、再投資後の簿価利回りも1.5％であるため、再投資した債券の満期時点で償還される100

万円を養老保険の満期保険金に充当できる。

　5年経過時点の市場金利が1.5％よりも低いと、再投資後の簿価利回りは1.5％を下回り、再投資した債券の満期時点で償還される額は100万円を下回ってしまい、養老保険の満期保険金を支払うことができない。5年経過時点の市場金利が1.5％よりも高ければ逆に、再投資した債券の満期時点で100万円を超える額が償還される。つまり、10年ではなく5年の割引債を購入することは、市場金利の低下リスクを抱えているといえる。

　たとえば、1年経過時点で市場金利が1％に低下し、その後は同水準で推移したとする。経済価値ベースでは、市場金利の低下による影響がすぐに表れる。経済価値ベースの保険負債評価額は91万4,340円に上昇するのに対し、債券の時価は下式のように89万2,040円までしか上昇しない。

$$928,260 \times \frac{1}{(1+1\%)^4} = 892,040$$

　差額の2万2,300円がこの年の経済価値ベースの損失であり、経済価値ベースのバランスシートは図表3−9のようになる。

　この割引債が満期保有目的債券または責準対応債券に分類されている場合、図表3−10のように、最初の5年間の財務会計上の損益とバランスシート価額は図表3−7と変わらない。

　ところがそれ以降は、図表3−11のように、再投資した債券から得られる利息収入と責任準備金繰入額の差額が、毎年逆ざや額として認識される。

　10年経過時点で債券から償還される97万5,611円と養老保険の満期保険金100万円の差額は2万4,389円であり、これは6～10年目の逆ざや額の合計に等しい。10年経過時点におけるこの不足額を、1年経過時点すなわち市場金利が低下した時点での価値に割り引くと、下式のように2万2,300円となり、図表3−9でみた1年経過時点での市場金利低下後の純資産の減少額（経済価値ベースの損失）と一致することがわかる。

図表3－9　経済価値ベースのバランスシート（金利低下ケース、1年経過時点）

バランスシート（経済価値ベース）（円）			
割引債	892,040	保険負債 純資産	914,340 －22,300

（出所）　筆者作成

図表3－10　債券を満期保有目的または責準対応に分類した場合
　　　　　（金利低下ケース、5年目まで）

（単位：円、%）

	資産側（満期保有目的・責準対応の場合）			負債側	
	B/S価額	利息収入	簿価利回り	責任準備金	責準繰入額
0年目	861,667	—	—	861,667	—
1年目	874,592	12,925	1.50	874,592	12,925
2年目	887,711	13,119	1.50	887,711	13,119
3年目	901,027	13,316	1.50	901,027	13,316
4年目	914,542	13,515	1.50	914,542	13,515
5年目	928,260	13,718	1.50	928,260	13,718

（出所）　筆者作成

図表3－11　債券を満期保有目的または責準対応に分類した場合
　　　　　（金利低下ケース、6年目以降）

（単位：円、%）

	資産側（満期保有目的・責準対応の場合）			負債側		逆ざや額
	B/S価額	利息収入	簿価利回り	責任準備金	責準繰入額	
6年目	937,543	9,283	1.00	942,184	13,924	4,641
7年目	946,918	9,375	1.00	956,317	14,133	4,757
8年目	956,388	9,469	1.00	970,662	14,345	4,876
9年目	965,951	9,564	1.00	985,222	14,560	4,996
10年目	975,611	9,660	1.00	1,000,000	14,778	5,119

（出所）　筆者作成

$$24,389 \times \frac{1}{(1+1\%)^9} = 22,300$$

このように、5年経過時点までに生じた市場金利低下による10年間全体での影響額（逆ざやの累積額であり、10年経過時点での満期保険金支払に不足する額）を、経済価値ベースでは市場金利が低下したときすなわち金利リスクが顕在化したときに損失として認識する。財務会計上の数値だけでは、リスクが顕在化したことがみえないままになる。

　最後に、割引債がその他有価証券に分類されている場合の財務会計上のバランスシートをみてみる。図表3－12のように、1年経過時点での市場金利の低下によって、それ以降の4年間は割引債の時価が償却原価を上回る状態が続き、純資産はプラスになる。5年経過時点で5年割引債に再投資した後は市場金利が変化していないため、債券の時価の推移は図表3－11の償却原価の推移と同じになる。財務会計上は、割引債がその他有価証券に分類され

図表3－12　債券をその他有価証券に分類した場合（金利低下ケース）　（単位：円）

	資産のB/S価額	責任準備金	純資産
0年目	861,667	861,667	0
1年目	892,040	874,592	17,448
2年目	900,960	887,711	13,249
3年目	909,970	901,027	8,943
4年目	919,070	914,542	4,527
5年目	928,260	928,260	0
6年目	937,543	942,184	−4,641
7年目	946,918	956,317	−9,399
8年目	956,388	970,662	−14,274
9年目	965,951	985,222	−19,270
10年目	975,611	1,000,000	−24,389

（出所）　筆者作成

ていると、1年経過時点で金利が低下してから、当初購入した割引債の満期を迎える時点までは、金利低下リスクが顕在化している状況にもかかわらず、純資産にプラスの影響が出ることになる。

数値例から示唆されること

以上のとおり、資産と負債の期間が一致していないと、経済価値ベースと財務会計上の数値はともに、10年間全体でみれば、市場金利が変わらなければ10年経過時点での満期保険金をちょうど支払うことができ、1年経過時点で市場金利が1％に低下すれば10年経過時点での満期保険金支払に必要な金額が2万2,300円不足する、という整合的な結果になることがわかった。さらに、財務会計上は、金利リスクの顕在化による損益への影響が遅いタイミングで生じ、また有価証券の分類によっては金利リスクの顕在化とは逆方向の影響が一時的に生じることも確認できた。

この根本的な原因は保険負債の評価方法にある。財務会計上の責任準備金によって保険負債を評価している限り（契約締結時に適用された予定利率を、その後の各時点の責任準備金の計算に用いるという伝統的な保険数理の手法を用いている限り）、資産側の評価をどのように工夫しても、金利リスクが顕在化したときにその影響をとらえることはできない。経済価値ベースでは、予定利率にかかわらず市場金利を使用して保険負債を評価し、資産側は常に時価で評価されるため、金利リスクの顕在化[49]をタイムリーにとらえることができる。

数値例から得られるもう1つの示唆は、本節1で述べたように、経済価値ベースでの損失事象が生じると、いずれ財務会計上の損益の悪化として表れる可能性があるということである[50]。経済価値ベースで何が起きているかに着目することで、将来の財務会計上の損益への影響も考慮することができる。

49　なお、本数値例ではイールドカーブに期間構造がないという仮定を置いているが、実際には期間構造があるため、第4章で説明しているとおり、金利リスクの顕在化としての市場金利の変化は、インプライドフォワードレート対比でとらえる必要がある。

本数値例は 1 商品のみを対象にした単純なものだったが、実際にはさまざまな契約年度、商品種類、契約属性（加入年齢や保険期間、保険料払込方法等）の契約によって負債のポートフォリオが構成されている。そうした状況では、財務会計上の数値だけで金利リスクの顕在化の状況を把握することはより困難になり、経済価値ベースで価値と損益をタイムリーに把握することが重要になる。

第 6 節　経済価値ベースのERMの関連動向

　本節では、経済価値ベースのERMの関連動向として、EV原則、EUのソルベンシーⅡ、国際的に活動する保険グループ（IAIGs）に適用される資本規制であるICS、および保険契約に関するIFRSであるIFRS17号の概要を解説する。これらの動向は、それぞれの使用目的に応じて価値評価等の方法が異なるものの、いずれも、経済価値ベースのERMにおける純資産・リスク・リターンの評価の考え方と関連しているといえる。

1　EV原則

　EVは、将来の新契約を含まないベースで生命保険会社の価値を評価するための手法である。第 1 章で述べているとおり、伝統的なEV計算の考え方は、EEV原則、MCEV原則へと変化してきて、欧州保険会社によるEVの開示はMCEV原則またはEEV原則に基づいて行われるようになった。日本でも多くの生命保険会社が財務諸表の補足情報として、MCEVまたはEEVを開示している。市場整合的な手法によるEEVとして開示されるEVは、一部

50　1 年経過時点で金利が低下した後で金利がもとの水準に戻れば財務会計上の損失は生じないのではないか、という疑問があるかもしれないが、逆に、金利がさらに下がった場合には財務会計上の損失はさらに大きくなる。1 年経過時点で金利が低下した後はその金利水準のまま推移するという本試算での仮定は、それらの中間的な状況を想定している。

の要素を除いてMCEVと類似しているため、以下ではMCEVを中心に説明する。

MCEVの概要

MCEVの構成要素は以下の2つである。

・修正純資産

・保有契約価値

修正純資産は、財務会計上の純資産の金額に部分的な修正を加えたものである。財務会計上は時価評価の対象になっていない資産については、時価との差額を認識する。さらに、本章第3節3と同様の考え方で、資本性の負債を純資産に加算するなどの調整をする。

保有契約価値は、以下の合計額として算出される。

・確実性等価利益現価

・オプションと保証の時間価値（控除項目）

・ヘッジ不能リスクに係る費用（控除項目）

・フリクショナルコスト（控除項目）

確実性等価利益現価は、保有契約から生じる将来各年度における財務会計上の損益の期待値の、評価時点における市場の無リスク金利による現在価値である。将来の年度ごとの運用利回りは、評価時点のイールドカーブから導出される将来各時点の短期のインプライドフォワードレートどおりとし、各社の資産運用方針に基づいて設定しない。伝統的なEVでは、保有契約価値は、将来各年度における財務会計上の損益の期待値の、無リスク金利よりも高い割引率による現在価値合計であり、将来の年度ごとの運用利回りの前提は、各社の見込みに基づいて設定していた。また、割引率はRDR（Risk Discount Rate）と呼ばれ、各社が自社の事業のリスクを考慮して設定していた。こうした伝統的なEVには、以下のような問題が存在していた[51]。

・運用利回りの設定とRDRの関係が不明確

51　そのほかに、伝統的なEVにおけるソルベンシー資本コストという項目の位置づけが不明確という問題もあり、それに対する対応も行われたが、ここでは省略する。

・保有する保険引受リスクとRDRの関係が不明確

・オプション・保証の時間価値の評価が明示的に行われていない。

MCEV原則ではこうした問題を解消するために、運用利回りに関する主観的な見込みにかかわらず保有契約価値が評価されるようにして、さらに、保険契約にオプション・保証の特性が内在していること、および保険引受リスクを保有することに対して、明示的にEVからの控除が行われるようにした。

オプションと保証の時間価値は、本章第2節4の経済価値ベースの保険負債評価と同様の考え方で評価され、MCEVでは控除項目となる。

ヘッジ不能リスクに係る費用は、第2節4の経済価値ベースの保険負債評価におけるリスクマージンと同様の考え方で評価され（ただし、資本コスト率等の前提は指定されていない）、MCEVでは控除項目となる。

フリクショナルコストは、コーポレートファイナンス上のフリクショナルコストのうち定量化が容易なものとして、リスク対応のための必要資本を無リスク金利で運用する際にかかる税金および取引コストが考慮される。EV全体に占める割合は一般に小さい。

経済価値ベースの純資産とMCEVは、以下の理由により、一定の前提[52]のもとで一致する。

・MCEVの修正純資産は、財務会計上の純資産に対して、保険負債以外の資産・負債項目を時価で評価するように修正したものであり、結果的に、経済価値ベースのバランスシート上で保険負債を財務会計上の責任準備金で置き換えた状態になっている。

・MCEVの保有契約価値は、経済価値ベースの保険負債評価額と財務会計上の責任準備金の差額と等しい。

・よって、MCEVの修正純資産と保有契約価値の合計は、経済価値ベー

52　税金の取扱いによる差異が生じない、EVにおけるヘッジ不能リスクに係る費用が経済価値ベースのリスクマージンと等しい、保有契約から生じる将来キャッシュフローの推定方法が同じである、割引金利等の市場のパラメータが等しい、資産の評価額および保険負債以外の負債の評価額が等しい、MCEVの構成要素のひとつであるフリクショナルコストは無視して比較する、等の前提。

スの純資産に一致する。

EVの開示では、新契約価値すなわち前期末以降に獲得した契約を対象にしてEVの計算を行ったものや、それを新契約から得られる将来の保険料の現在価値で除した新契約マージンも示されている。また、EVの感応度として、EVに影響を与える要因を変化させたときのEVの変化も示されている。

EVの開示状況の変化

2016年1月にEUでソルベンシーⅡが導入されたことに伴い、欧州保険会社によるEVの開示状況に変化が生じた。2014年12月期には、CFO Forumを構成する欧州の保険会社のうち8割程度がEVを公表していたが、ソルベンシーⅡの導入以降は、EVを公表する会社数が減少している。また、EVの開示を継続していても、従来のMCEVやEEVの計算方法を用いず、ソルベンシーⅡのバランスシート上の純資産をEVとして準用する保険会社もある。これは、2016年にCFO Forumが、ソルベンシーⅡとMCEV/EEVの計算の方法論や前提が一致していることは利用者にとって有益であるとの理由から、ソルベンシーⅡにあわせた計算をMCEV/EEVで採用することを許容する（ただし、強制しない）ように、MCEV原則とEEV原則を見直したことを受けたものである。

2　ソルベンシーⅡ

EUでは、保険会社に対する新しい健全性規制であるソルベンシーⅡが2016年1月に適用開始になった。ソルベンシーⅡの第1の柱の所要資本要件では、市場整合的に評価された資産・負債の差額の変動としてリスクをとらえ、すべての主要なリスクを対象にして保有期間1年・信頼水準99.5％のVaRによって統合リスク量であるSCR（Solvency Capital Requirement）を計算し[53]、資産・負債の差額として計算される自己資本であるOwn fundsと比較する。リスク計測に関しては、全社に一律で適用される標準フォーミュラ

53　SCRのほかに、最低所要資本としてMCR（Minimum Capital Requirement）が存在している。

以外に、各社の内部管理用のモデルで監督当局の承認を受けたもの（内部モデル）の使用を許容している。さらに、各種の政策的な調整や経過措置が存在している。

　以下では、第1の柱における定量的な要件の概要を述べる。なお、ソルベンシーⅡの第1の柱で使用される計算手法については、2016年1月の適用開始から第2版執筆時点までに一部の見直しが行われており、さらなる見直しが必要に応じて行われる予定になっている。

バランスシートの評価およびOwn funds

　資産および保険負債以外の負債については、市場価格または市場と整合的な手法で評価する。繰延税金資産・負債は、ソルベンシーⅡのための資産・負債評価と税務上の評価の差異に基づいて計算し、将来の課税所得との関係で繰延税金資産の資産性を評価する。

　保険負債（技術的準備金）は現在推計[54]とリスクマージンによって構成され、現在推計は将来の最良推定キャッシュフローの現在価値として計算し、リスクマージンは資本コスト法によって計算する。保険契約に内在する金融的なオプション・保証も現在推計の計算で考慮する。リスクマージンの計算で考慮するリスクは、生命保険引受リスク、損害保険引受リスク、再保険に係るカウンターパーティリスクおよびオペレーショナルリスクであり、仮に市場リスクに関するSCRが最小になる資産構成にしたとしても市場リスクの影響が大きく残る場合には、当該市場リスク（ただし、金利リスクは除く）も考慮される。

　技術的準備金を評価するための割引金利は、スワップ金利を出発点として、金利スワップ取引の信用リスクに関する調整を行い、さらに、流動性がある市場で金利を観測可能な最大年限を超える部分は、短期のインプライドフォワードレートが終局金利に向けて収れんするように補外を行う[55]。

　各国当局による承認を条件として、割引金利にボラティリティ調整または

54　ソルベンシーⅡの原文ではbest estimateと表記されているが、本書では日本語訳として多く使用される現在推計という表記を用いる。

マッチング調整を上乗せすることができる。ボラティリティ調整は、市場の社債スプレッドの一定部分（代表的なポートフォリオを想定して、社債スプレッドから信用リスク相当分を控除し、さらに一定割合を乗じたもの）を、負債の割引金利に上乗せするものである。マッチング調整とは違い、対象となる保険契約の範囲は限定されず、資産と負債のマッチングは条件になっていない。

マッチング調整は、死亡リスクの要素が小さい契約のように限定された契約群を対象にして、社債によるマッチングが行われている場合には、自社が保有する社債の市場スプレッドの一定部分（信用リスク相当分を控除したもの）を、保険負債の割引金利に上乗せするものである。対象となる保険契約および資産の範囲が限定されており、さらに資産と負債のマッチングが条件になっている。

このように評価された資産から負債を控除したものが、Own fundsである。Own fundsには各種の資本調達手段が含まれ、リスク対応のための資本の適格性の度合いに応じて、Tier 1〜Tier 3の分類が行われている。Own fundsがSCRを上回ったうえで、Tier 1はSCRの50％以上、Tier 3はSCRの15％未満になっている必要がある。

グループベースと単体ベースのそれぞれで、Own fundsと統合リスク量の比較が行われる。グループベースでは、グループ内の個別保険会社間のリスク分散効果を反映する方法と、リスク分散効果を反映しない方法があり、資本の代替可能性（fungibility）と移動可能性（transferability）の制約[56]も考慮して、Own fundsと統合リスク量の比較が行われる。

SCRの計算

SCRは、「基本SCR」とオペレーショナルリスク量を合算して、技術的準備金に関する損失吸収効果と繰延税金にかかる損失吸収効果を控除したもの

---

55 終局金利に向けた補外を滑らかに行うために、スミスウイルソン法と呼ばれる手法が採用されている。

56 資本の代替可能性と移動可能性に関する制約はいずれも、グループ内の個別の会社の自己資本の一部を、グループ内の他の会社が保有するリスクのために使用できないという制約を意味する。

であり、基本SCRは、市場リスク、生命保険引受リスク、損害保険引受リスク、健康保険引受リスク、カウンターパーティデフォルトリスクを所定の相関行列で統合し、無形資産リスクを加えたものである。

市場リスクは、金利リスク、株式リスク、不動産リスク、スプレッドリスク、集中リスク、為替リスクを所定の相関行列で統合したものである。市場リスク内の各リスクは、リスク計測の信頼水準である99.5％に相当するショックがリスクファクターに加わったときの、純資産価値の減少額として計算される。

生命保険引受リスクは、死亡リスク、生存リスク、障害・罹病リスク、事業費リスク、解約リスク、条件変更リスク、巨大災害リスクを所定の相関行列で統合したものである。生命保険リスク内の各リスクは、リスク計測の信頼水準である99.5％に相当するショックがリスクファクターに加わったときの、純資産価値の減少額として計算される。たとえば、死亡リスクでは、将来キャッシュフローの推定のための死亡率の前提が将来全期間にわたって一定割合だけ上昇したときの、将来キャッシュフローの現在価値の増加額として計算される。

損害保険引受リスクは、保険料・支払備金リスク、解約リスク、巨大災害リスクを所定の相関行列で統合したものである。保険料・支払備金リスクは、保険料リスクと支払備金リスクのそれぞれについて、商品別のリスク係数をエクスポージャーに乗じ、商品ごとに保険料リスクと支払備金リスクを統合したうえで、所定の相関行列によって全商品の統合を行って計算する。解約リスクは、保有契約に対して解約率の上昇のショックを与えて計算する。巨大災害リスクは、自然災害リスクと人的災害リスク、その他の巨大災害リスクを統合して計算する。自然災害リスクは、風災や地震といった災害の種類ごとに、所定の方法で求めた地域ごとのリスクを地域間の相関係数で統合し、さらに、災害の種類間を統合して計算する。人的災害リスクは、所定の方法で求めた区分ごとのリスクを統合して計算する。

健康保険引受リスクは、生命保険に類似した健康保険引受リスク、損害保険に類似した健康保険引受リスクおよび巨大災害リスクを、所定の相関行列

で統合したものである。

　カウンターパーティデフォルトリスクは、リスク削減手段としての再保険およびデリバティブ取引を対象に計算する[57]。リスク計測のエクスポージャーには、再保険やデリバティブによって削減されている保険引受リスク量や市場リスク量を含め、カウンターパーティの格付等の前提から、所定の算式でリスクを計測する。

3 ICS

　国際的に活動する保険グループ（IAIGs）に対する資本規制であるICSについては、2019年11月に、モニタリング期間に使用されるVersion 2.0の仕様が決定された。IAISは、2020年以降の5年間のモニタリング期間中に、Version 2.0の仕様による計算結果の定期的な報告をIAIGsに対して非公開で求めて結果を分析し、IAIGsに対するPCR（監督上のトリガーとして使用する資本要件）としてのICSに関する市中協議を行い、2024年に採択する予定である（第2版執筆時点での予定）。

　ICSによる保険会社の健全性評価の枠組みは以下のとおりである。

・資産・負債を市場整合的に評価して、ICS用のバランスシートを作成し、その純資産を自己資本とする。金融商品の価値はIFRSまたは各国のGAAPの公正価値によって評価する。

・保険負債は、現在推計とMOCE（Margin Over Current Estimate）の合計として計測される。現在推計とは、評価時点で保有する保険契約から生じる将来のキャッシュフローを現在価値に換算した額である。将来キャッシュフローを現在価値に換算するための割引率として、無リスク金利に一定の上乗せを行い、さらに終局金利を使用して、市場金利が存在しない年限におけるイールドカーブの補外を行う。保険契約がもつオプション・保証性についても、金融市場におけるオプション商品の価格づけと整合的に評価する。

---

[57]　そのほかに、未収金や契約者貸付を含むエクスポージャーも計算対象になるが、ここでは省略する。

・MOCEは、保有契約から生じる将来のキャッシュフローが確定的ではなく不確実性をもつことを考慮して、現在推計に上乗せされる額である。

・自己資本を構成する要素は、算入制限のないTier 1、算入制限のあるTier 1およびTier 2に分類され、各Tierの算入上限が適用される。「損失吸収能力」「劣後性の水準」「損失吸収への利用可能性」「永続性」「担保権や強制的サービシングコストの不存在」の5つの観点をふまえて、資本調達手段やその他の自己資本の構成要素を各Tierに分類するための基準が具体的に定められる。

・リスクのカテゴリー（生命保険リスク、損害保険リスク、巨大災害リスク、市場リスク、信用リスク、オペレーショナルリスク）ごとに、保有期間1年、信頼水準99.5%のVaRによってリスク量を計算し、カテゴリー間の相関関係を考慮して、各カテゴリーのリスク量を統合する。各カテゴリー内はさらに細かなサブカテゴリー（市場リスク内の金利リスク、株式リスク等）に分かれており、サブカテゴリー間の相関関係を考慮して、各カテゴリー内でのサブカテゴリー間の統合が行われる。

・自己資本と統合リスク量を、それぞれ税引後で評価して比較する。ICS用のバランスシート上で繰延税金資産・負債を認識することによって、自己資本を税引後ベースで評価し、税引前のリスク量から税効果を控除することによって、税引後のリスク量を求める。

ICS Version 2.0とソルベンシーⅡにおける健全性評価は、計算の詳細部分では違いがみられるものの、市場整合的に評価された資産と負債の差額として自己資本を評価する、資産・負債の両面を考慮してリスクをとらえる、すべての主要なリスクを対象にして1年99.5%のVaRによってリスク量を計算する等、基本的な枠組みは共通している。

④ IFRS17号

保険契約に関する国際会計基準は、2010年の公開草案、2013年の再公開草案を経て、2017年5月にIFRS17号として最終基準化され、第2版執筆時点

までに基準の一部の変更が行われた。

　IFRS17号における測定モデルは、ビルディングブロックアプローチと呼ばれる手法と、基礎となる項目の公正価値リターンと契約者への支払額の関係等に関する条件を満たす契約に適用される変動手数料アプローチ、保険期間が1年以内等の条件を満たす契約への適用が容認される保険料配分アプローチに分かれる。

　以下ではビルディングブロックアプローチを対象にして、IFRS17号における保険負債評価の主な特徴を述べる。

・保険負債は、「履行キャッシュフロー」「リスク調整」および「契約上のサービスマージン」の合計によって評価される。

・「履行キャッシュフロー」は、保有契約から生じる将来の期待キャッシュフロー[58]の現在価値であり、保険契約に内在するオプション・保証特性も考慮される。将来の期待キャッシュフローを現在価値に換算するための割引率としては、評価時点での市場金利が用いられ、保険負債の流動性を反映することとされている。

・「リスク調整」は、保険契約から生じる将来キャッシュフローの金額とタイミングに関する不確実性を負うことに対して保険会社が求める対価であり、具体的な計算方法は指定されていない。

・「契約上のサービスマージン」は、経済価値ベースの保険負債評価では用いない概念であり、契約獲得時点の「履行キャッシュフロー」が負値の場合、その絶対値が「契約上のサービスマージン」として計上され、保険期間にわたって償却される。契約獲得時点の「履行キャッシュフロー」が正値の場合（このような契約は「不利な契約」と呼ばれる）、「契約上のサービスマージン」は計上しない。

　ビルディングブロックアプローチによる損益認識の主な特徴は以下のとおりである。

・「契約上のサービスマージン」の存在により、契約獲得時には経済価値

---

[58] 計算対象となる将来キャッシュフローの範囲は、経済価値ベースの管理とIFRS17号とで必ずしも一致しない可能性がある。

ベースの管理における新契約価値に相当する損益は認識されない。ただし、「不利な契約」の場合は、契約獲得時に経済価値ベースの管理における新契約価値に相当する損益が認識される（契約獲得時に損失認識される）。

・時間の経過に伴う「契約上のサービスマージン」の償却額、「リスク調整」の解放額および保有契約から各期に生じるキャッシュフローの前提・実績の差異は、各期に損益認識される。

・保有契約から生じる将来の期待キャッシュフローの前提が見直された場合でも、経済価値ベースの管理のように損益認識はされない。将来の期待キャッシュフローの前提の見直しによって「契約上のサービスマージン」が再計算されることによる影響と相殺されるためである。ただし、「契約上のサービスマージン」は負値をとれないため、「契約上のサービスマージン」が再計算されることによる影響と相殺しきれない部分は損失認識される。

・市場金利の変化によって、将来の期待キャッシュフローを現在価値に換算するための割引率が変化することによる影響を、純損益とその他の包括利益のどちらで認識するかは、保険会社が選択可能となっている。

第 4 章

経済価値ベースのERMの考え方
（実践編）

本章内で、保険商品の特性と関連した説明を行う際は、主に生命保険商品を対象にした記述をしているが、長期契約の占める割合等の商品特性の違い1を除き、基本的な考え方は損害保険商品にも同様に当てはまる。損害保険商品に特有の事項については、生命保険商品を対象にした記述に追記をしている。

1 経済価値ベースで価値とリスクをとらえる理由

ERMでは、経済価値ベースで価値とリスクをとらえることが重要といわれるが、その際には以下のような理由づけがされることが多い。

・実質的な（市場と整合的な）企業価値やその変化をとらえることができる。

・資産と負債を整合的に関連づけることができる。

・金利リスクの顕在化によって生じる「隠れた純資産毀損」の存在を認識することができる2。

・保険商品の「原材料価格」を把握し、「原材料価格」の変動性をコントロールすることができる。

保険商品の原材料価格の概念は保険事業の本源的な性質と密接に関連すること、および経済価値ベースの管理の必要性が一定程度認識されつつも、その意味の理解が十分には浸透していない場合に、原材料価格の概念を用いる

---

1 その他の商品特性の主な違いとして、生命保険では、契約後の時間の経過に伴って保険事故発生率が上昇していく商品が中心であること、損害保険では、保険事故発生率だけではなく1事故当りの保険金支払額の不確実性があること、および自然災害による集積リスクの影響が大きい商品が存在することがあげられる。

2 多くの生命保険会社が逆ざや問題で苦しんできたのは、また、それが原因で破綻した会社があったのは、かつては経済価値ベースの管理指標が存在せず、早期に問題を認識できなかったことも一因だと考えられる。

ことによって理解の浸透が進むことが期待できることから、上記のうちの特に4点目に焦点を当てて、経済価値ベースで管理することの意味を整理していきたい。

保険商品の原材料価格の概念に焦点を当てることは、上記の1～3点目における資産と負債の市場整合的な価値評価や、隠れた純資産毀損の認識と本質的に同じことを意味するため、上記の4点目は1～3点目を包含しているともいえる。

保険会社が経済価値ベースで価値とリスクをとらえる理由は、保険商品の原材料価格の概念を使うと以下のように説明できる。

・理由1……保険商品の原材料価格の把握（保険商品の収益性評価の観点）
・理由2……保険商品の原材料価格の変動性のコントロール（保険負債がもつ金利リスクのコントロールの観点[3]）

本節2で述べるとおり、「原材料の仕入れをしなくても商品の販売ができる」という保険事業の特殊性を勘案して、商品の原材料価格およびその変動性を適切に把握するために、経済価値ベースの管理が必要になる。

なお、仮に保険商品という保険会社にとっての負債が存在せず、資産運用事業のみを対象にしてERMを考える場合にも、資産運用の実質的なパフォーマンスを表すのはトータルリターンすなわち投資対象の時価変化を含めたリターンであるため、保険会社が経済価値ベースで管理を行う理由は存在する。さらに、保険商品という負債が存在することで、経済価値ベースで管理を行う理由として、上記の2点が存在することになる。

経済価値ベースの管理で、商品の原材料価格およびその変動性に着目することは、経営の意思決定を以下のように行うことにつながる（本章で扱う論点の多くは、以下のいずれかに関連するものである）。

・将来の状況をコントロールするために、現在とるべき行動に関する判断をする（将来に禍根を残す行動をいまとっても後になるまで気づかない、ということを回避する）。

3　保険負債が金利リスク以外の市場リスクをもつ場合も同様。

・過去の行動による結果とは切り離して、将来に向けた現在の行動に関する判断をする（すでに起きてしまったことにとらわれて、将来に向けた判断がゆがめられることを回避する）。

2　保険商品の原材料価格の把握と変動性のコントロール

　以下では、保険商品の原材料価格という概念が、なぜ経済価値ベースで管理をする意味とつながるかをみていきたい。

　保険とは、保険会社が、将来のある時点に保険事故が発生した際にお金（保険金）を支払うという約束（契約）に対して、対価（保険料）を受け取る仕組みである。したがって、保険会社が扱う商品は（保険事故発生時の）保険金支払というキャッシュフローであり、その商品の提供は将来時点で行われる。

　第3章で保険数理を用いる際の重要な前提として示しているとおり、個別の保険契約については、保険事故が発生するかは偶然に支配されているが、保険契約を多く集めることによって大数の法則が働き、将来のキャッシュフローの期待値があたかも確定的に発生するという前提を置いても、ある程度は管理が可能になる。キャッシュフローの不確実性に対しては別途対応が必要になるが、以下の議論では、将来のキャッシュフローが期待値どおりに発生すると仮定する。

　続いて、保険会社が扱うこのような商品の原材料は何か、その価格をどのようにとらえるか、を考える。保険会社が将来のキャッシュフロー（保険金支払）という商品を提供するために加工や製造は不要であるため、その商品自体が原材料でもあるといえる。では、その原材料はどのような価格で仕入れるのだろうか。世の中のさまざまな商品について、原材料を仕入れるための市場の価格が存在すると考えられ、保険会社が提供する商品である将来のキャッシュフローも例外ではない。

　将来のキャッシュフローという商品を提供するための原材料を仕入れる市場は、お金の流れを扱う市場すなわち「金融市場」であり、金融市場で、確定した将来キャッシュフローという保険商品と類似の特性をもつ商品は無リ

スク債券[4]である。つまり、保険会社が円建ての保険商品を販売するために必要な原材料は円建ての無リスク債券であり、原材料の価格は、その円建て無リスク債券の市場価格となる。第3章で、経済価値ベースの保険負債は無リスク債券である国債の市場価格と整合的に評価されると説明しているが、これは、金融市場における無リスク債券の価格を参照して、保険商品の原材料価格を把握していることを意味している。

　ところで、保険商品は食品加工業や製造業の商品とは異なる特徴をもっている。第一に、保険商品は「原材料を仕入れなくても販売が可能」ということである。食品加工業や製造業では多くの場合、販売時点が商品の提供時点であり、事前に原材料を仕入れていなければ販売をすることはできない。これに対して保険商品では、キャッシュフローという商品の提供は将来時点で行われるため、現時点で仕入れをしていなくても販売はできてしまう。保険商品と、食品加工業や製造業の商品とで、仕入れと販売の順序が逆になるのである。

　これは保険商品のみならず、預金や住宅ローン等の銀行が扱う商品についても当てはまる特徴である。このような商品では、ともすると原材料の仕入れの必要性を意識しなくても、また原材料価格を知らなくても、販売はできてしまう。すると、販売競争にさらされている場合などは、原材料価格のことは考えず、「売上げを伸ばす」という目的で価格競争に陥ってしまい、販売競争に勝てた会社は「原材料価格割れ」した商品を売っていたことに後になって気づく、ということにもなりかねない。経済学でいうところの「勝者の呪い」と同様の現象だといえる。

　第二の特徴として、保険では販売時点よりも後に（生命保険の場合にはかなり先に）商品を提供するものの、原材料を在庫として保管するためのコストはほとんどかからず、在庫の劣化の心配もないということがあげられる。

　どのような商品であっても、商品の提供が販売時点よりも後の時点になる場合で、販売時点では原材料を仕入れずにいて、商品の提供時点までに原材

4　信用リスクがない、すなわち将来のキャッシュフローが確定的に生じる債券。

料価格が大きく値上りしてしまったら、それによる損失は商品の提供者が負担する必要がある。したがって、できれば早い時点で仕入れをしたいと考える。一方で在庫の管理コストや劣化の問題があると、それによる制約と、商品の提供時点までに原材料価格が値上りする可能性の両面を考慮して、どの時点で仕入れるかを決めることになるだろう。

　保険商品の場合は、販売後の早めの時期に仕入れをしても、在庫の保管コストや劣化の問題が発生することはないので、あえて仕入れの時期を遅くして、販売後、商品の提供までに原材料価格が変動するリスクを負う必要はないように思われる。ところが、前述のとおり保険の販売は原材料の仕入れをしなくてもできてしまうため、仕入れの必要性が意識されにくい。

　保険商品がもつ2つの特徴をあらためてまとめると、以下のとおりとなる。

　・原材料を仕入れる前に、販売をすることができる。
　・商品の提供は販売時点よりも後の（生命保険の場合にはかなり先の）時点でなされ、原材料の仕入れは、販売時点から将来の商品の提供時点までのいずれかの時点で行われる。ただし、在庫の管理コストや劣化の問題はないため、早めに仕入れることによる問題は生じない。

　原材料の仕入れの必要性が意識されにくいとしても、商品を将来時点で提供するためには、いずれかの時点で仕入れが必要である。販売時点で仕入れることがひとつの考え方であり、販売時点で仕入れないとしても、販売時点以降、将来の商品提供時点まで、その時々の原材料価格（保険金支払と同じキャッシュフロー特性をもつ、金融市場での無リスク債券の価格）がいくらになっているか、自身はその原材料をどの程度仕入れずみなのか、ということは常時チェックしておくべきであろう。そうしておかないと、原材料価格よりも低い価格で販売をしてしまってもそれに気づかない、あるいは原材料価格よりも高い価格で販売できたはずと思っていてもその後の仕入れ時点までに原材料価格が上昇してしまい、結果的に原材料価格よりも低い価格で販売したことに気づく、ということが生じうる。

　このような問題を生じさせないためには、販売時点での原材料価格を把握

したうえで、販売時点以降、将来の商品提供時点までは、その時々での「原材料の価格（保険負債の価値）」と「保険負債に対応するために保有している資産の価値」を比較することが必要であり、これがまさに経済価値ベースの管理である。

　保険の販売時点においては、原材料価格と販売価格（＝保険料）の差、すなわちその商品の販売によって得られる利益（保険期間全体での収益性を経済価値ベースで評価したもの）を把握することが必要である。そのうえで、仮に商品の販売時点で原材料を仕入れておけば（資産と負債のマッチングをしていれば）、その後の原材料価格の変動の影響を受けることはない（販売時点以降の経済価値ベースの資産と負債は同じように変動する）。商品の販売時点で原材料を仕入れない場合は、その後の原材料価格の変動の影響を受ける（それ以降の経済価値ベースの資産と負債は同じように変動しない）ため、原材料価格の変動（保険負債価値の変動）に連動しない資産をあえて保有していることになる（保険負債価値すなわち原材料価格の変化と、保有する資産の価格の変化が連動しないことによって、追加的な利益がねらえる一方で損失が生じる可能性もある状態を選択していることになる）。

　第3章第5節2では、経済価値ベースの指標によって、市場金利の変化による将来期間全体への影響をタイムリーに認識することができると述べている。これは、経済価値ベースの管理では販売時点以降の原材料価格の変化を常時チェックするため、市場金利の変化による原材料価格の変化をタイムリーに把握することができるという意味だと解釈できる。財務会計上の（伝統的な保険数理に基づく）責任準備金は、原材料価格の変化を常時チェックする目的で使用することができないため、市場金利の変化時に、その影響すなわち原材料価格の変化が認識されないことになる。

1 資本十分性評価における経済価値ベースの指標の使用

経済価値ベースのERMでは、保険会社の財務の健全性を把握するための資本十分性評価を、以下の考え方に基づいて行う。

- 基準時点から1年間での経済価値ベースの純資産価値の変動性を推定することによって、統合リスク量すなわち保有期間1年のVaR（Value at Risk）を求める。
- リスク対応のための自己資本として、経済価値ベースの純資産を用いる。その際、税効果や契約者配当[5]の損失吸収効果に関する調整を必要に応じて行う。
- 統合リスク量とリスク対応のための自己資本を、ESR（Economic Solvency Ratio）などの指標で対比する。

経済価値ベースでの資本十分性評価のために必要となる計算のステップは、以下のとおりである。以下では、税引後ベースでの資本十分性評価を想定して、各ステップでの計算の考え方の一般的な例を示す。

- 経済価値ベースのバランスシートの作成
- リスク種類ごとのリスク計測およびリスク統合
- 損失吸収効果に関する調整
- グループ特有の調整（グループベースの資本十分性評価の場合）

経済価値ベースのバランスシートの作成

はじめに、税引前での経済価値ベースのバランスシートを作成する。資産および保険負債以外の負債について、財務会計上の評価が経済価値ベースで

---

5 相互保険会社では、契約者への配当は社員配当と呼ばれる。

ないものは、経済価値ベースで評価する。保険負債は、第3章で説明しているとおり以下の合計によって評価される。危険準備金や異常危険準備金、価格変動準備金のような資本性の負債は、経済価値ベースのバランスシートでは計上されない（負債ではなく自己資本として扱われる）[6]。

・将来の期待キャッシュフローの現在価値
・キャッシュフローの不確実性に対するマージン（リスクマージン）
・保険契約に内在するオプション・保証の時間価値

次に、税引後での経済価値ベースのバランスシートを作成する。「経済価値ベースの評価額」と「税務上の評価額」を比べて、将来一時差異が生じている項目を対象にして経済価値ベースでの繰延税金資産または負債を計上することによって、経済価値ベースの純資産が税引後ベースで把握される。経済価値ベースのバランスシート上の資産と負債の、税務上の評価額に対する含み損益が、税引後ベースに換算されると解釈することもできる。経済価値ベースの繰延税金資産が繰延税金負債を上回る場合は、将来の課税所得による回収可能性に関する判断に基づいて、繰延税金資産の計上可能額を評価する。

経済価値ベースの純資産（税引後）とMCEV（市場整合的（Market Consistent）EV（Embedded Value））は一定の前提のもとでは一致することから、資本十分性評価では、経済価値ベースの純資産（税引後）のかわりにMCEVまたはMCEVに近い手法によるEEV（ヨーロピアンEV）が使用されることもある。

リスク種類ごとのリスク計測およびリスク統合

リスク種類ごとに、当該リスク種類を要因とする経済価値ベースの純資産（税引前）の変動性を推定することによって、当該リスク種類のリスク量を求める。次に、統合リスク量を求めるために、リスク種類ごとに算出したリスク量およびリスク種類間の相関関係を用いて、すべてのリスク種類を統合

6　劣後債等のハイブリッドキャピタルをリスク対応の自己資本に算入するかについて、内部管理上と規制上の取扱いは異なりうる。

する。リスク種類ごとのリスク計測およびリスク統合の考え方は、第3章で解説している。

損失吸収効果に関する調整

最後のステップとして、以下の2種類の損失吸収効果を、統合リスク量から控除する。こうした損失吸収効果を、リスク量からの控除項目ではなく自己資本への加算項目として扱う考え方もある。

・契約者配当に係る損失吸収効果
・繰延税金に係る損失吸収効果

契約者配当に係る損失吸収効果とは、統合リスク量に相当する損失事象が生じたときに、保険会社が契約者配当を削減することによって損失事象の影響を緩和できる効果であり、以下の差額である。

・統合リスク量に相当する事象が生じても契約者配当を削減しないという前提で計算された統合リスク量
・統合リスク量に相当する事象が生じたら契約者配当を削減するという前提で計算された統合リスク量

統合リスク量に相当する事象が生じたときの契約者配当の削減に関する前提は、会社の実際の方針を考慮して設定される。契約者配当に係る損失吸収効果は、保険負債の評価額のうち将来の契約者配当に関する部分の価値が上限となる。将来期間の契約者配当をそれよりも引き下げることはできないためである。

繰延税金に係る損失吸収効果とは、統合リスク量に相当する事象が生じたときに、経済価値ベースの繰延税金負債が減少するまたは繰延税金資産が増加する効果であり、以下の差額である。

・税引前ベースの純資産の変動を対象にして計算された統合リスク量
・税引後ベースの純資産の変動を対象にして計算された統合リスク量

経済価値ベースの繰延税金資産が増加する効果として考慮できる額は、将来の課税所得による回収可能性に関する判断に基づいて評価する[7]。繰延税金に係る損失吸収効果を考慮して統合リスク量を調整（控除）することは、

税引前ベースで計算された統合リスク量を、税引後ベースに換算することを意味する。これによって、税引後ベースすなわち繰延税金に係る損失吸収効果考慮後の統合リスク量と、同じく税引後ベースで把握された純資産（前述の、税引後での経済価値ベースのバランスシート上の純資産）を対比させることができる。

グループ特有の調整

保険グループ全体の資本十分性評価に特有の論点として、資本の代替可能性（fungibility）と移動可能性（transferability）がある。これらは、グループ内の個別の会社の自己資本を、グループ内の他の会社が保有するリスクのために使用できる度合いを意味する。資本の代替可能性の制約とは、グループ内の個別の会社の自己資本のうち一定部分が、その会社のため（あるいは、その会社が保有するリスクのうち特定部分のため）だけに使用されることを意味し、資本の移動可能性の制約とは、グループ内の個別の会社の自己資本のうち一定部分を、グループ内の他の会社に移動できないことを意味する。

資本の代替可能性または移動可能性の制約は、グループの資本十分性評価において勘案できるリスク分散効果の度合いに影響を与える。資本の代替可能性または移動可能性の制約が生じる要因としては、グループ内の個別の会社が単体で維持すべき資本十分性に関するグループの方針や、特定の目的にしか使用できない自己資本の構成要素の存在、特定の会社においてしか資産性がない自己資本の構成要素の存在等があげられる。

② 保険商品の収益性評価における経済価値ベースの指標の使用

経済価値ベースでの保険商品の収益性は、新契約価値、または新契約価値を新契約から得られる将来の保険料の現在価値で除した値（プロフィットマージンなどと呼ばれる[8]）で評価される。新契約価値は、新規に獲得する契約か

7　保守的に、繰延税金資産が増加する効果は考慮しないという考え方もある。
8　EVの開示では新契約マージンと呼ばれる。

ら保険期間全体で生じるキャッシュフローを考慮した、契約時点での価値である。新契約価値は、保有契約に対する経済価値ベースの負債評価と同様に、以下の構成要素によって計算される。

・将来の期待キャッシュフローの現在価値

・(控除)リスクマージン

・(控除)オプション・保証の時間価値

MCEV（またはMCEVに近い手法によるEEV）の開示情報の一部である新契約価値は、EVの評価時点の直前の一定期間に獲得した新契約を対象にしてEVの計算を行ったものである。これは、獲得した新契約から将来得られる財務会計上の利益の無リスク金利による現在価値（ヘッジ不能なリスクに係るコストおよびオプション・保証のコスト控除後）を表すものであり、上述の新契約価値とは計算のアプローチは異なるが、本質的には同じことを意味しており、両者の計算結果は一定の前提[9]のもとで一致する。

以下の理由から、商品別の収益性評価では、経済価値ベースの考え方と伝統的な実務の間に比較的親和性があると思われる。

・(資産運用とは異なり)保険引受分野に関しては、経済価値ベースと財務会計上の損益の認識タイミングは異なるものの、両者の方向性は（平準払契約の新契約費支出による、契約獲得時の財務会計上の損益への影響を除けば）短期的にも中長期的にも一致しており、経済価値ベースのリターンすなわち新契約価値の確保が、将来の財務会計上の利益の確保につながることが理解しやすい。

・商品開発時の収益性検証において、保険期間全体の損益をなんらかの方法で考慮するという考え方は、経済価値ベースの概念が浸透する以前から存在していた。

将来の年度ごとの運用利回りの前提を自社の見込みに基づいて設定したうえで、無リスク金利よりも高い割引率であるRDR（Risk Discount Rate）によって、新契約から得られる将来各年度の財務会計上の利益の現在価値を求

9　経済価値ベースの純資産とMCEVが一致するための前提と同じ前提。

めるという方法（伝統的なEVと類似した方法）による商品別の収益性評価の考え方は、経済価値ベースの概念が浸透する以前から存在していた。ERMにおける経済価値ベースの概念の浸透や、伝統的なEVがEEV、MCEVに移行する流れのなかで、商品別の収益性評価の方法は、経済価値ベースの保険負債評価と整合的なものに移行してきた。

　経済価値ベースでの新契約価値の構成要素ごとの計算の考え方は、第3章で解説している経済価値ベースの保険負債評価と同じである。以下では、商品別の収益性を評価するという観点から、構成要素ごとの特徴を述べる。

[将来の期待キャッシュフローの現在価値]

　「将来の期待キャッシュフローの、基準時点の無リスク金利による現在価値」であり、新契約から生じる将来各年度における財務会計上の損益の期待値の、基準時点の無リスク金利による現在価値と等しい（将来の年度ごとの運用利回りは、評価時点のイールドカーブから導出される将来各時点の短期のインプライドフォワードレートとして設定）。

　したがって、評価時点のイールドカーブと予定利率の関係が収益性に与える影響も含め、保険商品の収益性が総合的に評価されることになる。資産運用の方針にかかわらず評価が行われることも、経済価値ベースでの新契約価値の特徴である。

[（控除）リスクマージン]

　新契約から生じる将来のキャッシュフローが不確実性をもつ（期待値どおりに推移しない可能性がある）ことへの対価としてのマージンを、収益性評価の際に控除する。死亡リスクや解約リスク等の保険引受リスクは市場でヘッジ不能なリスクであり、これらのリスクへの対応のために資本を割り当てる必要があるため、資本コスト分だけ商品の収益性が低く評価されるという考え方に基づく。将来の期待キャッシュフローが等しく、その変動性が異なる2つの商品があるとすると、リスクマージンを考慮することで、キャッシュフローの変動性が大きい商品の収益性が低く評価される。

　なお、EEVでは、ヘッジ不能リスクに係る費用（または非フィナンシャルリスクに係る費用）の計算対象になるリスクの範囲がMCEV（あるいは第

3章で解説している経済価値ベースの保険負債評価）よりも狭い傾向にあるが、本書で商品別の収益性評価を論じる際のリスクマージンは、ヘッジ不能リスクの対象を狭くとらえないで計算されるものである。本章第4節1で説明するように、「不可避な金利リスク」も商品の収益性評価においてリスクマージンの計算対象になりうる。

[（控除）オプション・保証の時間価値]

　保険契約に内在するオプション・保証の時間価値を評価して、収益性評価の際に控除する。保険契約にオプション・保証特性が内在する商品は、オプション・保証特性がない商品よりも、市場のファクターのさまざまな動きに対する平均的な収益性が悪くなるという考え方に基づく。

損害保険会社のERMでは、商品別のプライシングの十分性の検証を行う際に、「リスクベースプライシング」という言葉が使われることがある。リスクベースという言葉は、リスクマージンを控除後ベースでプライシングの十分性（商品の収益性）を評価するという意味で使われている。これは経済価値ベースでの商品別の収益性評価と同じ考え方であるが、損害保険の場合は（長期の火災保険や積立保険を除けば）保険期間が1年の契約が多いため、ERMにおける商品別の収益性評価では、将来キャッシュフローの割引の観点よりもリスクマージンを控除するという観点が重視され、こうした呼び方がなされているものと思われる。生命保険では一般に、将来キャッシュフローを現在価値に換算するための金利の影響が、損害保険よりも大きくなる。

　経済価値ベースでの商品別の収益性評価の手法は、再保険料の水準の検証に応用することもできる。たとえば、期間1年の損害保険契約では、再保険の対象となる保険契約の価値は下式で表すことができる。

　　　出再による回収保険金の期待値＋出再部分のリスクマージン

　これと再保険料の金額（比例再保険であれば、再保険料から再保険手数料を控除した実質的な再保険料の金額）の大小関係によって、再保険料の水準の検証をすることが考えられる[10]。

資産運用の管理における経済価値ベースの指標の使用

　第2章で整理しているとおり、保険会社の資産運用の機能は、以下の2点であると考えられる。

- ・保険負債とのマッチングを行い、保険商品に内在する金利リスクをヘッジする機能（第1の機能）
- ・追加的なリスクテイクを行う経営判断がある場合に、金利リスクやその他の資産運用リスクをとる機能（第2の機能）

以下ではこの整理を前提として、資産運用の管理における経済価値ベースの指標の使用方法を説明する[11]。

保険負債がもつ金利リスクのポジションの受渡し

　経済価値ベースでは、「保険負債がもつ金利リスクのポジション」が資産運用部門に受け渡され（資産運用部門は、保険負債の金利リスクポジションをショート（売り）ポジションとして受け取り）、そのポジションがもつ価値の変化と、多くはロングポジションで構成される資産運用ポートフォリオの価値の変化[12]を相殺して、資産運用のリスクとリターンが把握される。

　資産運用部門に受け渡される保険負債の金利リスクポジションは、「資金量」ではなく、保険負債がもつ以下のような「金利リスクの特性」によって表現される。

- ・保有契約から生じる将来のキャッシュフローに関する情報
- ・保険負債の金利感応度に関する情報（デュレーション、金額デュレーション、GPS（Grid Point Sensitivity）等）

10　再保険の目的には、99.5%といった信頼水準でのリスク量の削減以外に、より低い信頼水準でのリスク量の削減や、平時の保険金変動の抑制等も含まれるため、ここで示した算式はひとつの参考情報にすぎず、実際にはこうしたさまざまな再保険の目的を考慮して再保険料の妥当性を判断することになる。

11　以下で金利リスクを対象に説明している内容は、保険負債が金利リスク以外の市場リスクをもつ場合にも当てはまる。

12　資産側と負債側ともに、期中の実現部分を含む。

保険負債の金利リスクポジションを把握するために必要な情報には、予定利率が含まれないことに留意が必要である。予定利率は保険料計算のための条件としては使用されるものの、経済価値ベースでの資産運用のリスクとリターンには関係しない。同様の理由で、財務会計上の責任準備金も、保険負債の金利リスクポジションを把握するために必要な情報ではない[13]。

　資産運用の第1の機能では、受け取ったショートポジションの金利リスクを相殺するために可能な限りのヘッジ（マッチング）を行う。資産運用に第2の機能をもたせるという経営判断がある場合には、受け取ったショートポジションに対して資産側のポジションを乖離させる。

資産運用の2つの機能と保険商品の原材料の仕入れ

　資産運用の2つの機能の意味を、本章第1節2で説明した保険商品の原材料の仕入れとの関係で考えてみたい。

　保険商品の原材料を仕入れ、管理するのは保険会社内のどの部門であろうか。保険商品として将来時点に提供される保険金支払というキャッシュフローの原材料である無リスク債券の仕入れは、金融市場で行われる。したがって、金融市場へのアクセスをもつ資産運用部門が原材料の仕入れの機能を担うことになる（金利リスクのコントロールを担当する部門が別途存在する場合は、当該部門がその機能を担うことになるが、このケースも含め、資産運用部門と表現している）。この機能によって、保険商品の販売直後に資産運用部門が原材料を仕入れれば（資産と負債のマッチングを行えば）、販売時点以降の経済価値ベースの資産と負債は同じように変動するため、その後の原材料価格の変動の影響を受けることはない。

　購入可能な原材料をあえて仕入れずに購入のタイミングを待つ、または原材料とは別の資産を購入して保有する場合は、資産運用部門が原材料の仕入れ以外の機能をもってリスクをとることになる。これが資産運用の第2の機能である。「購入のタイミングを待つ」ことは金利リスクをとることを、「原

13　個別の会社の判断によって、財務会計上の数値を必要な範囲で制約条件として考慮することはありうる。

材料とは別の資産を購入して保有する」ことは、金利リスク以外の資産運用
リスクをとることを意味する。

金利リスクテイクのパフォーマンス把握方法

　資産運用の第2の機能をもつという経営判断がある場合、受け取った保険
負債のポジションに資産運用のポジションが勝つかどうか（資産と負債の価
値変化を相殺した結果、純資産が増加したか）によってパフォーマンスが把握
される。

　資産運用の第2の機能で金利リスクテイクを行う場合に、受け取った保険
負債のポジションに勝ったかどうかは、市場金利の変化によって決まる。資
産と負債を相殺したベースで金利低下方向が損失事象である場合は、受け
取った保険負債のポジションに勝つためには市場金利が上昇する必要があ
る[14]。ここでの市場金利の上昇／低下は、イールドカーブがインプライド
フォワードレートどおりに推移した場合の金利に対して実際の金利水準が高
くなる／低くなる、という意味でとらえる必要がある。

　資産と負債の完全なマッチングがなされている（金利リスクがない）状態
では、（金利リスク以外のリスクテイクによるリターンを考慮しなければ）市場
金利がどのように変化しようとも、1年間の経済価値ベースのリターン（純
資産価値の変化）は確定しており、短期資産のリターンと同じ水準になる（リ
スクをまったくとらなくても、このリターンは必ず得られる）。これは、金利リ
スクがある状態で、イールドカーブがインプライドフォワードどおりに推移
した場合に得られる経済価値ベースのリターンと等しい。すなわち、イン
プライドフォワードどおりのイールドカーブの推移は、金利リスクをとること
によって得られるリターンが良くも悪くもない（リスクをとらない場合のリ
ターンと同じ）という意味でニュートラルな金利推移であり、それとの比較
で金利の上昇／低下をとらえる必要がある。

　金利低下リスクをもっているときには、市場金利がインプライドフォワー

14　実際にはイールドカーブ全体の形状変化を考える必要があるが、ここでは単純化して
　金利の上昇／低下の方向のみを対象に記述している。

ドレート以上に上昇しなければ、金利リスクテイクによるパフォーマンスが
マイナスになる（金利低下リスクが顕在化する）。第3章で解説しているよう
に、現時点のイールドカーブが順イールドの形状であれば、将来時点のイン
プライドフォワードレートは現時点の金利よりも高くなる。そのため、一定
期間後にイールドカーブが変化しなくても、金利リスクテイクによるパ
フォーマンスはマイナスになる。

その他の資産運用リスクテイクのパフォーマンス把握方法

　資産運用の第2の機能で金利リスク以外のリスクテイクを行う場合、リ
ターンを経済価値ベースでとらえることは、トータルリターン（投資対象の時
価変化を含めたリターン）での実質的なパフォーマンス把握と同じ意味をもつ。
　資産運用の第2の機能における金利リスクテイクでは、資産側と負債側の
関係に着目したのに対して、第2の機能における金利リスク以外のリスクテ
イクでは、資産側に着目してパフォーマンスを把握する。さらに、第2の機
能における金利リスクテイクと金利リスクテイク以外のリスクテイクをあわ
せたパフォーマンスを把握する必要もある。
　説明を目的とした極端なケースとして、資産側では株式投資のみを行って
いるとすると、保険負債がもつ金利リスクポジションに対応する資産側の金
利リスクポジションは存在せず、かわりに株式リスクのポジションが存在す
ることになる。この場合、資産運用の第2の機能では金利リスクと株式リス
クの両方をとっており、それぞれのリスクに対してパフォーマンスが把握さ
れる。金利リスクをとることに対応するリターンは、ショートポジションの
みのポートフォリオによって生じるリターンであり、株式リスクをとること
に対応するリターンは、短期金利対比での株式のリターンである。この例で
は、資産運用の第2の機能では金利リスク（ショートポジションのみ）と株式
リスクをとった結果、ショートポジションとして受け取った保険負債の金利
リスクポジションの価値の変化と、資産側の株式のトータルリターンがそれ
ぞれパフォーマンスとして把握される、と解釈できる。これらを全体として
とらえると、受け取った保険負債の金利リスクポジションの価値の変化と株

式のトータルリターンの差によって資産運用部門のパフォーマンスが把握されるため、株式投資のポジションが勝つべき相手は、（短期金利ではなく）受け取った金利リスクのショートポジションであるといえる。

実際の保険会社では、上記の例のように金利リスクが負債側のみに存在することはないが、生命保険会社では一般に資産側よりも負債側の金利リスクが大きいため、資産運用の第2の機能に関しては、部分的にはここでの極端なケースと同じこと（金利リスクとその他の資産運用リスクを全体としてとらえると、金利リスク以外のリスクテイクが勝つべき相手が、短期金利ではなく受け取った金利リスクのショートポジションになること）が起きているといえる。

不可避な金利リスクを考慮した、保険負債の金利リスクポジションの受渡し

これまでは、資産運用の第1の機能で金利リスクをヘッジしようと思えば、すべてヘッジできるという前提で説明をしてきた。実際にはその前提が成り立たない場合に、保険負債の金利リスクポジションの受渡しをどのように考えればよいかを、「不可避な金利リスク」という概念を用いて説明していく。

本章第3節1で説明するとおり、保険負債の金利リスクをヘッジすることが困難になる原因として、保険負債の「超長期性」と（平準払契約による）「フォワード性」があり、これらによって、可能な限りヘッジしたとしても残ってしまう金利リスクすなわち不可避な金利リスクが生じる[15]。資産運用部門が受け取る保険負債の金利リスクポジションを、「可能な限り保険負債の金利リスクをヘッジすると仮定した場合の、資産側の金利リスクポジション」と読み替えることで、不可避な金利リスクを除く金利リスク（すなわちヘッジしようと思えばできる金利リスク）を対象にして、資産運用の第1の機能と第2の機能を考えることができる。

この場合、第1の機能は、不可避な金利リスクを除く金利リスクをヘッジ

---

15 本章第3節3で説明するとおり、保有契約のポートフォリオが比較的定常状態に近い保険会社では、新契約のフォワード性が保有契約のポジションによって相殺される効果が生じるため、「フォワード性に対してデリバティブでヘッジをしない限り、平準払契約の金利リスクはヘッジが困難」ということは必ずしもない。

する機能であり、第2の機能は、不可避な金利リスクを除く金利リスクをとる機能、および金利リスク以外のリスクテイクを行う機能であると解釈できる[16]。不可避な金利リスクと商品別の収益性評価の関係は本章第4節1、不可避な金利リスクの範囲の特定の考え方は本章第4節4で扱っている。

4 経済価値ベースの指標のその他の用途

経済価値ベースの指標のその他の用途として、以下があげられる。

・企業価値評価

・分野別のパフォーマンス評価

第3章で解説しているとおり、経済価値ベースの純資産とMCEV（およびMCEVに近い手法によるEEV）はともに、将来の新契約を考慮しない場合の保険会社の実質的な企業価値を表しており、経済価値ベースの指標は企業価値評価の基礎となる。M&Aなどでは、将来に獲得することが期待される新契約の価値を加えて企業価値評価が行われる。

上場している生命保険会社の場合、株価EV倍率という概念がある。これは、市場での株価から計算される時価総額のEVに対する割合である。EVは将来の新契約を考慮しない場合の企業価値を表すため、理論的には株価EV倍率は1よりも大きい水準となるが、実際にはそうなるとは限らない。株価EV倍率が1未満になりうる原因として、保険会社と投資家の間の情報の非対称性が存在している、生命保険会社の株価が株式市場全体の動きに依存してしまう面がある、保険事業の将来性等の生命保険会社の企業価値に影響を与える要素がEVには十分に反映されていない、などの説明が考えられる。

損害保険会社では短期の契約が多くを占めるため、EVの概念は一般になじまず、将来に獲得することが期待される契約（現在保有している契約の更改契約を含む）から生じる損益が企業価値に与える影響が大きいと考えられる。この場合でも、経済価値ベースの純資産は、将来の契約を考慮しない場

---

16 この場合は、不可避な金利リスクへの対応は資産運用の第1の機能と第2の機能のどちらにも含まれないことになるが、本章第4節1で述べるとおり、不可避な金利リスクは保険商品の販売に伴って生じるリスクであるという認識は必要となる。

合の企業価値を表す指標であるといえる。

経済価値ベースの指標は、分野別のパフォーマンス評価にも活用される。第3章で説明しているとおり、経済価値ベースの純資産の変化が経済価値ベースのリターンであり、実質的なパフォーマンスを表す。経済価値ベースのリターンを要因別に分解することで、事業分野やリスクテイクの機能別のパフォーマンスを把握することができる。さらに、分野別のリスクと実績のリターンをともに経済価値ベースで把握することで、その分野でリスクをとった対価としてどの程度のリターンが得られたかを確認することができる。

<table>
<tr><td>第 3 節</td><td>経済価値ベースのERMで考慮すべき保険負債の特性</td></tr>
</table>

1 保険契約の超長期性とフォワード性

保険負債の金利リスクをヘッジすることが困難になる原因として、保険契約がもつ「超長期性」と（平準払契約による）「フォワード性」という特性がある[17]。超長期性やフォワード性の制約によって、資産と負債のマッチング方針にかかわらずとらざるをえない金利リスク、すなわち不可避な金利リスクが生じる。

超長期性による制約とは、保険負債に対するマッチング手段である金融商品（主に債券を想定）の市場での最大年限よりも長い年限に、保険契約から生じる将来の支出キャッシュフローが存在することで、資産と負債のマッチングに限界が生じることをいう。フォワード性による制約とは、平準払の保険契約からの収入キャッシュフローが将来時点で生じることで、現物資産による（デリバティブ取引によらない）マッチングが十分にできないことをいう。

17　これらによる制約は混同せずに区別して認識しておくことが重要である。

超長期性がありフォワード性がない典型的な例は、一時払の終身保険である。一時払契約では、最初に保険料を受け取った後は将来の収入キャッシュフローはなく、支出キャッシュフローのみが予定されているため、保険負債がもつ金利リスクを相殺するような資産構成とすることは、ヘッジができないほどに長い年限の金利リスクへの対応を除けば、大きな制約が伴うことはない。

　平準払契約では、一時払契約と違い、将来の支出キャッシュフローだけではなく将来の収入キャッシュフローが存在するため、保険負債がもつ金利リスクを相殺するような資産構成とすることが、一時払と比べて困難になる。保険契約から生じる支出キャッシュフローが、将来のすべての時点で収入キャッシュフローを上回っていれば、それぞれの年限における負債のキャッシュフローと同額のキャッシュフローが得られるような資産構成にすることで、資産と負債のマッチングをすることができる。

　しかしながら、将来のある時点で、保険契約から生じる収入キャッシュフローが支出キャッシュフローを上回っていると、それを資産側でマッチングするためには、「将来時点で保険会社からの支出キャッシュフローを伴うような」資産が必要になるが、債券投資によってそのようなキャッシュフローをつくりだすことはできない。将来のある時点で収入キャッシュフローが支出キャッシュフローを上回るような保険契約の特性は、デリバティブである「フォワード取引」と同じものである。

　フォワード取引（先渡取引）とは、「将来のある時点において、ある商品をあらかじめ定めた価格で売買することを、いま約束する取引」であり、現時点では約束だけなので、キャッシュのやりとりはなく、将来時点での売買は必ず行わなければならない。平準払契約は、将来時点で契約者から受け取る保険料に対して、当該将来時点以降に適用される予定利率を、まだ保険料を受け取っていない現時点で保証しているため、平準払の保険商品を販売することは、金利フォワード取引というデリバティブが内在した取引を保険契約者との間で行っていることを意味する。平準払の新契約に対するヘッジを現物資産だけで行うことは困難であり、金利フォワード取引が必要になる。

本節2の数値例で示すとおり、平準払契約の保険負債価値の金利感応度が高くなるのは、平準払契約のフォワード性によるレバレッジ効果（デリバティブの特性による増幅効果）が原因である。

なお、本節3で例示するとおり、保有契約のポートフォリオが比較的定常状態に近い保険会社では、新契約と保有契約をあわせたポートフォリオ全体でみれば、新契約のフォワード性が保有契約のポジションによって相殺される効果がある。この場合には、平準払契約の新契約がもつフォワード性は、必ずしも保険負債の金利リスクに対するヘッジの制約にはならない（資産と負債のマッチングのために、デリバティブ取引は必ずしも必要ない）。

2　フォワード性によるレバレッジ効果の数値例

平準払の保険契約のフォワード性によるレバレッジ効果（デリバティブの特性による増幅効果）が以下の2つに与える影響について、具体的な数値例を用いてみていく。

・市場整合的な予定利率
・保険負債価値の金利感応度
試算のための前提は以下のとおりとする。
・養老保険の新契約を1件販売する。
・契約条件は、加入年齢30歳、保険期間と保険料払込期間は10年、保険金額1,000万円
・保険料（年払保険料）は期初に収入され、死亡保険金および満期保険金は期末に支払われると仮定
・単純化のため、付加保険料部分は考慮せず、解約は発生しないと仮定
・キャッシュフローは確定的に発生すると仮定（したがって、リスクマージンとオプション・保証の時間価値は考慮しない）
・年限別の市場金利（連続複利ベースの割引金利）および年齢別に実際に見込まれる死亡率は図表4－1のとおりとする。

図表4-1　試算で用いる市場金利と死亡率

年限（年）	金利（％）	年齢（歳）	死亡率（％）
1	0.2219	30	0.086
2	0.2831	31	0.089
3	0.3949	32	0.092
4	0.5462	33	0.096
5	0.7186	34	0.100
6	0.8962	35	0.105
7	1.0683	36	0.112
8	1.2291	37	0.119
9	1.3755	38	0.128
10	1.5071	39	0.137

（出所）　筆者作成

フォワード性が市場整合的な予定利率に与える影響

　以下の条件で導出される予定利率を、「市場整合的な予定利率」と呼ぶことにする。

　　　将来のキャッシュフローが確定的で、死差益（危険差益）・費差益がゼロであるときに、商品販売時の市場金利による将来キャッシュフローの現在価値がゼロになるような予定利率水準

　なお、予定利率はこの水準に設定しなければ適切ではないという主張をするためではなく、フォワード性によるレバレッジ効果の説明および本章第4節3でのプライシングと資産運用の関係に関する議論で使用する材料として、市場整合的な予定利率の概念を導入している。

　市場整合的な予定利率を求めるための計算ステップを以下で踏んでいく。市場整合的な予定利率に対応する保険料（以下では市場整合的な保険料と呼ぶ）を求めるためには、保険契約から生じる将来キャッシュフローを展開し、将来の収入キャッシュフロー（保険料収入）と支出キャッシュフロー（保険金支払）の、市場金利による現在価値が一致するようにすればよい。

第3章と同様に、$_n|q_x$はx歳の人がn年間生存してその次の年に死亡する確率、$_np_x$はx歳の人がn年間生存する確率とする。また、r_nは期間n年の連続複利ベース割引金利とする。

n年後のキャッシュフローを割り引くためのディスカウントファクターは$\exp(-nr_n)$である。

年払保険料をPとすると、将来の収入キャッシュフローの現在価値は下式のとおりとなる。

$$P \times \sum_{n=0}^{9} {}_np_{30} \exp(-nr_n)$$

保険金額をAとすると、将来の支出キャッシュフローの現在価値は下式のとおりとなる。

$$A \times \sum_{n=1}^{10} {}_{n-1}|q_{30} \exp(-nr_n) + A \times {}_{10}p_{30} \exp(-10r_{10})$$

これらが一致するようなPが市場整合的な保険料であり、図表4-2のようなスプレッドシートで求めることができる。

次に、この保険料から市場整合的な予定利率を求める。保険料が先に得られているため、将来の収入キャッシュフローと支出キャッシュフローの予定利率による現在価値が一致するように予定利率を逆算すれば、それが市場整合的な予定利率になる。図表4-3のようにスプレッドシートをつくり、ソルバー機能などで条件を満たす予定利率を求めればよい。

連続複利ベースでの市場整合的な予定利率は1.97%であることがわかる。

なお、本試算を一時払契約の前提で行うと、市場整合的な予定利率は、将来のそれぞれの支出キャッシュフローが発生する時点までの期間の市場金利を、それぞれの支出キャッシュフローの現在価値で加重平均したものとなる。加重平均の計算は10年後の支出キャッシュフローにほぼ依存するため、市場整合的な予定利率は、図表4-1の10年金利である1.51%に近い水準になる。

ここで注目すべきは、平準払契約に対して求められた市場整合的な予定利

図表4－2　市場整合的な保険料の計算

n	n年間 生存する確率	ディスカウント ファクター	$n-1$年間生存して 次の年に 死亡する確率	保険金 支払（円）
0	1.00000	1.00000	—	—
1	0.99914	0.99778	0.00086	8,600
2	0.99825	0.99435	0.00089	8,892
3	0.99733	0.98822	0.00092	9,184
4	0.99637	0.97839	0.00096	9,574
5	0.99538	0.96471	0.00100	9,964
6	0.99433	0.94765	0.00105	10,451
7	0.99322	0.92795	0.00111	11,137
8	0.99204	0.90635	0.00118	11,819
9	0.99077	0.88356	0.00127	12,698
10	0.98941	0.86010	0.00136	9,907,680

保険料1当りの
現在価値（a）　　　9.54869　　　　保険金の
　　　　　　　　　　　　　　　　　現在価値（b）　　　8,609,216円

保険料（b÷a）　　　901,612円

（出所）　筆者作成

率が1.97％と、高い水準になっていることである。図表4－1の市場金利は
10年でも1.5％程度であるにもかかわらず、それよりも高い予定利率で収支
相等が成り立っている。これが、平準払契約のフォワード性のレバレッジ効
果がもたらす1つ目の影響である。

　このような予定利率が導出される構造を考えてみる。平準払契約では一時
払契約と違い、将来の支出キャッシュフローだけではなく将来の収入キャッ
シュフローが存在する。こうしたキャッシュフロー特性をもつ金融取引の代
表的なものとして、本節1で説明したとおりフォワード取引があげられる。
フォワード取引は、「将来のある時点において、ある商品をあらかじめ定め

図表 4 - 3　市場整合的な予定利率の計算

n	保険料収入（円）	保険金支払（円）	キャッシュフロー（円）	ディスカウントファクター
0	901,612	—	−901,612	1.00000
1	900,837	8,600	−892,237	0.98072
2	900,035	8,892	−891,143	0.96182
3	899,207	9,184	−890,023	0.94327
4	898,344	9,574	−888,769	0.92509
5	897,445	9,964	−887,482	0.90726
6	896,503	10,451	−886,052	0.88977
7	895,499	11,137	−884,363	0.87261
8	894,433	11,819	−882,614	0.85579
9	893,289	12,698	−880,590	0.83930
10	—	9,907,680	9,907,680	0.82312
現在価値	8,238,501	8,238,501	0	—

予定利率　　1.9657%

（出所）　筆者作成

た価格で売買することを、いま約束する取引」であった。「ある商品」が無リスク債券であれば、「将来時点において、さらに先の将来時点の確定したキャッシュフローを、あらかじめ決められたキャッシュフローと交換する」という約束を、いま行うことになる。

　この契約の将来キャッシュフローをみると（図表 4 - 3 の「キャッシュフロー」という部分が該当する）、「将来時点で収入キャッシュフローがあり、より遠い将来時点で支出キャッシュフローがある」という、フォワードの「売り」の取引を行っていることがわかる。より具体的には、この平準払契約は、1 年先の 9 年割引債、2 年先の 8 年割引債……を現時点で売ることと同じキャッシュフロー特性をもっている。これらのフォワード取引の現時点での約定金利は、市場のインプライドフォワードレートで決まる。第 3 章で説

図表 4 − 4　フォワード取引ごとの現時点での約定金利

	約定金利（％）
1 年先 9 年割引債	1.6499
2 年先 8 年割引債	1.8131
3 年先 7 年割引債	1.9838
4 年先 6 年割引債	2.1477
5 年先 5 年割引債	2.2956
6 年先 4 年割引債	2.4235
7 年先 3 年割引債	2.5310
8 年先 2 年割引債	2.6191
9 年先 1 年割引債	2.6915

（出所）　筆者作成

明しているとおり、イールドカーブの形状が順イールドであれば、インプラ
イドフォワードレートは現時点の市場金利よりも高くなる。たとえば、m 年
先 n 年の割引債のフォワード取引に対して現時点で適用される約定金利、す
なわち m 年後時点の n 年のインプライドフォワードレート $f(m,n)$ は、次式
で計算できる（連続複利ベースの割引金利で表現している）。

$$f(m,n) = \frac{(m+n)r_{m+n} - mr_m}{n}$$

この式を用いてフォワード取引ごとの現時点での約定金利（連続複利ベー
ス）を計算すると、図表 4 − 4 のとおりになる。

すべてのフォワード取引の約定金利が、図表 4 − 1 の10年金利である
1.51％を上回っていることがわかる。平準払契約に対して計算された市場整
合的な予定利率1.97％は、直感に反して高くみえたかもしれないが、これら
のフォワード取引の約定金利から説明可能である。

フォワード性が保険負債価値の金利感応度に与える影響

　続いて、フォワード性によって、保険負債価値の金利感応度が大きくなることを確認する。

　市場整合的な予定利率の計算の対象にした平準払の保険契約1件を販売し、1年後の金利が現在と変わらなかった（インプライドフォワードレート対比で金利が低下した）場合、および1年後まで金利がインプライドフォワードどおりに推移した場合のそれぞれにおける、1年後時点での経済価値ベースの保険負債評価額を求める。さらに、その保険負債評価額と同額の資産を1年後に確保するために、資産側のヘッジポジションで必要な時価利回りを求める。

【1年後の金利が現在と変わらなかった（インプライドフォワードレート対比で金利が低下した）場合】

　1年後のイールドカーブ上の各年限の金利が現在と同じ水準（図表4－1と同水準）であった場合の、1年後時点の経済価値ベースの保険負債評価額を求める。「1年後に被保険者が生存している」という条件付きで、その時点を起点として将来キャッシュフローの現在価値を計算すれば、1年後時点での経済価値ベースの保険負債評価額を求めることができる。図表4－5のようなスプレッドシートで計算すればよい。1年後の金利が変わらないという前提を置いているため、1年後を起点とする年限別のディスカウントファクターは図表4－2と同じ値になる。

　この計算により得られた1年後時点の経済価値ベースの保険負債評価額102万3,324円を、どう解釈すればよいだろうか。新契約時に受け取った1回目の平準払保険料90万1,612円をどの程度の時価利回りで運用すれば、1年後時点で経済価値ベースの保険負債評価額と同額の資産を確保できるだろうか。

　期初に収入した保険料を1年間運用し、死亡契約に対しては1,000万円を支払い、生存契約に対してはその時点の保険負債評価額と同額の資産を確保することになるため、必要な時価利回りをiとすると、下式が成り立つ。

図表4－5　1年後時点での経済価値ベースの保険負債評価
　　　　　　　（金利が変わらなかった場合）

n	n年間 生存する確率	保険料 収入(円)	ディスカウント ファクター	$n-1$年間生存して 次の年に 死亡する確率	保険金 支払(円)
0	1.00000	901,612	1.00000	—	—
1	0.99911	900,810	0.99778	0.00089	8,900
2	0.99819	899,981	0.99435	0.00092	9,192
3	0.99723	899,117	0.98822	0.00096	9,583
4	0.99624	898,218	0.97839	0.00100	9,972
5	0.99519	897,275	0.96471	0.00105	10,460
6	0.99407	896,270	0.94765	0.00111	11,146
7	0.99289	895,203	0.92795	0.00118	11,829
8	0.99162	894,057	0.90635	0.00127	12,709
9	0.99026	—	0.88356	0.00136	9,916,208

保険料の現在価値（a）　7,818,647円　　保険金の現在価値（b）　8,841,971円

保険負債評価額（b－a）　1,023,324円

（出所）　筆者作成

$$901,612 \times (1+i) = 0.086\% \times 10,000,000 + 99.914\% \times 1,023,324$$

　上式から、必要な時価利回りは14.4％と導出される。10年金利が1.51％のときに、その10倍近い時価利回りで運用しなければ1年後の保険負債に対応する資産を確保できないのはなぜだろうか。その答えは、イールドカーブの（1年後の金利が変わらないという）動きと、フォワード性によるレバレッジ効果の2点である。

　1点目による影響を確認する。図表4－1の市場金利のもとで、10年割引債を買ったとする。その価格は、図表4－2の期間10年のディスカウントファクターにより、満期時の元本100円当り86.010円となる。1年後の市場

金利が変わらない場合、1年後を起点とする9年のディスカウントファクターは現時点と変わらず（図表4－2の期間9年のディスカウントファクターと同じになり）、1年後時点での割引債の価格は88.356円と計算できるため、この1年間の時価利回りは2.73％になる。金利が変わらなかったといっても、それは同じ年限の金利が変わらなかったというだけであり、イールドカーブの形状が順イールドの場合、見た目の金利変化がなくても、実質的には（インプライドフォワードレート対比では）金利は下がっている。割引債の時価利回りが2.73％と高い水準になるのは、実質的な金利低下によって割引債の価格が上昇したことによる。

　必要な時価利回りが高くなる原因の2点目として、フォワード性によるレバレッジ効果を確認する。1年後に市場金利が変わらず、実質的には（インプライドフォワードレート対比では）金利が下がったことによる影響は、フォワード性の存在によってさらに大きくなる。たとえば、1年先9年割引債のフォワード取引を考える。取引時点では、1年先に9年割引債を買う約束だけをしているので、フォワード取引の価値はゼロである。1年後に9年割引債を元本100円分だけ買う約束を現時点でしたとすると、約束した購入価格は、図表4－4の1年先9年割引債に対する約定金利から、以下の計算により86.201円であることがわかる。

$$\exp(-1.6499\% \times 9) \times 100 = 86.201$$

ここで、1年後の金利が変わらなかったとする。フォワード取引により、それから9年後の100円を86.201円で購入する約束になっている。1年後時点での9年割引債は先にみたとおり88.356円であるため、88.356円の価値のものを86.201円で購入でき、2.155円の利得がある。1年後の金利が変わらないと、2年先8年割引債、3年先7年割引債……のフォワード取引でも同様に利得が得られる。各フォワード取引の価値がゼロからプラスに上昇することが時価利回りの分子に反映される結果（利回りの分母は初期投資額すなわち期初に受け取った平準払保険料）、時価利回りは大きな数値になる。

　以上をまとめると、1年後の金利が変わらない場合、経済価値ベースの保

険負債評価額と同額の資産を１年後時点で確保するために、資産側のヘッジ
ポジションで14.4％という高い時価利回りが必要になる理由は以下の２点と
なる。

　　・市場金利が１年間変わらないということは、実質的には（インプライド
　　　フォワードレート対比では）金利が下がっていることを意味しており、そ
　　　れによって保険負債価値が増加する。

　　・さらに、平準払契約のフォワード性によってレバレッジがかかり、保険
　　　負債価値の金利感応度が大きくなる。

　仮に、ヘッジ会計上の取扱いや市場での取引可能量等の制約を考えなけれ
ば、ヘッジポジションとして、平準払契約のフォワード性と同じ特性をもつ
フォワード取引を実行すれば、14.4％という時価利回りが確保でき、経済価
値ベースでは資産価値の変化と負債価値の変化が完全に相殺される。実際に
はさまざまな制約の存在により、フォワード取引によるヘッジポジションの
構築は困難という見方があるかもしれないが、新契約と保有契約をあわせた
ポートフォリオ全体でみれば、実は平準払契約のヘッジのためにフォワード
取引は必ずしも必要ない、ということを本節３で説明している。

【１年後まで金利がインプライドフォワードどおりに推移した場合】

　１年後時点まで金利がインプライドフォワードどおりに推移した場合は、
任意の残存期間の割引債の時価利回りは、短期資産の時価利回りと同じ水準
すなわち図表４－１の１年割引金利である0.22％になる。また、１年先９年
割引債、２年先８年割引債……のどれを対象にしたフォワード取引を現時点
で実行していても、フォワード取引に対する約定金利の計算における前提と
同じ金利推移になることから、１年後時点でのフォワード取引の価値は取引
開始時点と同じくゼロで、利得は発生しない。そのため、１年後時点で経済
価値ベースの保険負債評価額と同額の資産を確保するために、資産側のヘッ
ジポジションで必要な時価利回りは0.22％となる。

　このように、市場金利がインプライドフォワードどおりに推移すること
は、現物の債券またはフォワード取引のいかなるポジションでも（また、い
かに大きなレバレッジがかかっていても）同じパフォーマンスすなわち金利リ

スクがない資産である短期資産と同じパフォーマンスが得られ、金利上昇リスクと金利低下リスクのいずれも顕在化しない、ニュートラルな市場金利の推移であるといえる。したがって、本章第2節3で述べたとおり、なんらかの金利リスクをもつポジションをとっている場合、インプライドフォワードどおりの推移と比べて金利が上がったか／下がったかによって、ポジションをとったことに対するパフォーマンスが得られるか（金利リスクが顕在化したか）が決まる。

「実際にはインプライドフォワードどおりに金利が推移する可能性は低いのだから（あるいは、そのようには予想していないのだから）、その状態を中心に考えるのはおかしい」という主張があるかもしれないが、インプライドフォワードレートを基準に考えるのは、インプライドフォワードどおりに市場が推移する可能性が高いか低いかという予想とは無関係であり、以上のような背景があるからである。

③ 新契約と保有契約全体でのフォワード性の相殺効果

これまでの試算で確認できた、平準払契約の保険負債の金利リスクをヘッジするためにはデリバティブであるフォワード取引が必要になるということについて、ヘッジ会計上の取扱いや市場での取引可能量が現実的な制約になると感じるかもしれない。しかし、新契約と保有契約をあわせたポートフォリオ全体では違う景色がみえてくる。

試算に用いた保険期間10年の平準払養老保険を、毎年1単位ずつ販売するとする。単純化のため、資産側で購入する債券はすべて割引債であるとする。

10年が経過すると、保有契約のポートフォリオは定常状態になる。図表4－6は、定常状態のもとで期初に新契約を獲得した直後の、負債の将来の時点別（1〜10年後）のキャッシュフロー（支出と収入を相殺後）を表している。

負債に完全に見合う資産を保有していると仮定すると、資産と負債の将来の時点別のキャッシュフローは図表4－7のようになる（資産と負債のキャッシュフローは逆方向だが、便宜上、同じ方向に表示している）。

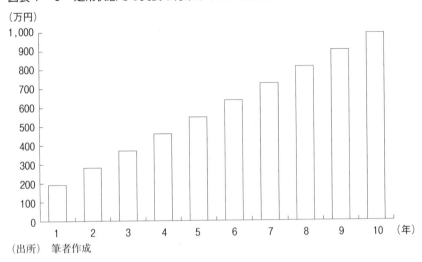

図表4－6　定常状態での負債の将来キャッシュフロー

（出所）　筆者作成

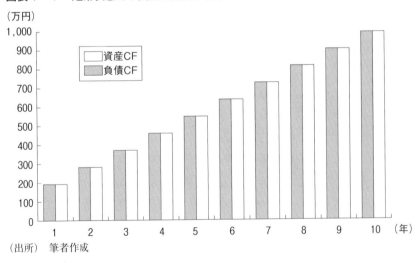

図表4－7　定常状態での資産と負債の将来キャッシュフロー

（出所）　筆者作成

　この状態から時間が経過し、期末になると死亡保険金と満期保険金が支払われるとともに、満期を迎えた割引債の元本が償還となり、翌期初に保険料が収入される。負債側のキャッシュフロー（死亡保険金＋満期保険金−保険

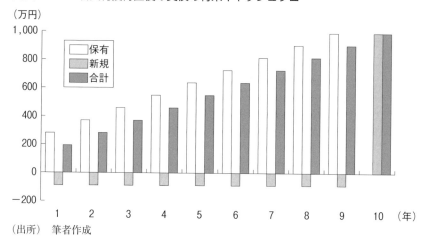

図表4－8　新契約獲得直後の負債の将来キャッシュフロー

（万円）

凡例:
- 保有
- 新規
- 合計

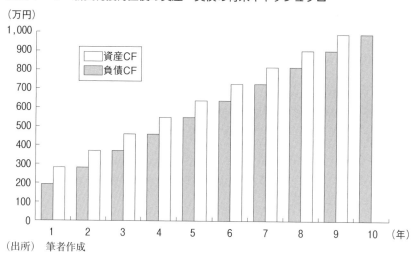

図表4－9　新契約獲得直後の資産・負債の将来キャッシュフロー

（万円）

凡例:
- 資産CF
- 負債CF

（出所）　筆者作成

料）と資産側の償還額が完全に一致している。

　翌期初に新契約が加わると、負債側の将来の時点別のキャッシュフローは図表4－8のように変化する。

　その結果、図表4－9のように資産と負債の将来キャッシュフローの

ギャップが生じる。

　このギャップを埋めるためには、資産側では「10年割引債を新規に購入し、残存期間が1～9年の保有割引債を一部売却する」というリバランスが必要になる。このリバランスにより、資産と負債の将来キャッシュフローは再び一致する[18]。このように、金利フォワード取引を使わずに、平準払契約のポートフォリオのヘッジが可能になるのは、新契約のフォワード性が保有契約のポジションによって相殺されるためであると理解できる。

④ 保険契約のオプション・保証特性

　第3章で説明しているとおり、多くの保険契約（特に生命保険契約）にはなんらかのオプション・保証特性が内在している。以下では、経済価値ベースのERMのもとでの資産運用の管理において、オプション・保証特性（ここでは、例として金利上昇時の動的解約オプションを想定）がどのように扱われるかを整理する。

　動的解約モデル[19]どおりの契約者行動が生じるという仮定のもとで、資産運用部門に受け渡される保険負債の金利リスクポジションに、オプション・保証特性を反映することができる。たとえば、複数の変化幅でのイールドカーブの平行移動に対する経済価値ベースの保険負債価値の感応度を計算することで、金利変化に対する保険負債価値の非線形な変化を把握し、保険負債がもつ金利リスクのポジションを受け渡すことができる。

　動的解約オプションは、以下のように他の論点と混同されることがあるため、注意が必要である。

[動的解約による解約率の変化とその他の解約率変動]

　　金利上昇時の動的解約の発生は、大量解約リスクとは別のものである。保険契約に内在するオプション・保証の時間価値の評価に関する第3章で

18　財務会計上はリバランス時に売却損益が生じるため、この制約を考慮する必要がある場合には、金利リスクにさらされる状態を解消するための機動的なヘッジポジション調整の必要性と、売却損益計上に関する制約の両面を考慮して、リバランスの頻度を決定することになる。

19　第3章の脚注31のとおり、非合理的な契約者行動も含むモデル。

の解説で述べているとおり、動的解約モデルの想定では、金利上昇時の解約増加は1つの金利シナリオに対して一意に決まる。それに対して、保険引受リスクのひとつである解約リスクのうち大量解約リスクは、金利シナリオにかかわらず生じる解約率の突発的な上昇である。

［経済価値ベースと財務会計上の損益への影響］

金利上昇時の解約に対して保有債券を売却する必要があるかどうかによって、財務会計上の損益への影響は異なるが、経済価値ベースでは、保有債券を売却するかどうかにかかわらず動的解約による影響が生じる。動的解約が財務会計上の売却損益に与える影響は、動的解約と関連することではあるものの、動的解約自体がもつ特性ではない。

［経済価値ベースの管理と資金流動性の関係］

金利上昇による解約増加時の支払に対して資金流動性を確保できるかということと、動的解約オプションが保険負債価値や金利リスクのコントロールに与える影響は分けて考える必要がある。動的解約が資金流動性に与える影響は、動的解約と関連することではあるものの、動的解約自体がもつ特性ではない。

動的解約オプションの特性をふまえた金利リスクのコントロールの考え方は、本章第4節4で扱っている。

第4節 経済価値ベースのERMにおける実務上の論点

1 保険商品の収益性評価において留意すべき事項

本章第2節2でみたように、新契約価値またはプロフィットマージンによって、商品別の収益性評価を行うことができる。

商品別の収益性評価の結果を解釈する際に留意すべき事項として、以下があげられる。

・当初見込んでいた販売量や商品別の構成が達成できない、あるいは当初見込んでいた単位販売量当りの新契約価値が、見込みを立てた時点から販売時点までの市場金利の低下等によって減少することで、新契約価値が想定どおりに得られなくなる可能性（新契約価値が変動するリスク）は、通常はリスク計測の対象外である「ビジネスリスク」のひとつである。商品別の収益性評価の結果の解釈にあたっては、こうしたビジネスリスクの存在を勘案する必要がある。

・本章第2節3で説明した不可避な金利リスクは、商品別の収益性評価とも関連する。死亡リスクや解約リスク等の保険引受リスクと同様に、不可避な金利リスクは市場でヘッジ不能なリスクであり、リスクへの対応のために資本を割り当てる必要があるため、それに対する資本コストがかかるという考え方に基づいて、商品別の収益性評価の枠組みで、不可避な金利リスクをリスクマージンの計算対象に含めることが考えられる。定量的な評価が困難な場合でも、少なくとも定性的に不可避な金利リスクの存在を勘案して、商品別の収益性評価の結果を解釈することが必要であろう。

・商品別の収益性評価において、複数商品をセットで扱う場合の留意点がある。たとえば、商品Aを販売することで商品Bの販売にもつながる場合（商品Aがなければ、商品Bの販売量が低下してしまう場合）、商品Bから商品Aに対して内部的なコスト移転が行われるという前提で、各商品の収益性を評価するという考え方が存在する。こうした内部的なコスト移転を定量化するのは困難であるため、商品別の収益性評価の結果を解釈する際に定性的に勘案することになる。ただし、ここでは、「顧客との関係維持や新規開拓の目的で販売する商品は、収益性がマイナスでも問題ない」ということを意味しているのではなく、販売手法上、商品Aと商品Bが密接に関係づけられていることや、商品Aの販売による商品Bの増収効果に関する説明が十分にできることが必要になる。

・保険契約の維持・管理にかかるユニットコストの算定の際に会社の固定費を商品別に配賦する方法は、商品別の収益性の相対的な関係に影響を

与える。たとえば、同じ死亡保険の商品間で件数比例の固定費配賦を行うことは、商品ごとの経費の費消の実態をある程度反映しているかもしれないが、死亡保険と第三分野保険のように特性が大きく異なる商品間でも同様のことがいえるかは、議論の余地がある可能性がある。商品別の収益性評価指標を算出する際は1つの決まった方法が採用されるとしても、収益性評価の結果の解釈にあたっては、固定費の配賦方法によって商品ごとの収益性評価の相対的な関係が一定程度変わりうるという認識が必要になるだろう。

・保険契約の維持・管理のための固定費にかかるユニットコストの算定に際して、将来の保有契約量（将来の新契約を考慮後）の推移の前提をどのように置くかも、商品別の収益性評価に影響を与える。将来の保有契約量が減少傾向にあるにもかかわらず、それを考慮しないで固定費にかかるユニットコストの算定が行われると、商品別の収益性が過大評価される（将来のユニットコストが過小評価される）可能性がある[20]。

終局金利の導入と商品別の収益性評価の関係についても、留意すべきことがある。第1章で説明しているように、日本国内では、マイナス金利政策以降の市場環境下で、資本十分性評価に終局金利（Ultimate Forward Rate：UFR）を導入する動きがみられた。終局金利を資本十分性評価だけではなく商品別の収益性評価にも用いる場合には、実際には収益性が十分ではないにもかかわらず収益性があると判断してしまわないか、ということが論点になる。

「補外開始年よりも長い年限には市場金利が存在しないのだから、どのような補外方法を採用したとしても市場と整合的になるわけではない」ことは確かであるが、商品別の収益性評価に用いるイールドカーブの補外は、極力ニュートラルな（良くも悪くもない）見方によって行うべきであり、市場金利が存在しないのだからどのような補外方法もとりうる、ということはない。ニュートラルな（良くも悪くもない）見方から大きく離れた水準の終局

20　これは、保険負債評価やEV計算についてもいえることである。

金利を設定すると、商品の収益性を過大評価する可能性があるため注意が必要である。

市場金利が存在しない年限における金利の設定方法に関して、「ニュートラルな見方」として唯一客観的に正しいものが存在するわけではない。仮に、できるだけ主観を排して客観的な見方をしたとすれば、金利の過大評価と過小評価のいずれも招かない補外方法はどのようなものかを考えることを、「ニュートラルな見方」と表現している。

仮に、ある保険会社が、「市場金利を取得可能な最大年限付近における短期のインプライドフォワードレートがそれ以降は一定である」という考え方でイールドカーブの補外を行うことが「ニュートラルな見方」であると判断しているとする[21]。このときに、終局金利を用いた方法、すなわち「短期のインプライドフォワードレートが、市場金利を取得可能な最大年限付近における値から終局金利に向かって変化していく」という方法で補外されたイールドカーブによって商品別の収益性評価を行い、かつ、終局金利の設定値が、市場金利を取得可能な最大年限付近における短期のインプライドフォワードレートとの比較で極端に高い水準であるとすると、自社の「ニュートラルな見方」に基づく市場価格よりも低い価格で保険商品の原材料を仕入れることができるという前提で、商品別の収益性評価を行うことになる。

規制動向を意識して、資本十分性評価の目的で終局金利を導入する場合でも、商品別の収益性評価の目的では、商品の収益性を過大または過小評価しない「ニュートラルな見方」によるイールドカーブの補外方法はどのようなものか、ということを考えることが重要である。

2 長期商品のリスク対比リターン指標

生命保険を中心とした長期商品に対して「リスク対比リターン」や「リスク調整後収益」という概念が使用される際に、混乱がみられることがあるため、以下で整理をしておきたい。

---

21 ひとつの仮定であり、「ニュートラルな見方」としてこの方法のみが正しいという主張ではない。

リスクとリターンの対応関係

リスク対比リターンの把握においては、リターンはその源泉となるリスクと対比される必要がある。正しい対応づけがなされていないと、リスクをとった対価としてのリターンを評価する、分野別のリスクとリターンを比較するといった目的を達成することができない。

分野別および機能別に経済価値ベースのリターンとリスクの対応関係を整理すると、図表4－10のとおりとなる。

新契約獲得によるリターンである新契約価値（リスクマージン22とオプション・保証の時間価値がすでに控除されたもの）に対応するリスクは、本節1でみた新契約価値が変動するリスク（ビジネスリスクのひとつであり、通常はリスク計測の対象外）であり、ある期間に保有する保険引受リスクではない。ある期間に保有する保険引受リスクに対応するリターンは、リスクマージンの解放など、保有契約からもたらされるものである。

「保有契約と新契約の全体を対象にした保険引受分野のリスク対比リター

図表4－10　分野別および機能別の経済価値ベースのリターンとリスクの対応関係

分野	経済価値ベースのリターン	経済価値ベースのリスク
保険引受	契約獲得によるリターン（新契約価値）	新契約価値が変動するリスク（通常はリスク計測の対象外）
	契約獲得後のリターン（リスクマージンの解放、前提・実績差異、前提見直し）	保険引受リスク
資産運用	金利リスクテイクによるリターン	金利リスク
	金利リスク以外のリスクテイクによるリターン	金利リスク以外の資産運用リスク

（出所）　筆者作成

22　本章第2節2で述べたとおり、EEVでは、ヘッジ不能リスクに係る費用（または非フィナンシャルリスクに係る費用）の計算対象になるリスクの範囲がMCEV（あるいは第3章で解説している経済価値ベースの保険負債評価）よりも狭い傾向にあるが、本書で商品別の収益性評価を論じる際のリスクマージンは、ヘッジ不能リスクの対象を狭くとらえないで計算されるものである。

ン」を評価するために、リスクとしては図表4−10の「新契約価値が変動するリスク」と「保険引受リスク」の全体、リターンとしては「契約獲得によるリターン」と「契約獲得後のリターン」の全体をそれぞれ考慮するのであれば、リスクとリターンは対応することになる。ここで、リターンと対比されるリスクの構成要素のうち「新契約価値が変動するリスク」は通常は計測対象外であるため、「保有契約と新契約の全体を対象にした保険引受分野のリスク対比リターン」は過大評価されている可能性があるという認識が必要である。

さらに、ある1年間に保有する保険引受リスクのうち、その期間の新契約によってもたらされる部分、すなわち新契約がもつ保険引受リスクのうち1年目の部分[23]のみを取り出して、それを新契約価値と比べても、リスクをとった対価としてのリターンを評価することにはならない。1年間の新契約の獲得によって、保有契約全体の保険引受リスクがどの程度増加するかを把握することが目的であれば、「ある1年間に保有する保険引受リスクのうち、その期間の新契約によってもたらされる部分のみを取り出す」意味はあるが、そのように取り出されたリスクと新契約価値は対応するものではない。

ERMの枠組みのもとで、リスクとリターンの両面を考慮して商品別の管理を行う際に重要なのは、本節1であげた留意事項もふまえて、（リスクマージンとオプション・保証の時間価値がすでに控除された指標である）新契約価値やプロフィットマージンを確保することである。対応しないリスクとリターンを無理に対比させた結果、かえってリスクとリターンの関係を正しくとらえられなくなってしまうことや、新契約価値の計算でリスクマージンを控除しているにもかかわらず、商品別の収益性評価においてリスクの要素を考慮していないと判断してしまうことがないように、留意が必要である。

23　正確には、新契約が加わる前の保有契約と新契約の間のリスク分散効果によって、新契約がもつ保険引受リスクのうち1年目の部分と、ある1年間に保有する保険引受リスクが新契約によって増える額は一致しないが、ここでの議論には影響は与えない。

新契約価値とリスク調整後収益の関係

　リスク調整後収益という概念は、下式のとおり、リスク対比リターンと本質的に同じことを意味する。下式では、リスクに対するリターンの割合をROR（Return on Risk）と表している。

$$\text{リスク調整後収益} = 「リターン」 - 「リスク」 \times 「\text{RORの目標水準}」$$

　RORの実績が目標どおりであればリスク調整後収益の実績はゼロになり、ROR目標がちょうど達成できたことを意味する。

　一方で、新契約獲得時に認識される経済価値ベースのリターンである新契約価値の計算では、本章第2節2で説明したとおり、すでにリスクマージンが控除されている。新契約価値は経済価値ベースのリターンそのものであるため、リスク調整後の収益ではなく、リスク調整前の収益である。新契約価値というリターンに対応するリスクは、リスクマージンの計算対象になっているリスク（保険引受リスク等）ではなく（このリスクを保険期間にわたり保有することは、すでに新契約価値の計算において控除されるリスクマージンに反映されている）、前述のとおり新契約価値が変動するリスク（ビジネスリスクのひとつ）であるため、このリスクに関する調整を行ってはじめて、新契約価値はリスク調整後の収益になる（ビジネスリスクは通常はリスク計測の対象外であるため、この調整を定量的に行うことは困難）。

　新契約価値の計算過程でリスクマージンを控除することに着目して、「新契約価値はリスク調整後の収益指標である」というかたちで、上式とは異なる意味でリスク調整後収益という言葉が使われることがあるため、混乱が生じないように留意が必要である。混乱を避けるために、新契約価値のことはリスク調整後収益指標とは呼ばず、リスクマージン控除後の収益指標などと呼ぶことが考えられる。

　また、「将来の各年度における会計上の損益の現在価値合計」を「将来の各年度における保険引受リスク量の現在価値合計」で除した指標が、保険商品別のRORと定義されることがあるが、これも、上式におけるRORとは異なるものである。この指標による商品別の収益性評価は、新契約価値による

収益性評価と本質的に同じ枠組みのもとでとらえることができる[24]。

3 プライシングと資産運用の関係

　本章第3節2で導入した「市場整合的な予定利率」の概念を用いて、以下の議論を行う[25]。「市場整合的な予定利率」は、商品販売時点でのイールドカーブと整合的な予定利率であるといえる。保険商品の原材料価格どおりのプライシングをするための予定利率であるとも解釈でき、仮にこの予定利率を使うと、新契約時のイールドカーブから求まる将来各年度の短期のインプライドフォワードレートによる運用を前提とした場合、将来各年度の利差損益の現在価値の合計がゼロになる。

　いま、市場整合的な予定利率が仮に設定された状態を想定する。仮に保険負債の金利リスクを完全にヘッジできた場合には、保険期間全体で予定利率に見合った運用を確実に行うことができる[26]。なお、現実的な制約のもとで、どこまでのヘッジが可能かということは、不可避な金利リスクに関する議論になるため、ここでは不可避な金利リスクがないものとして、あるいは不可避な金利リスクがあったとしても、それを除いた保険負債の金利リスクを対象に議論する。

　ここで、保険負債の金利リスクのヘッジを完全に行うかどうかは、金利リスクテイクに関するリスクアペタイトに基づいて、市場整合的な予定利率を設定するかどうかとは独立に決定されるべきである。保険負債の金利リスクのヘッジを完全には行わない場合、資産運用の第2の機能で金利リスクをとる対価としてリターンをねらうことになる。市場整合的な予定利率の設定を

24　保険商品別のRORが、リスクマージン計算上の資本コスト率を上回ることは、「将来の各年度における会計上の損益の現在価値合計」からリスクマージン（「将来の各年度における保険引受リスク量の現在価値合計」に資本コスト率を乗じたもの）を控除した額、すなわち新契約価値がゼロを上回ることと同じことを意味するため。なお、新契約価値が「金額」の概念であるのに対して、保険商品別のRORは「率」の概念の指標であるという違いはある。

25　予定利率はこの水準に設定しなければ適切ではないという主張をするためではなく、これ以降の議論で使用する材料として、市場整合的な予定利率の概念を使用する。

26　年度ごとの利差損益が、すべてゼロで固定されることは必ずしも意味しないが、保険期間全体での利差損益の現在価値をゼロにするような運用を確実に行える。

したうえで金利リスクはヘッジしないという判断と、市場整合的な予定利率の設定はせずに金利リスクをヘッジするという判断のいずれもとりうる。

　プライシングは保険期間全体での商品の収益性を決定するものであり、保険商品の原材料価格（と保険料の差）の把握の視点からなされる。これに対して、金利リスクのヘッジは、商品の販売時に認識された保険期間全体での収益性の、その後の（原材料価格の変動を起因とする）変動性を抑制するためのものであり、原材料価格の変動性のコントロールの視点からなされる。

　仮に、市場整合的な予定利率よりも高い予定利率が設定されたとして、金利リスクを完全にヘッジすると、保険期間全体で予定利率をまかなうための資産運用はできないことになる。ここで、「保険期間全体での予定利率をまかなうために、資産運用部門として追加的なリスクテイクを行う必要がある」という考え方が成り立つだろうか。

　結論を先に述べると、市場整合的な予定利率よりも高い予定利率の設定は、他社との競争や死差益・費差益を含めた総合的な収益性を考慮したプライシング上の判断としてはとりうるものかもしれないが、そのなかで予定利率の部分だけを取り出して、資産運用部門による追加的なリスクテイクの根拠にする必然性はないのではないだろうか。金利リスクテイクやその他のリスクテイクによってリターンをねらうとしても、それは資産運用の第2の機能に関するリスクアペタイトによって決定されるものであり、予定利率の高さから直接的に結論づけられるものではない。

　「高めの予定利率かつ厚めの付加保険料」の商品と「低めの予定利率かつ薄めの付加保険料」の商品とで、保険料が同じであるとする（たとえば、標準利率よりも高い予定利率をつけた商品と、標準利率どおりの予定利率ではあるが付加保険料を相対的に低く設定した商品の、できあがりの保険料が同じとする）。この場合、前者の商品に対してのみ資産運用の第2の機能で高いリターン目標を設定する合理的な理由はなく、これらの商品のどちらを売るかと、資産運用の第2の機能でどの程度のリスクをとるかは独立な論点のはずである。

　以上のことを、逆の方向から考えてみる。すなわち、「市場整合的な予定

利率を超える運用利回りをねらっていることを根拠にして高めの予定利率を設定した場合には、その運用利回りが達成できるという前提で商品の収益性評価を行っても問題ない」（高い運用利回りをねらっていれば、予定利率を高めに設定したとしても、商品の収益性評価を低くする必要がない）という考え方が成り立つだろうか。

　市場整合的な予定利率を超える運用利回りをねらうためには、追加的なリスクテイクが前提となるが、原材料価格をふまえたプライシングをいかに行うかと、資産運用のリスクテイクで追加的なリターンをねらうかは独立な論点のはずである。したがって、資産運用の第2の機能でのリスクアペタイトとして、市場整合的な予定利率を超える運用利回りをねらうという判断があるかどうかにかかわらず、高い予定利率の設定をすれば、その分だけ商品の収益性評価は低くなると考える必要がある。高い予定利率の設定は、プライシング上の判断としてはとりうる選択ではあるものの、資産運用の第2の機能でのリスクテイク方針から直接的に結論づけられるものではない。

　まとめると、これまでは以下の意味で、プライシングと資産運用のリスクアペタイトは独立に扱う必要があると述べた。

- ・予定利率の設定は、他社との競争や死差益・費差益を含めた総合的な収益性を考慮したプライシング上の判断であり、資産運用で保険負債の金利リスクをヘッジするかリスクをとるかとは独立に扱う必要がある。
- ・高い予定利率が設定されても、資産運用で追加的なリスクテイクをする必然性はない（追加的なリスクテイクをするかどうかは、資産運用の第2の機能のリスクアペタイトによって決まることであり、プライシングとの関係で資産運用部門に求められるリターンの大きさが決まるのではない）。
- ・資産運用での追加的なリスクテイクでねらっているリターンを前提として高めの予定利率を設定した場合、そのリターンが得られるという前提で商品の収益性評価を行うべきではない（高い予定利率の設定をすれば、その分だけ商品の収益性評価は低くする必要がある）。

　ただし、プライシングと資産運用は独立ということを、「商品開発部門と資産運用部門は互いに相手のことに関心をもたなくてもよい」と解釈するべ

きではなく、以下の情報を共有するために両部門が協力しあい、商品設計に資産運用部門が関与することは、ERMにおいて必要なことである。

- ・市場環境
- ・保険負債のキャッシュフロー特性（オプション・保証特性を含む）
- ・商品特性および市場の状況によって特定される不可避な金利リスクの範囲

このように、プライシングと資産運用のリスクアペタイトは独立に扱う必要があると認識したうえで、商品開発部門と資産運用部門が情報を共有して協力しあうことが重要である。

なお、以上では予定利率の設定に関して制約が存在しないという前提で議論を行ったが、実際には、標準責任準備金制度との関係で設定しうる予定利率の範囲等の現実的な制約が、必要に応じて考慮される。また、個別の会社の判断によって、財務会計上の利益や契約者配当（社員配当）の水準を必要な範囲で制約条件として考慮することはありうる。ただし、現実的な制約があるから、プライシングと資産運用のあるべき関係を考える意味がないとしてしまうと、現実の行動が制約を考慮したものなのか（制約がなければとっていない行動を、制約のもとでとらざるをえないのか）、制約にかかわらずとっている行動なのかがあいまいになってしまう。商品開発と資産運用の関係の構造を理解し、あるべき姿を考えたうえで、現実的な制約を必要に応じて考慮するという考え方が必要になるであろう。

4 金利リスクのリスクアペタイト

金利リスクに関する2種類のリスクアペタイト[27]

金利リスクに関するリスクアペタイトは以下に大別される。

1つ目は、「金利リスクはとらないという方針のもとで、保険負債の金利リスクを極力ヘッジする」というリスクアペタイトである。

市場金利の変動による経済価値ベースの純資産価値の変動は可能な限り抑

27　以下で金利リスクを対象に説明している内容は、保険負債が金利リスク以外の市場リスクをもつ場合にも当てはまる。

制し、金利リスクテイクをリターンの源泉としては位置づけない、という判断となる。「自社の企業価値の源泉は保険による保障機能を提供することであり、それに伴って生じる金利リスクは可能な限り小さくする」といった考え方で、この選択がなされることがある。

2つ目は、「保険負債の金利リスクが十分にはヘッジされていない状態を認識しつつ、あえて金利リスクをとる」というリスクアペタイトである。

市場金利の変動による経済価値ベースの純資産価値の変動を受け入れて、金利リスクテイクをリターンの源泉として位置づける、という判断となる。この場合は、「どのような金利ビュー[28]をもっているか」が明確になっているかが重要なポイントとなる。一定期間内に市場金利が予想どおりに変化しなかったら、当初の金利ビューは外れたことになり、金利リスクをとらなかった場合よりもパフォーマンスが悪くなるため、その覚悟のもとで金利リスクをとるというリスクアペタイトをもっているか、を明確にする必要がある。

不可避な金利リスクの範囲の特定の考え方

保険負債の金利リスクをどこまでヘッジするかというリスクアペタイトでは、保険負債の金利リスクのうち、不可避な金利リスクすなわち可能な限りヘッジをしたとしても残ってしまうリスク以外の部分が対象になるため、金利リスクに関するリスクアペタイトの決定のためには、たとえば以下の観点を考慮して、不可避な金利リスクの範囲を特定することが必要になる。

・市場での取引可能量の制約
・ヘッジのための資金量や機動的なポジション調整に関する制約のうち、真に制約といえるもの
・オプション・保証を含む保険契約の特性による制約のうち、真に制約といえるもの
・ヘッジ会計やその他の財務会計上の制約のうち、真に制約といえるもの

28　今後の市場金利の動きに関する主観的な見通し。

ただし、たとえば、「現在のような低金利環境下では20年超の債券はヘッジ手段として使用しない」という方針は、金利が今後上昇するというビューに基づいたリスクアペタイトであり、「可能な限りヘッジをしたとしても残ってしまうリスク」の範囲を特定するための基準としては使えない。不可避な金利リスクの範囲を特定する際は、リターン獲得を目指したリスクテイクの判断は排除して、真にヘッジの制約となっていることのみを考慮する必要がある。

　また、市場金利が存在する最大年限以降に発生する負債キャッシュフローがもつ金利リスクのすべてを不可避な金利リスクと定義してしまうと、「不可避」という条件を過度に広くとらえてしまう可能性がある。市場金利が存在する最大年限以降に発生する負債のキャッシュフローも一定程度はマッチング可能である（資金量などの制約がなければ、金額デュレーションだけであればマッチング可能である）ため、このようなマッチング方法も含めて、制約のもとで可能な限りヘッジしたとしても残ってしまう金利リスクが、不可避な金利リスクであるといえる。

　このように特定された不可避な金利リスクを除く金利リスクが資産運用部門に受け渡され、そのうちどの程度までヘッジするか（どの程度のリスクを残すか）というリスクアペタイトを決定することになる。不可避な金利リスクを除く金利リスクのすべてはヘッジせず、一定部分を未ヘッジ部分として残す場合は、将来の市場金利の動きに関するビューを明確にしたうえで、金利リスクをとった対価としてのリターンが得られたかを経済価値ベースで事後的に把握し、リスクアペタイトの見直しの必要性に関する判断につなげることになる。

　なお、不可避な金利リスクへの対応は資産運用の第1の機能と第2の機能のどちらにも含まれないことになるが、保険商品の販売に伴って生じているリスクであることを認識し、このリスクをどの程度とることを許容するのかというリスクアペタイトを考えることが必要になるだろう。また、本節1で述べたように、不可避な金利リスクを商品別の収益性評価に反映することが考えられる。

財務会計上の損益の状況と金利リスクのリスクアペタイトの関係

　財務会計上の単年度ごとの資産運用収益が予定利息、すなわち責任準備金が契約時に決定された予定利率で増える額を下回る状態である逆ざやと、金利リスクテイク方針の関係を整理しておきたい。

　以下のいずれか、または両方が原因で、保険期間全体で予定利率をまかなうための資産運用ができない、ということが起きる（金利リスク以外の資産運用リスクは無視している）。

　　・プライシング……商品販売時のイールドカーブと整合的な予定利率（本節3の市場整合的な予定利率）よりも高い予定利率を設定した場合
　　・金利リスクの顕在化……商品販売後に資産と負債のマッチングを実施せずに金利リスクを抱え、かつ、その後の市場金利の変化によって金利リスクが顕在化した場合

　現在の利差損益の状況と、今後の金利リスクテイク方針を関係させるべきか、ということが保険会社の実務上の課題となる場面があるが、現在の利差損益の状況は、過去に販売した商品の予定利率および（金利リスクコントロールを含む）過去の投資行動の結果であり、将来に向けた金利リスクテイクの方針はそれとは独立に存在しているはずである。財務会計および規制上の指標を必要な範囲で制約条件として考慮することはありうるものの、過去の商品販売や投資行動の結果としての足元の損益状況と、金利リスクのリスクアペタイト策定は独立な論点であると認識する必要がある。

　別のリスク種類でのたとえを使うと、株式投資において含み損を抱えている場合に、それは過去の投資行動の結果であり、（財務会計等の制約は別途存在しうるとしても）今後の株式投資方針とは独立なもの、ということと同様である。過去に購入して現在も保有する株式を今後も継続保有するかどうかは、現在の含み益がプラスかマイナスかにかかわらず、株価が今後上昇するというビューがあるかどうかによって決定されるはずだと考えられる。

　現在の利差損益の状況と今後の金利リスクテイク方針の関係に関する例として、「予定利率を下回る市場金利水準での超長期債の購入は、逆ざやを固定するので避ける」という判断をどう解釈すべきかを考えてみる。

「予定利率を下回る市場金利水準での超長期債の購入は逆ざやを固定する」ことは確かであるが、資産と負債のミスマッチ縮小方向へのポジション変更をしないことは、金利上昇のビューをもっていなければ正当化できない。再び別のリスク種類でのたとえを使うと、含み損を抱えた株式を売却すると売却損が確定すると考えて損切りをしないことは、(財務会計等の制約は別途存在しうるとしても)株価上昇のビューをもっていなければ正当化できない、ということと同様である。

　金利上昇ビューに基づいてリスクテイクを行うことは経営上の選択ではあるものの、一定期間内に金利が上昇しなかったら(ここでの上昇とは、本章第2節3で述べたとおり、インプライドフォワードレートよりも上昇するという意味である)、当初の金利上昇ビューは外れたことになるため、その覚悟をもって金利リスクをとるというリスクアペタイトの判断が行われている必要がある。資産と負債のミスマッチを縮める方向へのポジション変更を実施していた場合と比べて、ミスマッチを縮めなかった場合には、金利上昇ビューが外れることで経済価値ベースの純資産は減少し、財務会計上の損益にも悪化方向の影響が生じる。

金利リスクのリスクアペタイトとオプション・保証特性

　金利リスクのリスクアペタイトと、保険契約に内在するオプション・保証特性(ここでは、例として金利上昇時の動的解約オプションを想定)の関係に関する整理を行う。

　資産運用の第1の機能で、保険負債がオプション・保証特性をもたないという前提でヘッジを行っていると、非線形な金利感応度が存在することが原因でヘッジエラーが生じる可能性がある。すなわち、金利変化に対する資産価値と負債価値の変化が相殺されるというヘッジの効果の前提が崩れる可能性がある。

　こうした状況下でのヘッジに関しては、たとえば、以下の考え方がとりうる。

　・市場のオプション商品によって、保険負債に内在するオプション・保証

特性をふまえたヘッジを行う。

・オプション・保証特性が存在しないという前提で把握した保険負債の金
利リスクポジションに基づいて金利リスクコントロールを行い、動的解
約の発生時には保険負債の金利リスクポジションを計算し直して、リス
クコントロールのためのヘッジポジションを調整する[29]。

・複数段階の金利変化に対する感応度[30]の分析をもとに、金利リスクコン
トロールの方針を策定する。

　さらに、オプション・保証特性を含めた保険負債の金利リスクをどこまで
削減したいかという方針、不可避な金利リスクの範囲の特定においてオプ
ション・保証特性をどのように扱うか、動的解約モデルに対する信頼性の程
度、資金流動性の制約、財務会計上の制約（売却損益の計上可能性）等をふ
まえて、動的解約オプションへの対応を考えることになる。

　動的解約モデル自体が誤っているリスク（モデルリスクのひとつ）は、市
場でヘッジ不能なリスクのひとつである。このリスクの定量化は一般に困難
ではあるものの、動的解約モデルの信頼性が低い商品については、市場で
ヘッジ不能なリスクの存在によって商品の収益性が低く評価されうるという
認識を、定性的にもつことが考えられる。そのためには、動的解約モデルの
信頼性について、商品や販売チャネルごとに判断しておくことが必要であ
る。

　なお、動的解約モデルの信頼性が著しく低く、実際には保険商品がどの程
度のオプション・保証特性をもっているかということすらほとんど判断でき
ない場合には、どう考えればよいだろうか。この場合は、オプション・保証
特性を考慮して経済価値ベースの価値評価および金利リスクポジションの把

29　実際には、動的解約の発生にかかわらず、単年度ごとの解約率の変動や、将来キャッ
　　シュフローを推定するための前提の見直し、新契約の獲得に応じて、保険負債の将来
　　キャッシュフローの見直しを行う必要があり、動的解約への対応はそれに含めて行われ
　　ることになる。なお、保険負債の将来キャッシュフローが短期間で大きく変化した場合
　　には、機動的なヘッジポジション変更の制約が生じうる。

30　ここではオプション・保証特性に起因する非線形な金利感応度を扱っているが、オプ
　　ション・保証特性がなくても、金利水準が変化すると金利感応度自体が変化するという
　　コンベクシティ効果が存在する。

握をする意味に疑問が生じることは確かである。しかし、それほどまでに動的解約モデルの信頼性が低いということは、市場でヘッジ不能なリスクが極端に大きいことを意味するため、そのような商品を適切な価格で売ることができるのか、という別の問題も生じると思われる。

金利リスクのリスクアペタイトに関して生じうるその他の疑問

　以下では、金利リスクのリスクアペタイトに関して生じうるその他の疑問を3点あげ、それぞれに対する考え方を整理する。

[生じうる疑問1：保有契約から生じる死差益・費差益の合計が潤沢にあれば、マッチングを行わずに金利リスクが顕在化したとしても（財務会計上は再投資リスクとして、タイムラグを置いて顕在化したとしても）将来の保険金支払が脅かされる可能性は低いのだから問題がないのではないか]

　　これは、経済価値ベースで表現すれば、保有契約の収益性の高さによって経済価値ベースの純資産が潤沢に存在するため、その範囲内で金利リスクをとっても問題ない、という考え方だと解釈できる。しかしながら、金利リスクが顕在化すると、保険金支払が脅かされる状態までは至らないとしても、将来の死差益・費差益を利差損が侵食する、つまりプライシング時点で見込んでいた商品の総合的な収益性が守れないことになるため、企業価値は減少する。このように、金利リスクをヘッジすることは、プライシング時点で見込んでいた死差益・費差益を含む総合的な収益性を守ることをも意味する。逆に、金利リスクをとることは、プライシング時点で見込んでいた収益性を守れなくなる可能性を覚悟するかわりに、追加的なリターンをねらうことを意味する。

[生じうる疑問2：遠い将来の金利水準はわからないから、現時点で経済価値に着目することや金利リスクのコントロールをすることは意味がないのではないか]

　　商品の契約期間が短期の場合、または長期でも予定利率の保証がないのであれば、その考え方で問題ないが、長期にわたって予定利率を保証する商品を販売する以上はそれに対する責任が生じるということが、短期の商

品との違いであるといえる。経済価値に着目することや金利リスクのリスクアペタイトを考えることは、遠い将来の金利水準がわからないなかで長期の予定利率保証を提供するために、現時点でできることは何かを考えることである。

[生じる疑問3：将来時点の保有契約の内容は変わる可能性があるから、現時点で経済価値に着目することや金利リスクのコントロールをすることは意味がないのではないか]

　現在の保有契約が減少する一方で将来の新契約が積み上がることで、将来時点の保有契約の内容が一定程度変わることは自然なことである。しかし、現在の保有契約に対しては将来までの保証が行われているため、将来時点の保有契約の内容が変わるかどうかにかかわらず、現在の保有契約に対してどのようなリスクコントロールを行うべきかを考える必要がある。そのうえで、保有契約の減少と新契約の積み上がりによる保有契約の内容の変化にあわせて、リスクコントロールのためのポジション調整の必要性を判断することになる。

⑤ 　その他の資産運用リスクのリスクアペタイト

　第2章では、資産運用の第2の機能での金利リスク以外のリスクテイクは、資産運用の分野別の強みをふまえた「どのリスクをどのようにとるか」というリスクアペタイトによって判断されるものであり、リターンをねらうためのリスクテイクが自社の強みの観点から正当化できるかが重要であると述べている。

　このことに関連して、「リスクをとることによるプレミアム」という概念について整理しておく。

　たとえば、社債投資において、流動性の制約を受けることの対価としてプレミアムを得るという考え方がある。保険キャッシュフローが安定している限り、保険会社は資金手当のために資産を売却する必要に迫られる可能性は低く、市場に対して「流動性を提供する」立場にある。このように、保険会社は社債投資によって流動性の制約を受けているため（市場に対して流動性

を提供しているため）、それに対するプレミアム（流動性プレミアム）を得ていると解釈できる[31]。

これに対して、国内外の金利リスクや為替リスクに関しては、リスクをとることによるプレミアムの存在を前提にして、リスクテイクの正当化をすることはできないと考えられる。

国内外の金利リスクや為替リスクに関しては、どのような投資をしたとしても、ニュートラルにみた場合の期待リターンは（リスクをとらない場合に得られるリターンである）円の短期資産のリターンと同じである、ということをリスクテイクの判断の際にふまえることが重要である。ニュートラルにみた場合の市場ファクターの動き、すなわちインプライドフォワードどおりの推移を、良くも悪くもない状態ととらえて、その動きに対して、実際の市場ファクターがどちらに乖離するかというビューの存在によって投資判断が正当化され、そのビューが当たったかどうかによって経済価値ベースのパフォーマンスが把握される[32]。ここでのビューとは、過去のデータや現在の経済・市場環境に関する情報から「客観的に」設定されるものではなく、どちらに転ぶかわからないという不確実性のなかでの「主観的な見通し」を指している。このように考えれば、国内外の金利リスクや為替リスクに関しては、リスクをとりさえすればプレミアムがついてくる、ということはいえない。

次に、資産運用の第2の機能における分散投資の意味についても整理しておく。

投資分野の種類を増やすことで、リスク分散効果が働くことは確かである。ただし、各投資分野で自社の強みがある（ニュートラルにみた場合の動きに対する、実際の市場ファクターの動きに関するビューによって、経済価値ベースのパフォーマンスを得ることができる）といえない限りは、いくらリスク分

31　社債の市場スプレッドと、社債のデフォルトおよび格付推移による損失の期待値に相当するスプレッドの差に、流動性プレミアムが含まれると解釈できる。

32　インプライドフォワードどおりの市場ファクターの推移との対比でビューおよびパフォーマンスを考えることの意味は、本章第2節3および第3節2で説明しているとおりである。

散が効いているとしても、投資分野の追加の正当化は困難だと思われる。分散投資においても、各投資分野を単独で行う場合に投資が正当化できるかという視点が必要であり、リスク分散が効いていること自体は投資対象を増やす理由にはならない（各投資分野を単独で行うことが正当化できてはじめて、分散投資によってリスク分散効果を得る意味が生じる）といえる。

　なお、たとえば、単独の分野ごとには市場並みのパフォーマンスしか期待できず、必ずしも十分な強みがあるとまではいえない場合であっても、自社は各分野へのアロケーションに強みをもつ（たとえば、個別分野ごとのリターンや分野間の相関に関するその時々のビューによって、機動的にアロケーションの調整を行うことに強みがある）といえる場合には、分散投資によって複数分野を扱うことの正当化が可能になるであろう。この場合でも、リスク分散効果が得られること自体が投資の正当化の理由になるわけではないということを認識し、各投資分野に対して経済価値ベースでのパフォーマンス評価を行うことが重要である。また、アロケーションの判断およびパフォーマンス評価の際は、運用資産のリスクに加えて保険負債の金利リスクも考慮する必要がある。

6　低金利下での資産運用の機能の考え方

　国債金利が大きく低下した状況で、経済価値ベースのERMにおける資産運用の第1および第2の機能をどのようにとらえればよいかを考えてみたい。

　国債金利が低下しているということは、将来キャッシュフローの現在価値すなわち保険商品の原材料価格が上昇していることを意味する。原材料価格の上昇によって、保険会社は以下の2つの影響を受ける。

- ・保有契約がもつ金利リスクのうちヘッジ対象になっていない部分において、金利低下リスクが顕在化する（過去に保険商品を販売した後、原材料調達が終わっていない部分において、原材料価格が上昇する）。
- ・プライシングの見直しがタイムリーに行えない場合、新契約価値が減少する（原材料価格の上昇によって、新規に販売する商品の収益性が低下する）。

原材料価格の上昇によるこうした影響への対応として、「原材料価格が下がるまで待つ（金利リスクのヘッジをせずに、金利上昇を待つ）」または「資産運用で稼いで補てんする」という選択はとりうるものだろうか。

　「原材料価格が下がるまで待つ」という選択肢については、本当に原材料価格が下がる（インプライドフォワード対比で市場金利が上がる）自信があるのかが問題となる。原材料価格が下がるのを待っている間に、原材料の調達が必要な時点（将来の支出キャッシュフローの発生時点）までの時間が迫ってくる（30年後のキャッシュフローも、10年経過すると20年後のキャッシュフローとなる）ことも考慮する必要がある。待っている間に原材料価格がさらに上がったら（市場金利がインプライドフォワード対比で下がったら）さらに損失がふくらんでしまう（実際に、低金利が続くなかで起きてきたことである）。原材料価格の上昇を待ち続けるかどうかは、これまでに原材料価格が上昇してしまったこと（金利が低下したこと）とは切り離して、資産運用の第2の機能において、金利が今後上昇するというビューをもとに金利リスクのリスクアペタイトがもてるかによって判断することが必要である。

　「資産運用で稼いで補てんする」という選択肢については、本当に稼ぐ自信があるのかが問題となる。ここでの「稼ぐ」とは、「原材料をいま仕入れる（すなわち保険負債に対するマッチングをいま行う）よりも高いパフォーマンスを得る」ことを意味することに留意が必要である。資産運用部門は、保険負債の金利リスクポジションをショートポジションとして受け取り、それに対するマッチングをするかわりに別の資産運用リスクをとることになるためである。高いパフォーマンスを得られるという自信に基づいて資産運用リスクをとるのであれば、それは企業価値向上のための自社の資産運用の強みの発揮ととらえるべきであり、資産運用の第2の機能に相当する。したがって、追加的なリスクテイクを行うかどうかは、保険商品の原材料価格の上昇とは関係なく（金利が低下したことに関係なく）、自社の強みがどこにあるかという見極めをもとに判断されるべきだと考えられる。

　「原材料価格が下がるまで待つ」「資産運用で稼いで補てんする」のいずれについても、原材料価格の上昇による収益の低下という、すでに起きてし

まったこととは切り離して将来に向けた判断をすること、つまり、すでに起きてしまったことにとらわれて、それを取り返したいという思いによってリスクアペタイトがゆがめられないようにすることが重要である。

　ところで、低金利下での資産運用に関して、ヘッジ付外債への投資（外債投資に、為替のローリングヘッジを組み合わせたもの）が選択されることがある。以下では、ヘッジ付外債への投資に関して生じうる3つの疑問を対象にして、考え方を整理する。

[生じうる疑問1：円金利ではリターンが得られない状況であるため、ヘッジ付外債への投資が必要なのではないか]

　　ヘッジ付外債への投資は、低金利環境下では円金利資産で予定利率をまかなえないからといった理由によってではなく、資産運用部門の強みに基づくリスクテイクで企業価値を向上させることができるという判断がある場合にのみ、正当化が可能になる。

[生じうる疑問2：ヘッジ付外債投資は、保険負債の円金利リスクのマッチング手段として使用できるのではないか]

　　過去データから計算される通貨間の金利の相関が高めの値だったとしても、イールドカーブの変化の大きさや形状変化まで似ているとは限らず、また、過去データから計算される相関の前提が崩れる可能性もあるため、資産側の海外金利リスクと負債側の円金利リスクは相殺されるわけではなく、保険負債の円金利リスクのマッチング手段としてヘッジ付外債を使用できるという説明は困難だと思われる。

[生じうる疑問3：ヘッジ付外債投資は、為替ヘッジコスト[33]が海外金利と円金利の利回りの差よりも小さい状況では、円債よりも高い期待リターンが得られるのだから、有利な投資なのではないか]

　　為替ヘッジコストが海外金利と円金利の利回り（ここでは簿価利回り）の差よりも小さい状況とは、通貨間の短期の金利差よりも投資期間に相当する年限の金利差が大きい、すなわち円金利よりも海外金利のイールド

---

[33] 為替のローリングヘッジにおける、短期のヘッジ期間の内外金利差。

カーブの傾きが大きいことを意味する。このとき、投資開始時点の財務会計上の簿価利回り（為替ヘッジコスト控除後）が円債よりも高くなることは確かであるが、これは、ヘッジ付外債が有利な投資であることを意味しない。

　ニュートラルにみた場合の市場ファクターの動き（「良くも悪くもない状態」であり、ヘッジ付外債の毎期の時価ベースリターンが円の短期資産のリターン並みになるような市場ファクターの動き）、すなわち海外金利と円金利のイールドカーブがインプライドフォワードどおりに推移することを前提とした場合の、投資期間全体でのヘッジ付外債の財務会計上の簿価利回り（為替ヘッジコスト控除後）は、円債と同水準になる。すなわち、投資した当初には円債を上回る財務会計上の利益が計上されていても、後年に逆転することになる。

　加えて、ドルを調達する側に内外の短期金利差を上回るコストがかかるという通貨ベーシス[34]が存在するときは、内外の短期金利差を上回る為替ヘッジコストが必要になるため、ニュートラルにみた場合の市場ファクターの動きを前提にすると、投資期間全体でのヘッジ付外債の財務会計上の簿価利回り（為替ヘッジコスト控除後）は円債を下回る。

　したがって、本節5で述べたように、ニュートラルにみた場合の市場ファクターの動き、すなわちインプライドフォワードどおりの動きに対して、実際の市場ファクターがどちらに動くかという主観的なビューに基づいて、投資判断を行う必要がある。

　ヘッジ付外債では、投資した当初の財務会計上の利益を重視した結果、同じく財務会計上の損失が後年に認識される可能性があることを認識する必要がある。投資した当初の財務会計上の利益によって、投資判断がゆがめられてしまわないためにも、市場ファクターの動きに関するビューの設定と振り返り、および経済価値ベースでのパフォーマンス評価が重要となる。

34　通貨ベーシススワップスプレッドの略。

| コラム | ヘッジコストという言葉について |

　保険負債の市場リスクを相殺するためや、資産運用において一部のリスクを除去するためにヘッジを行う際、ヘッジコストという言葉の使用に関して留意が必要になることがある。

　本来の意味でのコストと呼べるものは「ヘッジのための取引自体にかかるコスト（トランザクションコスト）」であるが、一般に「ヘッジ手段の損益の一部」をコストと呼ぶことがある。後者の意味でコストという言葉を使う場合、ヘッジによってあたかも追加的な費用がかかっているという印象が生じることがあるが、「ヘッジ対象とヘッジ手段全体」の経済価値がヘッジ前後で変わるわけではなく、「ヘッジ対象とヘッジ手段全体」のキャッシュフロー特性がヘッジ前後で変わることが、ヘッジによる影響である。

　たとえば、保険負債のオプション・保証特性のヘッジのために市場でオプション取引を行う場合に、オプションプレミアム部分がヘッジのためのコストと呼ばれることがあるが、保険負債のオプション・保証特性と市場でのオプション取引の全体の経済価値が、ヘッジ前後で変わるわけではない。

　また、外債投資において為替のローリングヘッジを行う場合に、短期のヘッジ期間の内外金利差が為替ヘッジコストと呼ばれることがあるが（本書でも、一般的な用語として使用している）、為替ヘッジ以外の部分と為替ヘッジ部分の全体の経済価値が、ヘッジ前後で変わるわけではない。なお、内外金利差に加えて通貨ベーシスが生じているときは、通貨ベーシス部分は為替ヘッジにおける追加的な費用になると考えられる。

7　経済価値ベースと財務会計上の指標のバランスのとり方の類型

　第3章で述べているとおり、経済価値ベースで何が起きているかに着目することで、将来の財務会計上の損益への影響も考慮できるため、経済価値ベースの管理は、将来の財務会計上の損益のコントロールのためにも必要なものである。そのため、経済価値ベースの指標に着目してERMを行いつつ、短期的に財務会計上の指標と整合しないことは、別途制約条件として必要な範囲で考慮するという考え方が必要となる。

　財務会計上の指標に関する制約条件をどの程度課すかは、会社ごとの経営

判断によるが、経済価値ベースよりも財務会計上の損益を重視しすぎると、将来の財務会計上の損益悪化につながってしまう可能性がある。つまり、経済価値ベースの指標に着目することは、財務会計上の指標を重視しないことを意味するのではなく、むしろ、財務会計上の指標を将来的に確保するために、経済価値ベースの指標に着目することが必要だといえる。

　保険会社による経済価値ベースと財務会計上の指標のバランスのとり方（両者の併用方法）の類型は、図表4−11のように整理できる。

　図表4−11は、健全性評価と収益評価のそれぞれで、経済価値ベースと財務会計上の指標のどちらが重視されるかによって、両指標のバランスのとり方の類型を示したものである。横軸を右に行くほど、健全性の評価で経済価

図表4−11　経済価値ベースと財務会計上の指標のバランスのとり方の類型

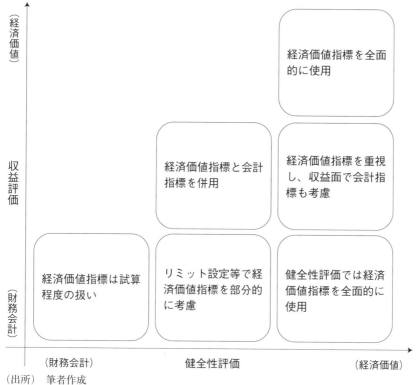

（出所）　筆者作成

値ベースの指標が重視されていることを意味し、縦軸を上に行くほど、収益の評価で経済価値ベースの指標が重視されていることを意味する。

図表4−11の類型のうち「経済価値指標を重視し、収益面で会計指標も考慮」という区分では、たとえば、以下のような考え方が採用される。

・健全性評価については、リミット設定や資本管理を含めて全面的に経済価値ベースの指標を使用（ソルベンシー・マージン比率等の規制上の指標は、別途制約条件として考慮）

・収益評価については、経済価値ベースと財務会計上の指標の両方を考慮（経済価値ベースの損益に関する目標を掲げつつ、財務会計上の損益も考慮する等）

8 経済価値ベースの指標の変動性に対する考え方

経済価値ベースの指標は市場金利の影響で変動しやすいため、使い方に留意が必要であるという議論が、特にマイナス金利政策以降にみられるようになった。この点に関する考え方を整理してみたい。

経済価値ベースの健全性指標や収益指標を用いることで、実質的な健全性や収益性の状況を把握できるため、こうした指標がなければ気づかない問題を早期に感知することができるという効果があることを、指標の使い方を論じる際の前提として認識しておくことが必要である。経済価値ベースの指標は、問題を早期に感知するという効果があるからこそ変動しやすいのであり、指標が変動しやすいことは、とっているリスクの実態を表すという意味で自然なことだと考えられる。一方で、経済価値ベースの指標の急激な変化に対して短期的な行動をとれない、という制約の考慮が必要になる場面もあるであろう。

以上をふまえると、経済価値ベースの指標の変動性に対しては以下の考え方をすべきだと考えられる。

・「経済価値ベースの指標は変動性をもっていて管理がしにくいから、経営で使うことはできない」といったかたちで、短期的に行動をとれないという制約の存在と、経済価値ベースの指標がもたらす効果に関する評

価を混同するべきではない。これらは独立した論点であるため、区別して考えることが必要である。

・実務上の制約の有無にかかわらず、経済価値ベースの指標の効果は存在すると認識したうえで、制約がある場合にはそれを考慮した事業運営上の工夫（急激な指標変化があった場合には、それに対する行動には一定の猶予期間を設ける等）を必要に応じてすればよい。

・ただし、一定の猶予期間を設けて短期的な行動をとらない場合は、「現在の市場環境は近い将来に改善される」といったビューの有無およびその内容を経営として明確にして、一定期間後にはそのビューのとおりになったかを確認する（パフォーマンスの評価をする）ことも必要となる。

　なお、保険負債評価に終局金利を導入する目的のひとつとして、資本十分性指標の変動性を抑制すること（終局金利の導入によって、金利変化による資本十分性指標の低下および上昇がともに抑制されるという効果を得ること）があげられることがある。指標の急激な変化に対して短期的な行動をとれないという制約の存在を考慮して、資本十分性指標の変動性を抑制するために終局金利の導入をするとしても、それによって、「実質的な健全性の状況を把握して問題を早期に感知する」という資本十分性指標の効果が、ある程度損なわれる可能性には十分に注意が必要であろう。この可能性を考慮して、終局金利を使った指標と使わない指標を併用することも考えられる。

⑨ 日本国債の信用リスクに関する議論と経済価値ベースのERM

　これまでに市場金利として念頭に置いていたのは「無リスク金利」であり、国債の市場金利を参照する際は、日本国債の信用リスクがゼロであるという前提を置いていた。したがって、金利上昇や金利低下は、日本国債の信用リスクがゼロであるとの前提のもとで生じる事象である。一方で、「日本国債の信用リスクの顕在化」の可能性に関する議論がなされることがあるため、この点について、経済価値ベースのERMとの関係で論点を整理しておきたい。

最初に、国債の信用リスクに関する議論は、資産運用の問題として扱うべきなのかという論点がある。自国通貨建てで債券を発行しており、かつ中央銀行による通貨発行が可能という状況下では、国債の信用リスクが顕在化するとしても、それは文字どおりの債券のデフォルト（あるいはヘアカット）とは別のかたちで表れる可能性があると思われる。もし日本国債の信用リスクに懸念をもっているのであれば、たとえば、景気の急激な悪化による保険契約の販売量の急減や解約の急増、大幅なインフレによるユニットコストや保険金単価（損害保険の場合）の上昇といった保険引受分野への影響も含めた、会社全体のビジネスモデルの問題として扱う必要があるのではないだろうか。

　次に、仮に国債の信用リスクがあるとしても、それを、単に経済価値ベースのバランスシート上での資産価格の下落可能性ととらえることに意味があるのかを、整理しておく必要がある。保険負債を（信用スプレッドが含まれない）無リスク金利で評価する一方、資産側では（国債の信用リスクが顕在化したときは）信用スプレッドを考慮して国債の価値評価を行うことは、日本国債の信用リスクが顕在化する状況下においても保険金支払義務を果たすという前提で、自社の健全性や企業価値を評価することを意味するが、そのような前提は現実的といえるだろうか。仮に、そうした前提を置くことが現実的だといえるとしても、本当に日本国債に信用リスクがあると考えているのであれば、そのような国において、長期にわたって予定利率や保険事故発生率を保証する自国通貨建て商品を契約者に提供し続けることについてどう考えるのか、という論点もある。

　国債の信用リスクが顕在化する可能性があるので、国債以外の資産をあらかじめ保有しておくという考え方をする場合にも、それが何を意味するのかを整理しておく必要がある。国債の信用リスクが顕在化するような状況では、他の国内資産価格も大幅に下落する可能性があると考えられる。国債の信用リスクを懸念して海外資産に投資をする場合、実際に国債の信用リスクが顕在化して大幅な円安が進めば、結果的には国債の信用リスク顕在化時に価格が上昇する資産を保有していることにはなるであろうが、その行動はリ

スクヘッジとは別の、投資におけるビューによるものであるという認識が必要となる。

第 5 章

経済価値ベースのERMの
意義をあらためて考える

1　市場環境の推移

　最初に、2020年3月末までの、過去25年程度の市場環境を振り返ってみる。

　マクロ経済環境は、1999年にゼロ金利政策が導入され、その後一時的な解除はあったものの、結果的にこの間はほぼゼロ金利政策の時代となっている。消費者物価指数の変化率（前年同月比）は図表5－1のように、多少の上下動を繰り返しているものの、この20年間の平均はゼロ程度になっている（1997年4月と2014年4月の上昇は、いずれも消費増税の影響）。

　金融市場も一進一退の動きとなっている。図表5－2に株価（日経平均お

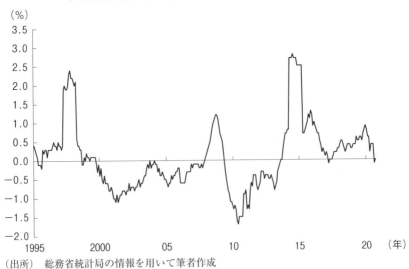

図表5－1　消費者物価指数の変化率の推移
　　　　　　（生鮮食品およびエネルギーを除く総合）

（出所）　総務省統計局の情報を用いて筆者作成

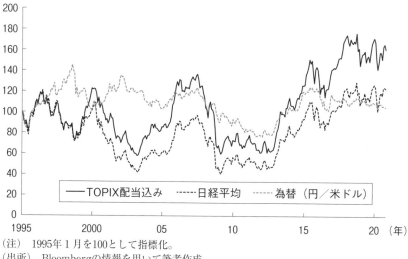

図表5－2　国内の株価と為替の推移

(注)　1995年1月を100として指標化。
(出所)　Bloombergの情報を用いて筆者作成

よびTOPIX配当込み)と為替(円／米ドル)の推移を示している。日経平均と
為替は、この25年で上昇と下落を繰り返し、25年前の水準にほぼ戻ってい
る。株価のパフォーマンスをみるためには配当込みのインデックスを使う必
要があるため、TOPIX配当込みの指数も同じグラフ上で表示している。配
当込みのインデックスはこの25年で約60％上昇しているが、25年で約1.6倍
という収益率を年率に換算すると2％に届かない。この間の短期の無リスク
金利が常にゼロ程度だったとはいえ、TOPIXと同等の株式保有がもたらし
た超過リターンは2％にも満たなかったことになる。

　金利は低水準での推移が続いてきた。図表5－3のとおり、マイナス金利
政策の導入前までの短期金利は、何度か上昇する場面はあったがほぼゼロ近
くに張り付いており、2016年以降はマイナス圏となっている。長期金利と超
長期金利は2011年頃まで上昇と低下を繰り返し、その後は低下トレンドとな
り、2016年以降には低水準ながら乱高下している。

　第3章と第4章で述べているように、金利リスクの顕在化としての金利変
化をとらえるために(金利リスクテイクに対するパフォーマンスが得られたかを

図表5－3　日本の国債金利の推移

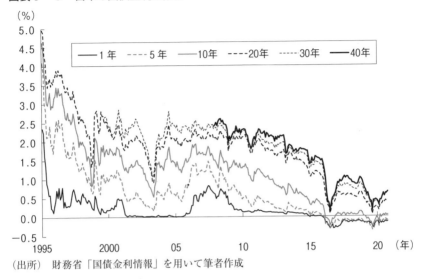

（出所）　財務省「国債金利情報」を用いて筆者作成

みるために）、異なる時点の金利水準を単純に比較しても意味がなく、ある過去時点におけるイールドカーブから導かれる一定期間後のインプライドフォワードレート（IFR）対比で、実際にどのような金利変化があったかをみる必要がある。そこで、2005年、2010年、2015年時点のイールドカーブから2020年のインプライドフォワードレートを導出し、2020年の金利水準と比べているのが図表5－4である。ここでは、財務省の国債金利情報をもとにして3次スプライン関数を用いて導出したゼロクーポンイールドカーブ（市場金利を取得可能な最大年限付近における短期のインプライドフォワードレートがそれ以降は一定であるという前提で、それぞれの過去時点でのイールドカーブを補外）を、インプライドフォワードレートに変換している。

　図表5－4からは、インプライドフォワードレート対比での金利は大きく低下していることがわかる。「これだけの低金利環境なのだから、金利がさらに下がる余地は少ない」という見方がされることが多かったが、インプライドフォワードレート対比すなわち金利リスクの顕在化としての金利低下はこれほどに大きかった、という認識をしておく必要がある。なお、2020年3

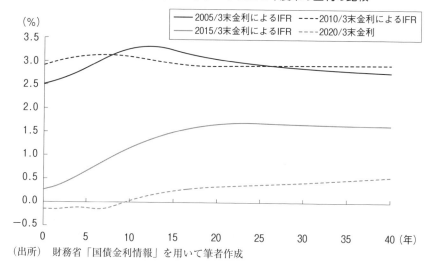

図表5－4　インプライドフォワードレートと2019年度末の金利の比較

（出所）　財務省「国債金利情報」を用いて筆者作成

月末のイールドカーブの形状も右肩上り（順イールド）であるため、第3章にあるとおり将来時点のインプライドフォワードレートは2020年3月末の金利よりも高い水準となる。それよりも実際の金利が上昇しない限りは、金利低下リスクを抱えている保険会社にとってはリスク事象の顕在化が続くことになる。

②　保険会社の資産・負債ポートフォリオと収益性の変化

　次に、国内保険会社の資産および負債のポートフォリオが、2019年度末までの約20年間でどのように変化してきたかを確認する。以下では、保険負債の金利リスクに関連する情報にウェイトを置いて取得している。

資産ポートフォリオの変化

　図表5－5は、生命保険会社の運用資産残高（貸借対照表価額）の内訳の推移を示している。約20年間で以下の変化が生じたことがわかる。

・公社債および外国証券の割合の上昇
・国内株式および貸付金の割合の低下

図表 5 － 5　運用資産残高の内訳の推移（生命保険会社合計[1]）

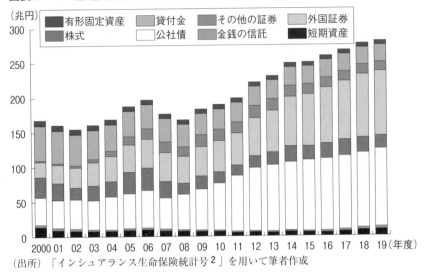

（出所）「インシュアランス生命保険統計号[2]」を用いて筆者作成

　国内公社債の残高（貸借対照表価額）の内訳推移を表したのが図表 5 － 6 である。20年間での国内公社債の保有残高の増加は主に国債によるもので、社債・地方債の保有残高はほとんど増えていないかむしろ減少している。もっとも、この傾向は債券市場全体でもみられる。日本証券業協会が公表している「公社債発行額・償還額」の統計によると、この20年間で、国債市場現存額は331兆円（1999年度末）から977兆円（2019年度末）と 3 倍近く増加している。地方債、普通社債も市場現存額はこの20年で増えているのだが（それぞれ15兆円→61兆円、46兆円→69兆円）、規模的にはやはり国債が圧倒的と言わざるをえない。生命保険会社が円建ての公社債を増やすときには、国債が第 1 の選択肢であったと考えられる。

　また、各社は有価証券の残存期間別残高（貸借対照表価額）を公表している。 9 社[3]を対象にして2004年度以降の公表情報を入手し、国内公社債の残

1　データの連続性を確保するため、2007年に民営化したかんぽ生命の数値は除外している。図表 5 － 6 も同様。
2　保険研究所。

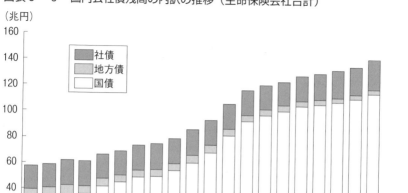

図表5－6　国内公社債残高の内訳の推移（生命保険会社合計）
（兆円）

（出所）「インシュアランス生命保険統計号」を用いて筆者作成

存期間別残高の9社合計額の推移を示したのが図表5－7である。2013年度
までに「10年超」の残高の割合が大きく高まり、それ以降は、残存期間別の
残高の割合はおおむね維持されていることがわかる。

　図表5－7では、公社債の平均残存期間の推計値も折れ線で示している。
推計は、残存期間の区分ごとに代表的な残存期間を設定し、それを残存期間
の区分別の残高で加重平均して行った。「10年超」の区分については、40年
国債が初めて発行された2007年度までは15年とし、それ以降2012年度までは
1年ずつ長くし、2012年度以降は20年を代表的な残存期間として想定した。
これでみると2016年度以降、やや短期化しているようにみえるが、10年超に
ついてかなり計算上のみなしが入っている点には留意が必要である。

　2003年度以前については、当時の生命保険会社の公社債ポートフォリオの
平均的な残存期間は、野村證券が公表する日本の債券市場全体の動向を反映
したインデックスである、NOMURA-BPIにおおむね連動しているといわれ

3　朝日生命、住友生命、第一生命、大樹生命、大同生命、太陽生命、日本生命、富国生
命、明治安田生命。

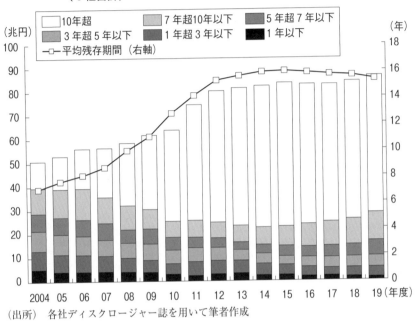

図表5－7　国内公社債の残存期間別残高と平均残存期間（推計値）の推移
（9社合計）

（出所）　各社ディスクロージャー誌を用いて筆者作成

ていたことを勘案すると、当時のNOMURA-BPIの平均残存期間と同様に5年程度の時期が続いていたと推察される[4]。図表5－7の平均残存期間の推計値は2013年度頃まで長期化が続いており、特に2007年度以降の長期化が顕著であることから、ソルベンシー・マージン比率の算出基準等に関する検討チームの報告書や、保険会社による経済価値ベースの管理の導入等が、長期の保険負債とのミスマッチを縮小する動きを加速させたものと推察される。

　図表5－8は、損害保険会社の運用資産残高（貸借対照表価額）の内訳推移である。生命保険会社と同様に、貸付金の残高が大きく減り、外国証券の残高が増えている。公社債残高は生命保険会社のように増えていない。

4　2003年12月29日付日経公社債情報の「明治安田生命の研究」という記事で、「日本の主要生保の場合、負債の年限が12～18年程度なのに対し、資産は5年前後にとどまる」との記述がある。

図表5－8　運用資産残高の内訳の推移（損害保険会社合計）

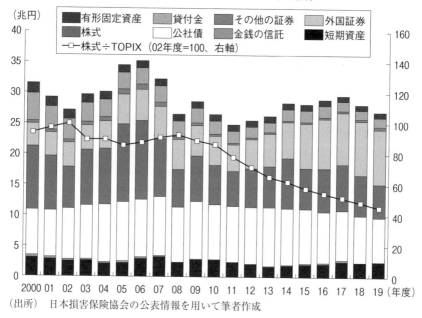

（出所）　日本損害保険協会の公表情報を用いて筆者作成

　株式が運用資産残高に占める割合は生命保険会社よりも大きい（2019年度末時点で、生命保険会社の約7％に対して約18％）。株式の保有残高は、たとえば、2002年度末と2019年度末を比較するとほとんど変わらないようにみえるが、この残高の多くの部分は時価評価されており、株式市場の影響を受けている。簡単なみなしとして、株式の保有残高をその時々のTOPIXで除した値（2002年度を100とした相対値）を同じグラフ上に折れ線で示した。2002年度をピークに減少傾向となっており、2019年度では2002年度対比で大きく減少していることがわかる（2002年度末を100とすると45程度）。損害保険会社では、保有するリスク全体のなかで株式リスクが大きな割合を占めていることが知られているが[5]、各社が株式保有額の削減を進めてきたことが確認できる。

---

[5]　金融庁「経済価値ベースの評価・監督手法の検討に関するフィールドテストの結果概要について」（2017年）によれば、2016年3月末時点において、株式リスクが最大のリスク（分散効果考慮後の統合リスク量対比で52％）になっている。

日本の損害保険会社の特徴的な商品である積立保険の責任準備金は、減少傾向が続いている[6]。積立保険の保険期間は生命保険ほどには長くないことに加え、責任準備金が減少傾向にあることを勘案すると、損害保険会社にとって長期の保険負債の金利リスクは主要なリスク要素ではなくなってきている可能性がある[7]。

保険負債ポートフォリオの変化

　続いて、生命保険会社を対象に、負債側すなわち保険商品に関する情報を

図表5−9　予定利率[8]の推移

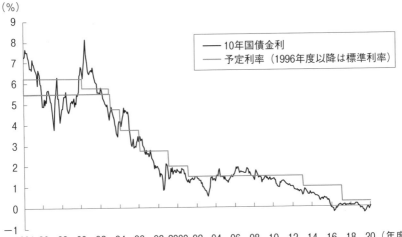

（出所）　財務省「国債金利情報」、金融庁資料を用いて筆者作成

6　「インシュアランス損害保険統計号」（保険研究所）の情報によれば、2001年3月末時点では、積立保険に係る主要種目責任準備金は約13.4兆円であり、普通責任準備金全体（18.7兆円）に占める割合は73％であったが、2020年3月末では約4.5兆円で、普通責任準備金全体（15.6兆円）に占める割合は29％にまで減少している。

7　長期火災保険は負債の金利リスクを抱えるが、2015年に最長の保険期間が短くなったことで、今後は負債のデュレーションが短期化していくものと思われる。長期の第3分野商品を多く扱っている場合は、保険負債の金利リスクの影響がある。

8　1995年度以前の予定利率は養老保険の一般的な水準を示し、標準責任準備金制度が導入された1996年度以降は標準利率を表示している。標準利率は、保険料計算に用いられる予定利率とは必ずしも一致しないが、一般には両者が大きく乖離することはない。

みていく。経済価値ベースの保険負債に直接関連する情報は限定的にしか取得できないため、保険負債のボリュームや特性を把握するための情報をいくつか確認する。

　図表5－9のとおり、第2版執筆時点までの30年間で、新契約に適用される予定利率の水準が変化してきており、1990年代半ばからは大きく低下した。

　図表5－10は、生命保険会社4社[9]によって公表されている個人保険および個人年金保険の契約年度別責任準備金の、4社合計額の推移である。銀行による貯蓄性の保険商品の販売拡大などにより、責任準備金全体の増加傾向が続くなかで、1995年度以前の契約すなわち高水準の予定利率が適用されている契約の責任準備金が多く残っていることがわかる[10]。

図表5－10　契約年度別責任準備金の推移
　　　　　　（個人保険および個人年金保険、4社合計）

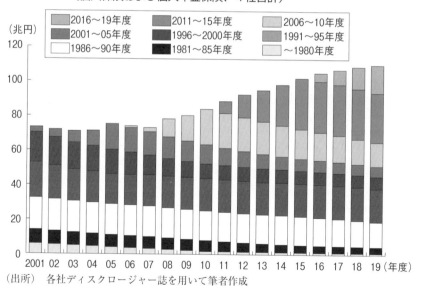

（出所）　各社ディスクロージャー誌を用いて筆者作成

9　住友生命、第一生命、日本生命、明治安田生命。
10　保険会社ごとの特徴は異なりうるが、全体としての傾向は図表5－10のとおりである。

保険負債の金利感応度（デュレーション）に関する情報は、2010年頃まではほとんど公になることはなく、マスコミや専門書による推定がなされていた程度であった[11]。

ソニーフィナンシャルホールディングスは「2009年度第1四半期連結業績国内機関投資家・アナリスト向けテレカンファレンス」の質疑応答で、ソニー生命の「負債のデュレーションは約30年」と回答している[12]。

第一生命は「2012年3月期機関投資家・アナリスト向け電話会議」で、「2012年3月末時点の負債のデュレーションは17年の後半」であるとコメントしている[13]。

T&Dホールディングスは「2012年3月期第2四半期決算電話会議」の質疑応答で、大同生命の「負債のデュレーションは18.6年」と回答している。

収益性の変化

続いて、生命保険会社の収益性の推移を確認する。

最初に、財務会計上の損益の状況を、各社が公表する基礎利益に着目してみていく。基礎利益とは、経常利益からキャピタル損益および臨時損益を引いたものであり、2000年度の決算から開示対象になっている。また、基礎利益は、死差益（危険差益）、費差益、利差益の三利源に分解することが可能であり、そのうちの利差益がプラス（マイナス）になっていることを順ざや（逆ざや）と呼ぶことがある。ただし、三利源の内訳はすべての会社が開示しているわけではない。

11　脚注4にあるとおり、2003年の日経公社債情報の記事内では12〜18年と推定している。また、小川英治監修『生命保険会社の金融リスク管理戦略』（東洋経済新報社、2000年）では、「伝統的な生命保険会社の負債は15年程度のデュレーション」という推定を行っている。なお、これらの記事や書籍で言及されている保険負債のデュレーションが、金利感応度としてのデュレーションと平均残存期間のどちらを表しているかは、必ずしも明らかではない。

12　保有契約の量が増加基調にある会社では一般に、第3章で説明している保険契約のフォワード性により、同じ商品を扱っていても、保有契約の量が定常状態にある会社と比べて金利感応度としてのデュレーションが長くなる傾向がある。

13　それ以降のIR資料でも、負債のデュレーションは18年前後であることが示されている。

利差益の内訳を把握するうえで参考になるのが「基礎利回り」と「平均予定利率」である。基礎利回りは、基礎利益に含まれる一般勘定の資産運用収支から社員（契約者）配当金積立利息繰入額を控除し、一般勘定責任準備金（＝（期初責任準備金＋期末責任準備金－予定利息）／２）で除したものであり、平均予定利率は、予定利息を一般勘定責任準備金で除したものである。

　基礎利回りと平均予定利率の差を、ここでは「利差率」と呼ぶことにする。利差益は「利差率×一般勘定責任準備金」と等しい。基礎利益から各社が公表する利差益を差し引いて死差益・費差益の合計額を推計する。図表５－11では、生命保険会社９社[14]を対象にして、利差率とその内訳、死差益・費差益（推計値）の推移を示している（利差率は各社の一般勘定責任準備金による加重平均値、死差益・費差益の推計値は各社の合計額）。

　この期間では市場金利の低下が続いていたものの、利差率は改善傾向にあ

図表５－11　利差率と死差益・費差益（推計値）の推移（９社合計）

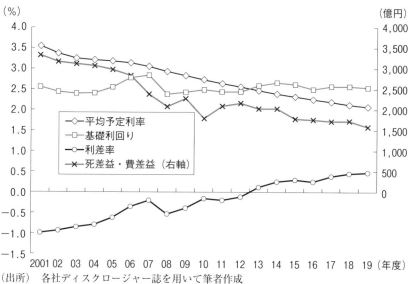

（出所）　各社ディスクロージャー誌を用いて筆者作成

14　朝日生命、住友生命、第一生命、大樹生命、大同生命、太陽生命、日本生命、富国生命、明治安田生命。

る。平均予定利率の低下に加え、これまでにみてきた公社債（超長期国債等）の増加や外国証券（外債等）の増加によって、基礎利回りが維持されていることによるとみられる。なお、平均予定利率の低下傾向については、追加責任準備金の影響もある。追加責任準備金とは、予定利率が高い契約群に対して、予定利率よりも低い評価利率を用いて責任準備金を再評価することによる増加分であり、追加責任準備金の積立を行うことにより、平均予定利率を押し下げる効果がある[15]。

　死差益・費差益の推計値は、保有契約の減少などにより低下傾向を示しつつも、安定的な推移をみせている。

　次に、経済価値ベースの損益に関連する指標として、国内の生命保険会社が公表するEV（Embedded Value）の推移に着目する。図表5−12では、ROEV（Return on EV（ここでは、「年度末のEV−前年度末のEV」を前年度末のEVで除して計算した））の推移を示している。ROEVは、EVを自己資本とし、その増分をリターンとした場合のROE（Return on Equity）指標であるといえる。

　図表5−12における年度ごとのROEVは、年度末と前年度末ともにMCEV（市場整合的（Market Consistent）EV）またはEEV（ヨーロピアンEV）を開示している会社を対象に、各社のROEVをEVによって加重平均したものである[16]。また、2015年度末のEVの計算で終局金利（Ultimate Forward Rate：UFR）を使用している会社については、終局金利を使用しないEVも開示していればそのベースで2015年度のROEVを計算し、終局金利を使用しないEVを開示していなければ2014年度末と2015年度末ともに終局金利を使用したベースで2015年度のROEVを計算した（2016年度のROEVについても同様の考え方で計算した）。

　図表5−12をみると、金融危機後の2008年度末とマイナス金利政策導入後の2015年度末にEVが大きく減少していることが確認できる。また、先にみ

15　追加責任準備金の対象になる契約群に対して適用されている保険料計算上の予定利率が変わるわけではないため、平均予定利率の計算上の効果である。
16　したがって、年度ごとに計算対象の会社数は異なる。

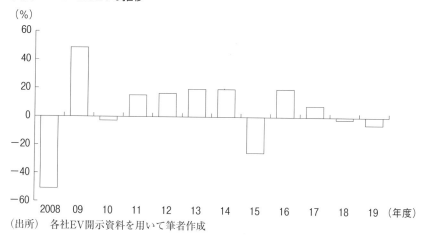

図表5－12 ROEVの推移

(%)

(出所) 各社EV開示資料を用いて筆者作成

た財務会計上の損益と比べて変動性が大きいことがわかる。

　EVの開示情報には、前年度末以降に新規に獲得した契約のEVへの寄与である新契約価値、および新契約価値を収入保険料現価[17]で除して得られる新契約マージンが含まれる。新契約マージンは、新契約の保険期間全体での、保険料という売上げに占める利益の割合を表す指標であると解釈できる。

　図表5－13で、MCEVまたはEEVを開示している各社の新契約マージンの、収入保険料現価による加重平均値の推移を示している。各年度の新契約マージンはプラス圏で推移しており、各社が採用するEVの計算前提[18]のもとでは、「収益性のある」商品を販売してきたことがわかる。ただし、新契約マージンの水準は市場環境に依存するため必ずしも安定しておらず、図表5－12でROEVがマイナスになっている2008年度や2015年度には、新契約マージンも大きく低下していることがわかる。なお、2017年度以降、新契約

17　新契約から得られる将来の収入保険料を、新契約価値を計算する際に用いた割引率で現在価値に換算したもの。

18　EEVでは、非フィナンシャルリスクに係る費用（またはヘッジ不能リスクに係る費用）の計算対象になるリスクの範囲がMCEVよりも狭い傾向にあるため、その分だけEVおよび新契約価値は大きく算出される可能性がある。また、終局金利の使用の有無により、新契約価値の水準は異なる。

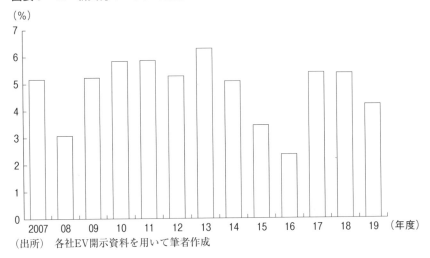

図表5－13　新契約マージンの推移

(%)

(出所)　各社EV開示資料を用いて筆者作成

マージンは増加しているが、その一因として終局金利を採用する会社が増えてきたといったこともあげられるため、単純な比較はむずかしい点に留意が必要である。

③ 経済価値ベースのERMの進展

　第2版執筆時点までの20年間は、保険会社による経済価値ベースのERMに関する取組みが進展した時期でもあった。第1章では比較的早期のERMの導入事例を取り上げているが、以下では、生命保険と損害保険業界全体の動きを概観する。

　生命保険会社・グループのうち、T&DホールディングスによるERMの導入については第1章で取り上げている。その他の上場株式会社として、第一生命では、2012年公表のディスクロージャー誌にERMという言葉が登場している。また、2011年2月に行われた「2011年3月期第3四半期決算機関投資家・アナリスト向け電話会議」の質疑応答で、「数年前から、社内管理指標に基づき経済価値ベースの資本管理を行っており、上場を機に計測基準のレベルアップも行っている。より具体的には、毎月の取締役会において定例

的に、前月末時点の経済価値ベース及び財務会計ベースの資本の状況に関して報告しており、それに基づいて資本政策の議論もされている。また当社の経営計画にも、経済価値ベースの考え方に基づく資本政策が組み込まれている」と回答している。

損害保険会社・グループのうち、東京海上ホールディングスによるERMの導入については第1章で取り上げている。その他の大手損害保険グループとして、SOMPOホールディングスでは、2012年公表のディスクロージャー誌にERMという言葉が登場し、2011年度末決算のIR説明会資料にも登場している。MS&ADホールディングスでは、2014年4月から開始された中期経営計画「Next Challenge 2017」で、「ERM経営の推進」を掲げている。

相互会社形態の生命保険会社については、時価ベースのALM（Asset Liability Management：資産負債管理）の導入事例を第1章で紹介した明治安田生命では、2007年公表のディスクロージャー誌に経済価値および統合リスク管理という言葉が登場している。日本生命は2014年公表のディスクロージャー誌で、「ERM態勢を高度化する取り組みを進めて」いるとしている。住友生命の2015年公表のディスクロージャー誌では、リスク管理態勢の説明にERM委員会が登場し、それ以前にも、たとえば、2012年公表のディスクロージャー誌では、リスク管理を経済価値ベースで行っている旨が記載されている。

2011年頃の時点での、保険業界全体での経済価値ベースのリスク管理の状況について、金融庁が公表した「経済価値ベースのソルベンシー規制の導入に係るフィールドテスト」の結果概要で言及されている。2011年に公表された結果概要では、経済価値ベースのリスク管理に向けた各社の作業の進捗作業として、生命保険会社については「半数程度の社で、「(何らかの形で)経済価値ベースのリスク管理を導入」、「経営判断における意思決定には利用していないものの経済価値ベースでのリスク計測は可能」としていた」、損害保険会社については、「多くの社で、統合リスク管理の体制整備の中で、経済価値ベースのリスク管理を推進していた」と記述されている。

また、2013年頃の時点での保険業界全体でのERMの進展状況は、第1章

のコラムにある、キャピタスコンサルティングのERMサーベイの結果によって振り返ることができる。

4 マイナス金利政策への保険会社の対応

　マイナス金利政策以降に、イールドカーブの水準が下がりつつフラットニングしたことは、特に生命保険会社に影響を及ぼすこととなった。市場金利の低下によって、原材料価格が上昇する一方で販売価格（保険料）が上がらないために保険商品の収益性が急激に悪化し、新契約価値に影響が生じた。また、保有契約がもつ金利リスクのうちヘッジがなされていない部分において、金利低下リスクの顕在化が生じた。

　こうしたなか、第1章で紹介している、資本十分性評価指標における終局金利の導入の議論や（マイナス金利政策以前からの）運用手段の多様化の動きのほかに、貯蓄性商品の販売停止の動きが生じた。第一生命グループの第一フロンティア生命が、2016年2月16日、つまり日本銀行当座預金にマイナス金利が適用された日に、円建一時払終身保険の一部と個人年金保険の販売を停止したことが報道された。富国生命も、3月1日から一時払終身保険の一部の販売を停止したことが報道された。その後も、多くの生命保険会社が貯蓄性商品の販売停止または保険料の値上げ（予定利率の引下げ）を行った。

　販売停止に関する会社の方針の説明を行う例もみられる。明治安田生命は2015年度の決算（案）説明資料のなかで、「一時払終身保険を中心とした貯蓄性商品や団体年金の一般勘定の販売をコントロールする」と説明、さらに第1四半期の報告において「一時払終身保険の予定利率改定や販売休止等、貯蓄性商品について販売をコントロール」と説明している。

　こうした一連の動きの背景として、経済価値ベースでの考え方の浸透があったのではないかと思われる。

コラム　経済価値ベースの管理下での資産運用方針の転換事例

資産と負債のミスマッチの縮小のための資産運用に舵を切ったことを対外的に発信した保険会社として、ソニー生命がある。

同社のディスクロージャー誌および2011年３月に行われた日本保険・年金リスク学会（JARIP）主催フォーラム「ソルベンシーⅡと保険会社のERM」での花津谷徹執行役員常務・保険計理人（当時）の講演録[19]をもとに、同社の転換がいかに行われたかをみてみたい。

2008年３月時点まで、ソニー生命のポートフォリオは株式や転換社債等が一定割合を占めていたが、その後大きく変化していることがわかる（図表５－14）。

2010年５月に公表された「2009年度連結業績およびソニー生命のMCEV速報」によると、2008年３月末には8.7年だった公社債のデュレーションが、その後13.6年、17.6年、18.5年と長くなっている。

同社は2009年６月の「2009年度経営方針説明会」で、「経済価値ベースの企業価値評価やソルベンシー基準、国際会計基準への移行等に適切に対応して、磐石なガバナンス態勢を確立する」ことを主な取組みのひとつとして掲げ、「ALMの観点から、資産負債の金利ミスマッチリスクの縮減に向け、原則満期

図表５－14　ソニー生命の資産ポートフォリオの推移[20]

（単位：億円）

		2007/3末	2008/3末	2009/3末	2010/3末	2011/3末
公社債	１年未満	327	727	644	19	0
	１～３年	2,511	1,303	763	80	87
	３～５年	2,789	1,097	843	805	337
	５～７年	3,198	1,853	2,137	2,641	817
	７～10年	6,244	8,761	3,732	1,497	0
	10年超	287	3,486	15,726	25,286	33,758
転換社債		4,320	4,270	2,981	132	0
国内株式		2,987	2,062	613	725	640

（出所）　同社ディスクロージャー誌およびIR資料を用いて筆者作成

19　講演録は、JARIP実務ジャーナル「リスクと保険」第８号（2012年）に掲載されている。

20　転換社債と株式は、金銭の信託内での保有分を含む。

保有目的による（超）長期債投資を段階的に増やす」とした。

　また、同社は2008年から（2007年度末から）MCEVの開示を開始した。
MCEVの開示資料および花津谷氏の講演録では、欧州でMCEV原則が公表さ
れたこと、および2007年10月にソニーフィナンシャルホールディングスが上場
したことなどが背景としてあげられている。

　図表5－14からは、2008〜2010年度において、10年超の公社債の割合が高ま
るとともに、転換社債および株式が大幅に減少するというかたちで、資産運用
方針が転換されたことが確認できる。

　最後に、花津谷氏の講演録から、経済価値ベースの管理を導入・活用するう
えで経営陣が陥りやすいことに関するコメントを引用する。

　「まず、マーケットの変動についてですが、それは不可抗力だという考え方
があります。例えば、株価が下がったときには、経営者は、市場変動を除いて
本業ベースの利益はどうなのかということを見せたりします。しかし、変動に
対して会社がどう立ち向かうのか、あるいはその変動による損失が何を意味し
ているかが肝心なわけです。市況の変化は不可抗力かもしれないがこれにどう
対処するかは経営の責任であるはずです。」

第2節　経済価値ベースのERMへの「疑問」とその背景

1　経済価値ベースのERMへの「疑問」

　マイナス金利政策の導入以降の市場環境は、保険会社（特に生命保険会社）
に大きな影響をもたらすとともに、経済価値ベースのERMの意義をあらた
めて考えるための、ひとつの契機になった。マイナス金利政策以降の金利環
境下で、経済価値ベースの指標の使い方に対して疑問が生じることもあった
が、こうした疑問に対する答えを考えることによって、それまでは十分には
論じられることがなかった経済価値ベースのERMがもつ本質的な意味や、
経営において経済価値ベースのERMを活用することの重要性を、あらため
て確認することができた。

　本章のこれ以降の部分ではこのように、マイナス金利政策以降の金利環境

下で起きたことをふまえ、経済価値ベースのERMの意義をあらためて考えていきたい。

　そのための出発点として、マイナス金利政策以降の金利環境下で生じていたと思われる、経済価値ベースの指標の使い方に関する代表的な疑問を以下に整理する。

- ・疑問1「「運用難」の環境下では、経済価値ベースの指標に基づいて資産運用の行動を考える意味がないのではないか」
- ・疑問2「経済価値ベースの指標は変動性が大きいので、経営判断のために使えないのではないか」
- ・疑問3「マイナス金利政策のような特殊な環境下では、経済価値ベースの指標は過度に保守的になるのではないか」
- ・疑問4「経済価値ベースの指標を規制に取り入れることによる弊害もあるのではないか」

② 「疑問」の背景として考えられること

　ここであげた「疑問」が生じる背景として考えられることを、以下で整理する。

［疑問1について］

　たとえば、「運用難」の環境では金利が低すぎて超長期債の購入をすることができないのだから、経済価値ベースの指標に基づいて金利リスクのヘッジ方針を考えることには意味がないのではないか、という声が聞かれることがある。経済価値ベースでは、金利低下は保険商品の原材料価格の上昇、すなわち過去に販売した契約がもつ金利リスクのうち未ヘッジ部分における金利低下リスクの顕在化、および新規に販売する商品の収益性低下の問題であり、資産運用のリスクテイク方針は、本来はそれとは別に存在するはずである。低金利下で、経済価値ベースの指標によって資産運用の行動に制約が生じるように感じるのは、「運用難」という言葉が、財務会計上の損益が下がってしまうというニュアンスを含んでいるためではないだろうか。経済価値ベースと財務会計上の損益は決して矛盾した概念で

はなく、中長期的には整合的になるが、短期的にはみえ方が異なってしま
う。財務会計上の短期的な損益を意識しすぎるあまりに、本質がみえにく
くなることがあるのではないか。このように、短期的な経営指標を意識す
ることで何がもたらされるかについて、本章第3節で考察する。

[疑問2について]

　マイナス金利政策以降に生命保険会社のESR（Economic Solvency Ratio）
が大きく低下するなかで[21]、経済価値ベースのERMではこうした不安定
な指標を使わなければならないのか、という声が聞かれるようになった。
経済価値ベースの指標は、問題を早期に感知するという効果があるからこ
そ変動しやすいのであり、指標が変動しやすいことは、とっているリスク
の実態を表すという意味で自然なことのはずである。それにもかかわら
ず、変動性が大きいので使いにくいという反応があるのはなぜだろうか。
おそらく、経済価値ベースの指標の真の意味に直面してしまったことから
くる戸惑いではないかと思われる。この疑問の背景は疑問1と共通してい
ると思われるため、疑問1と同様に本章第3節で考察する。また、この疑
問は突き詰めると、「経済価値ベースの指標がより安定するような商品の
提供を目指すべきではないか」という論点に行き着く。こうした商品性に
関する考察は本章第4節で行う。

[疑問3について]

　マイナス金利政策以降にESRが大きく低下するなかで、疑問2のような
指標の不安定性に関する戸惑いに加えて、現在のように特殊な状況下で計
算されるESRを重視する必要はない（特殊な状況下でのESRの数値が悪くて
も問題はない）、という発想が生じてしまっていないだろうか[22]。人間はど
うしても過去に起こったことが一般的であると考えがちであり、その状況
から外れると、新たな状況を「特殊」ととらえてしまう傾向がある。ただ

21　金融庁「経済価値ベースの評価・監督手法の検討に関するフィールドテストの結果概
　要について」（2017年）によると、2015年3月末時点の経済前提では、生命保険会社の
　ESRの平均が150％なのに対し、マイナス金利政策導入後の2016年3月末時点の経済前
　提では104％まで下がっている。それに対し、損害保険会社のESRは同時期でそれぞれ
　201％、194％であり、ほとんど影響を受けていないことがわかる。

し、過去にはここまで金利が下がったことはないということをもって、い
まが「特殊」な状況で今後はすぐに以前の状況に戻る、といえる保証はな
い。仮に、いまが「特殊」な状況であることが確実であれば、そこには裁
定機会[23]が存在するはずだが、実際には裁定取引は発生していない。この
ように過去を引きずってしまうことも、疑問が生じる背景ではないかと考
えられる。この疑問の背景は疑問2と疑問4に共通していると思われるた
め、本章第3節および第5節で考察する。

[疑問4について]

　金融庁「経済価値ベースの評価・監督手法の検討に関するフィールドテ
ストの結果概要について」(2017年) では、「経済価値ベースの規制導入に
関する全般的な意見」として「経済価値ベースの指標を規制で用いる場合
の懸念点・留意点等に関する意見」が多かったとされている。また同じ文
書で、「経済環境が悪化した場合のカウンターシクリカルな措置をどのよ
うに考えるか」というコメントがある。カウンターシクリカルの反対語は
プロシクリカルであり、名詞にするとプロシクリカリティである。カウン
ターシクリカルな措置は、第1章で紹介している金融危機後になされた金
融機関に対する規制・制度に関する提言のひとつであり、規制等の存在に
よってかえって景気変動や市場の変動を増幅してしまうこと（プロシクリ
カリティ）に対応するための措置を意味する。経済価値ベースの指標はプ
ロシクリカリティの観点から本当に問題があるのか、ということを本章第
5節で考察する。

22　脚注21と同じ金融庁の文書に、「今回のフィールドテストで採用した計算方法では、
　円金利のイールドカーブが低位かつフラット化した特殊な状況下において、将来数十年
　に亘り金利が低位で推移するという保守的な経済前提に基づきESRが計算されることに
　なる」という記述がある。
23　リスクなしで超過収益が得られる機会を指す。より厳密には、損失が発生する確率が
　ゼロで、運用収益の期待値がプラスとなる機会を指す。いまが特殊な状況であることが
　確実であれば、今後は金利が必ず上がることを意味するため、裁定取引によってリスク
　なしで超過収益が得られることになる。

第 3 節　経営指標の不安定性にいかに向き合うか

1　財務会計上の指標の特徴

　財務会計は、保険会社のみならず、企業にとって重要な存在である。財務
会計において提供される主な情報に、貸借対照表と損益計算書がある。それ
ぞれ、ある時点での企業の財政状態と、ある一定期間での企業の経営成績を
表すものである。よく、貸借対照表はいまの企業の健康状態を表しており、
損益計算書はある期の企業の成績を表す通信簿のようなものだ、とたとえら
れたりする。

　それぞれがたしかに重要なものであり、その内容を知ることは外部の関係
者にとって必要なことであろう。ただし、財務諸表に表れている健康状態や
通信簿の数値によって、誤ったインセンティブが働かないようにすることも
重要である。

　これ以降は、経済価値ベースの損益との比較で特に論点になることが多い
財務会計の特徴をあげたうえで、財務会計上の指標の短期的な安定性を求め
ることによって誤ったインセンティブがどのように生じうるか、経済価値
ベースの指標の不安定さにいかに立ち向かうか、を考察していきたい。

　最初に、財務会計の特徴として以下の3点をあげる。

［有価証券の売却益の計上について］

　　簡単な事例として、A社が簿価100、時価120の株式Xをもっている状態
　を考える。この株式を売却すると売却益20が今期の利益となる（法人税は
　無視する）。売却しなければ利益にはならない。仮に年度末にその株式X
　を売却して、同価格（＝120）で買い戻した状態を企業A－1とし、売却
　をしていない状態をA－2とする。A－1とA－2で企業の実質的な財政
　状態は同じと考えられる。そして、株式を売却して買い戻した、というア
　クション以外は実質的な経営成績も同じはずである。売却をしたというア

クションだけで、成績が20もよくみえることをもって、実質的な成績にも違いが生じているように認識してしまっていないだろうか。

　また、この20の含み益が今期発生したものであればまだしも、前期以前に得られた含み益だった場合、それが今期の成績としてみえることをもって、今期の実質的な成績と認識してしまっていないだろうか。

　たとえば野球の試合をみていて、前日に大勝したチームが翌日に惜敗しているとき、「昨日の得点をもってこられれば」といった願いをもつことは、ファン心理として想像するのは自由だが、実際には「昨日の成績」を「今日の成績」に付け替えることはできない。財務会計上の損益という数値だけでは、その損益が実際には過去の成績を今期の成績として認識しているのか、今期の実質的な成績なのか、あるいは（今期に含み益が発生したが、売却していないことで）今期に実質的な成績が生じたがそれがみえないだけなのか、外から判別することはむずかしい。

［「利回りの確保」という言葉］

　「利回りの確保」という言葉も、解釈に留意が必要である。外債投資等を行う際に「利回り」すなわち簿価利回りが高くみえたとしても、それは、その投資によって「有利」なことが起きたことは意味しない。市場価値で100円の債券を100円で買った瞬間に実質的な経営成績が向上することはありえないためである。リスクをとった結果として、時間が経過してそのリスクが望ましい方向に転じてはじめて、実質的な経営成績となるのである。表面上の簿価利回りが高いことが、あたかも有利な結果を得るための行動をしているようにみえてしまっていないだろうか。

　仮に、投資期間全体としての企業価値への貢献が結果的に同じになった、2つの投資AとBがあったとする。ただし、購入時点での簿価利回りはBのほうが高く、初年度の財務会計上の損益はBのほうが高かったと仮定する。投資期間全体としては同じパフォーマンス、ただし初年度はBのほうが見た目の経営成績が高いということは、将来のどこかの時点で、BのほうがAよりも見た目の経営成績が低くなる期間が訪れることを意味している。

もちろん、投資期間全体でみても投資Bのパフォーマンスが高いという結果になる可能性もあるが、少なくとも、投資開始時において、投資Bのパフォーマンスのほうが投資期間全体でよくなる可能性が高い、ということはいえない。投資期間全体でどちらのパフォーマンスが高くなるかは、リスクテイクの結果にかかっており、投資開始時にはどちらが有利・不利ということはいえず、ニュートラルな状態のはずである。仮に、リスクテイクの結果が投資Aと投資Bに対してニュートラルに生じた場合には、投資Bの財務会計上の損益は後年に投資Aよりも悪くなる。

　もし、投資開始時点では投資Bのほうが有利にみえるのであれば、それは簿価利回りという指標にミスリードされていることになる。それによって、目先の財務会計上の損益を優先して、将来にツケを回すということが起きてしまわないだろうか。なお、ヘッジ付外債に投資する場合、為替ヘッジコストは金融派生商品費用に含まれ、基礎利益には反映されない。投資対象から生じる損益の一部のみを対象にして「利回りの確保」を目指してしまう場合にも、やはり実質的な経営成績の把握はできなくなってしまう。

　なお、基礎利益については、有識者会議の報告書内でも「より経済実態を反映するよう早期に見直すことも、保険会社のESR制御能力の向上に資するのではないか」という指摘がなされている。それをふまえて、2020年度の金融行政方針（別冊）で基礎利益のあり方について検討を行うとされていることから、今後その内容が大きく変わる可能性がある。より経済価値と親和性が高い方向で修正がなされ、適切に経営成績が把握できるようになっていくことが望まれる。

［平均予定利率の影響］

　生命保険を中心とする長期の保険契約に特有の事項として、本章の前半でみた「平均予定利率」について考えてみる。「過去に販売した高い予定利率商品が残っているのだから、その高い平均予定利率が資産運用のベンチマークになるのは当たり前」と考えることは適切だろうか。その前提となっているのは、「責任準備金の計算で、契約時点の予定利率を使い続け

る」という考え方である。責任準備金の計算において、契約時の市場環境を反映した予定利率が設定された[24]後は、市場環境の変化に応じて責任準備金計算上の予定利率の変更がなされないため、市場金利の低下により、過去の契約の平均予定利率という「負の遺産」が生じる。経済価値ベースでは、「負の遺産」はすべて過去に生じた損失として認識ずみとなるが、財務会計では、「負の遺産」を将来にわたり抱え続けることになる。その負の遺産である平均予定利率をクリアするために、前述の「「利回りの確保」という言葉」でみたように実質的な経営成績とは別の「利回り」すなわち簿価利回りを意識した運用が行われていないだろうか。

　以上で、経済価値ベースの損益との比較で特に論点になることが多い財務会計の3つの特徴をみてきた。財務会計上の数値は、会計目的にあった重要なものではあるものの、上記のような特徴によって、誤ったインセンティブが働かないように留意すべきであろう。誤ったインセンティブが働かないようにするためにも、経済価値ベースの指標を使用することによって、意識を高く持ち続けていく必要がある。そして、経済価値ベースの指標のもとで意識を高く持ち続けることが、将来の財務会計上の数値の確保にもつながるのである。

2 短期的な安定性への慣れの恐ろしさ

　財務会計上の損益認識の考え方は古くから用いられ続けているため、財務会計がもつ上記のような特徴こそが絶対的に正しいものであるとの認識を、経営陣を含めた関係者がもっていることはないだろうか。平均予定利率があるから簿価利回りの高い運用をしなければいけない、といった考え方もそのひとつだろう。繰り返しになるが、財務会計上の数値は重要ではあるものの、財務会計上の特徴こそが絶対的に正しいものであるという認識のもとでの行動は、皮肉にも、（将来にツケを回すことで）将来の財務会計上の数値の確保を危うくする可能性があるのである。

24　標準責任準備金制度において、標準利率は過去の一定期間の国債利回りを用いて導出されているが、それでも、契約時の市場環境をある程度反映していると考えられる。

また、保険業界に限らず、金融機関全般に存在する「慣れ」の問題もある。財務会計上の損益が短期的にはコントロール可能なため、実質的な経営成績もコントロールできると錯覚してしまうことも、ひとつの「慣れ」ではないかと思われる。たとえば、予実管理という言葉がある。「予算」に対して「実績」がどうだったかを管理するものであり、これ自体は非常に意味のあるPDCAサイクルである。ただし、「予算見込みへの着地」といった言葉が示すとおり、実績の数値をうまくコントロールして、予算近辺に着地させることが可能という意識が働きやすい。ここでのコントロールの対象が財務会計上の損益であると、それを予算近辺に着地させることができても、場合によっては将来にツケを回すことになる可能性がある。

　ほとんどの場合において、経営成績はコントロールできるものであると考えているために、経済価値ベースでみた場合には（すなわち企業価値を向上させるという目的に照らしてみた場合には）ゆがんだ行動をとらざるをえなくなってしまう。具体的な例をみてみる。経済価値ベースのERMでは、保険負債の金利リスクを資産側で可能な限りヘッジするのは（金利上昇もしくは低下ビューに基づいて金利リスクをとるというリスクアペタイトがない限りは）、自然な行動である。その際、ヘッジ手段の簿価利回りの観点は本来存在しないはずである。仮に新契約価値がマイナスの商品を売ったとしても、プライシング上の問題は生じるが、そのことがヘッジするかしないかに影響を与えることはなく、ヘッジするかしないかはあくまでも金利リスクをとるかどうかというアペタイトによってのみ決定されるはずである。

　しかし、ここに平均予定利率やヘッジ手段の簿価利回りという概念が入ってくると混乱が生じる。ヘッジしたくてもヘッジ手段の簿価利回りが予定利率を下回っていた場合、「そのような利回りの債券を買うのか」という、まったく違う視点からの横槍が入ることがある。そして、財務会計上の数値に慣れているがゆえに、その横槍は当然のこととして受け入れられてしまい、（金利上昇ビューをもっているかどうかにかかわらず）金利リスクのヘッジが後回しになってしまう、ということが起きていないだろうか。もしくは、ヘッジをしたいと考えているのだが、簿価利回りの達成も必須という２つの

命題の板挟みにあって、むずかしい選択を迫られてしまっていることはない
だろうか。

3 「先楽後憂」の危険性

　短期的にコントロール可能な財務会計上の指標を優先することは、ある意
味でとても楽な世界が目の前に出現することをも意味する。たとえば、いわ
ゆる有価証券の「益出し」によって、前述の野球のたとえのように、過去の
試合で得られた点数の一部をその後のどの試合で使うかを自由に決められる
状態がつくりだせる。さらには、表面的な簿価利回りは高いが、投資期間全
体での平均的なリターン（リスクテイクに対して市場がニュートラルに推移し
た場合のリターン）は簿価利回りが低い債券と同水準であるような債券を購
入して、今期の財務会計上の損益を確保するという行為は、将来の野球の試
合で得られる点数を先取りしていま使ってしまうことであると考えられる。

　その結果、本来（中長期的には）コントロールができていないにもかかわ
らず、当面は「コントロールができた」と感じられてしまうために、現時点
では楽をすることができる（＝先楽）。ただし、その行為には、結果として
「将来に禍根を残す」という問題（＝後憂）を引き起こす危険性が内在して
いることを忘れてはならない。「隠れた欠損」の火種が存在しているという
ことである。

　2004年に国際アクチュアリー会（IAA）が公表した「保険者ソルベンシー
評価のための国際的枠組み」では、トータルバランスシートアプローチとい
う手法をソルベンシー評価に採用することを提案している。このなかでは、
資産と負債の評価について、「現実的な価値や、資産と負債両方の一貫した
処理を拠りどころとし」と記述されているのみで、具体的に経済価値ベース
の手法を目指すべきとまでは書かれていないのだが、そのような資産と負債
の評価を目指す理由として、「隠れた欠損」などを生じさせないシステムが
必要だとしている。そして、そのために、ソルベンシー評価は会計システム
から独立するべきだ[25]という主張がなされている。ここで、「隠れた欠損」
が何を示しているのかは明確には書かれていないが、文脈からは、上記と同

様の問題を示唆していると考えられる。

　ところで、結果的に「後憂」となってしまい、隠れた欠損が実現した場合には、その時点ではどうすることもできない。そうなると、「これは過去の取組みの結果であり、いまの当事者の責任ではない」ととらえられがちである。「先楽」を享受した人たちがすでに会社に在籍しなければ、責任を問われることもない。このようなことが起きているとすれば、企業価値の毀損についてだれも責任をとらないことになる。財務会計の慣習により隠れた欠損が実現するまでは問題にならないことに由来する問題であるともいえる。

4 経営指標の不安定性への向き合い方

　ではどうすればよいか。端的にいうと、財務会計の特徴を理解したうえで、より実質的な経営成績をみていくために、経済価値ベースのERMを浸透させるべきだと考えられる。これは財務会計を軽視することを意味するのではなく、将来の財務会計上の数値にツケを回さないためにも、経済価値ベースのERMを浸透させるべきである。

　経済価値ベースで考えておけば、「平均予定利率」や実質的な経営成績と関係のない表面上の「簿価利回り」を気にする必要はない。それぞれのリスクをとりたいか、とりたくないか、リスクをとりたいとすればその根拠は何か、経済価値ベースの（実質的な）リターンをどの程度確保することを目指すか、だけが議論の対象となる。

　リスクをとると決めた以上、その責任の所在を明確にしたうえで、パフォーマンス評価を行うことになるが、経済価値ベースでは、毎期のパフォーマンス（企業価値の増減）は変動するのが自然であり、連戦連勝でなければいけないことはないし、それは不可能であろう。経営成績を安定的に向上させることは中長期的には必要であっても、単年度（さらには半期、四

25　その一方、IASB（International Accounting Standards Board：国際会計基準審議会）の取組みについては評価しており、「保険者の必要資本要件と、保険負債（技術的準備金あるいは責任準備金等）の中で得られる保護とのよりよい調和を図ることができる」としている。

半期）では失敗もありうることを認識し、成功の原因、失敗の原因を考察して次のステップに活かす、というPDCAサイクルを回すことが重要である。

　なお、誤解がないように念のため付言しておくが、財務会計上のルールに適合した報告を行うという意味で、財務会計上の数値が重要な指標であることには疑いの余地はない。ただし、だからといって、企業価値の向上を伴わないゆがんだ行動によって、財務会計をつくりに行くべきではない。年度ごとの財務会計上の経営成績を、真に企業価値に貢献している分と表面的にそのようにみえる分に分けて把握しておくべきであり、本来ならば投資家やその他のステークホルダーにも開示すべきではないだろうか。たとえば、EVは、このような目的で保険会社が自らつくりだしてきた指標である。

　経済価値ベースの指標にも課題はある。特に、有識者会議でも述べられているように、実際に計算しようとする場合には手法を１つに絞り込む必要があることから、それを「機械的・画一的」なものとして扱ってしまうと、さまざまな課題が生じうる。しかし、経済価値ベースで考えることで、「先楽後憂」の危険性を排除でき、より規律のある経営管理が行われ、企業価値の向上を目指した取組みにつなげることができる。そして、それは将来の財務会計上の数値を重視することをも意味するのである。

第4節　商品性に関する議論

1　なぜESRは変動しやすいのか

　ところで、なぜ生命保険会社のESRは変動しやすいのだろうか。分子の自己資本と分母のリスク量のうち、分母が変わらなければ、自己資本すなわち経済価値ベースの純資産によってESRが変化する。

　第３章と第４章で「不可避な金利リスク」と呼んでいるように、可能な限りヘッジしたとしても残ってしまう金利リスクを生命保険会社は保有してい

る。また、一定程度のヘッジは行ったとしても、可能な限りヘッジするという方針をもたない場合には、不可避な金利リスクに加えて、不可避でない金利リスクも多く保有することになる。この状態でイールドカーブの水準や形状の変化が起きると、自己資本が大きく増減する可能性があり、ESRの変動につながる。しかし、これだけではESRの変動の大きさのすべてを説明することはできず、金利低下リスクの特徴を理解する必要がある。

　株式リスクの場合には、株価下落によって自己資本が減少する一方で、保有する株式のエクスポージャー（株式の時価）の減少によってリスク量が小さくなる。そのため、自己資本の減少によるESRの低下は、リスク量の減少によるESRの増加によって一定程度緩和される。

　一方、金利リスク（ここでは金利低下リスク）の場合には、金利低下によって自己資本が減少するとともに、資産と負債の金利リスクのエクスポージャーの増加によって金利感応度が高まる（第3章で「コンベクシティ効果」と呼んでいるもの）。リスク計測で金利の変化幅の変動に着目している場合は、金利感応度が高まればリスク量の増加につながる（リスク計測で金利の変化率の変動に着目している場合は、金利感応度が高まってもリスク量が増加するとは限らない）。さらに、金利低下による保険負債価値の増加は、保険引受リスクの増加にもつながる。このように、自己資本の減少とリスク量の増加が同時に生じることでESRの低下が増幅されやすいことが、金利低下リスクがもつ特徴である。

② 資本への負荷を考慮した商品改革

　ESRの変動性の原因は、当然ながら保有している負債特性にある。つまり、保険商品に内在する金利リスクの特性が、ESRの不安定性をつくっている。

　したがって、可能な限りヘッジしたとしても大きな金利リスクが残るのであれば、根本的な原因である保険商品の金利リスクの特性が変わらない限りは、ESRの変動性の問題を解決することはできない。もちろん、すでに販売してしまった商品の特性は変えることができないため、今後販売する商品の

特性を変えても、すぐに問題は解決しない。しかし、保険負債の影響は長期にわたるので、問題解決が必要であれば早めに商品特性を変えておかなければならない、ともいえる。

　この議論に関して、ドイツにおもしろい事例がある。ドイツの生命保険会社は日本と同様に、伝統的に長期保証型の商品の占める割合が多く、保険負債のデュレーションが他国と比べて長めになっている。また、資産と負債のミスマッチも大きく、Moody'sが2015年に公表したレポート "Low Interest Rates are Credit Negative for Insurers Globally, but Risks Vary by Country" では、金利リスクの大きさについてドイツを「Very High Risk to Profitability（リスクの大きさは5段階評価の1番目）」に分類している（日本は上から2番目のHigh Risk）。欧州でも未曾有の低金利環境が継続するなか、ドイツの保険会社は苦境に立たされていた。

　こうしたなか、商品改革に着手する生命保険会社が登場した。Allianzは、2013年に従来よりも金利リスクの小さいPerspektiveという年金商品の販売を開始した。この商品は年金支払前までは予定利率保証がなく（元本保証のみ）、結果としてオプション・保証特性およびヘッジが困難な金利リスクが大幅に軽減されている。同社はそれ以外にもいくつか、従来の商品と似た特徴をもちながら、資本への負荷が軽い商品（同社がいうところの「新しい伝統的商品」）を導入した。また、同じくドイツの生命保険会社であるTalanxも、同様に資本への負荷が軽い商品への切替えを積極的に進めている。

　国内の生命保険会社も、同様の商品改革に関する議論を始めてもよい時期にきているとはいえないだろうか。マイナス金利政策以降、多くの会社が貯蓄性商品を中心とした販売停止策を打ち出した。マイナス金利政策以降の販売停止策は、経済価値ベースの収益性という観点から説明が可能である。それに加えて、貯蓄性商品は保険会社のESRの変動性の原因にもなっているため、収益性が悪化した商品の販売を停止することで、結果的に資本へのさらなる負荷を抑制するという効果も生じる。

　しかし、収益性の悪化の要因とは違い、資本への負荷の要因は低金利環境ではなく、商品の構造である。そのため、資本への負荷の軽減に取り組もう

とすれば、金利低下に伴う一時的な販売停止だけではなく、ドイツの保険会社のように商品特性そのものを変えるという改革が必要になる。

　こうしたアイデアに対しては、長期の保証が顧客のニーズであるからむずかしい、あるいは長期の保証を見直す可能性にわずかでも言及すればそれは生命保険事業のことをわかっていないことを意味する、という反論も聞こえてきそうである。しかし、長期保証型の商品が内包するリスク（不可避な金利リスクに加え、金利変動によって新契約価値が変動するリスクのように通常は計測対象にならないビジネスリスク）を考慮したうえでも、なお、保険会社にとって収益性のある（結果的に保険料が高くなる）商品と、資本への負荷が軽いという条件のもとで保険会社にとって収益性のある（結果的に、保険料は相対的に安くなる）商品のどちらが顧客に望まれるのか、という議論はあってもよいのではないかと思われる。実際、こうした意見は有識者会議のなかでも出されていた。

　また、金利上昇時の動的解約オプションも、商品改革の対象となりうる。多くの保険会社において、動的解約に関するモデルを構築し、オプション・保証の時間価値を把握したうえで商品の収益性を評価している。つまり、動的解約に係るオプション・保証の時間価値は黙示的に保険料に転嫁されているといえる。しかし、この動的解約オプションは、本当に顧客のニーズに適っているのだろうか。もちろん、解約返戻金が保証されている場合と、保証されていない場合を単に比較すれば、保証されているほうが嬉しいだろうが、そのために相応のコストを契約者が負担するとなった場合、解約返戻金が保証されている商品を選ぶ契約者が多数派かどうかは不明である。一部の商品にみられるMVA（Market Value Adjustment。市場金利に応じて解約返戻金が調整される仕組み）のように、動的解約オプションの特性を抑制する仕組みを導入することで、保険料を低廉化することが理論上は可能である。

　生命保険商品がもつ複雑な特性について、資本への負荷と収益性、顧客ニーズの観点から考察を加えながら、これまでに販売してきた商品を今後も販売し続けるのか、見直すとすればどの部分が対象になりうるのか、ということを考えることが、リスクとリターンの両面を考慮した商品施策において

本質的に重要なことである。さらにいえば、商品施策におけるこうした考え方は、余計な負担を顧客にかけないという意味において、真の顧客本位につながる可能性もある。

第5節 プロシクリカリティと経済価値

1 プロシクリカリティとは

　ここまでの議論とは別の論点として、経済価値ベースの指標を規制で導入することはプロシクリカリティの問題を生じさせるのか、という考察を行う[26]。プロシクリカリティについてはさまざまな定義があるようだが、ここでは、「規制、会計、市場慣行、リスク管理などによって、これらの制度慣行がなかった場合に比べて、循環が増幅される性質」[27]という定義を借りることにする。

　この定義について少し補足をしておく。シクリカリティとは景気・経済・金融等の循環的変動を表している。この変動自体は自然なものだが、その変動を増幅させてしまい、不安定性を招いてしまうことをプロシクリカリティと呼ぶ。動学論の用語でいえば、何かの変動に対して、その変動性を増すようなフィードバック（ポジティブ・フィードバック）が生じることを意味している。ただし、どのようなフィードバックであってもプロシクリカリティと呼んでしまうと、世の中の多くの行為がそうした側面をもっているため、

26　本節の記述の多くにおいて、宮内惇至『金融危機とバーゼル規制の経済学：リスク管理から見る金融システム』（勁草書房、2015年）（以下、宮内（2015）とする）を参照している。同書は、金融危機がバーゼル規制に与えた影響について、さまざまな実証研究等をカバーして包括的な検証（危機直後の提言に対する批判的な検証を含む）を行っている名著である。銀行規制を中心に書かれているものの、同書の指摘や論点は保険業界にも通じるものである。

27　宮内（2015）。

「規制、会計、市場慣行、リスク管理など」のフィードバックが存在することによって増幅効果が生じることに限定している。

　一般にプロシクリカリティだといわれている事例のひとつが、2003年に発生した、通称「VaRショック」と呼ばれる事象だろう。2003年に入って、10年金利は1％を切る水準のまま徐々に下がり続け、6月には0.43％という当時では歴史的な低水準にまで下がっていた。一方、多くの銀行はリスク管理においてVaR（Value at Risk）で市場リスクの計測を行うようになっていた。特に、VaRを計測するために用いる過去データの期間である観測期間が短く、金利の変化率の変動に着目してVaRを導出していた銀行は、市場金利が下がるたびにVaRが小さくなっていった[28]。その結果、保有している債券のリスク量は減少していった。ところが、2003年6月半ばから金利が上昇に転じると、今度は逆にリスク量が増加するという現象が起きた。リスク量が増加した結果、保有債券のリスク量が事前に設定された上限に抵触してしまい、リスクを下げるために債券を売却し、それがまた市場での債券価格を下落させ（＝金利が上昇し）、さらにリスク量が増加→上限に抵触というポジティブ・フィードバックが働き、わずか3カ月程度の間に金利が1％以上も上昇した。これがいわゆる「VaRショック」である。

　図表5−15に、財務省が公表する10年国債金利の水準と、その日次変化から計算した10年金利のVaR（観測期間1年、保有期間20営業日、信頼水準99％）を示した。これをみるとわかるとおり、特に、変化率の変動に着目して計算しているVaRが2003年6月以降に大きくなっていることがわかる。6月半ばには0.11％程度だった10年金利のVaRが8月半ばには0.6％程度、つまり5倍以上の水準になってしまったのである。

　もちろん、この間の国債金利の急騰（＝債券価格の大幅下落）が、本当にリスク管理でVaRを用いていたことによってのみ引き起こされたのかはわからない。どこかで金利が反転することを期待していた投機筋が、ここぞとば

28　変化率の変動に着目する場合、金利の変化率の変動に現在の市場金利の水準を乗じることによって、VaR計測上の金利変化幅の変動を求めるため、市場金利の水準が下がると、変化率ベースの変動性が変わらなくても、変化幅ベースの変動性は小さくなる。

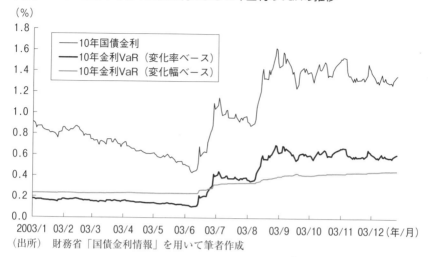

図表5－15　2003年の10年国債金利および10年金利のVaRの推移

(%)

（凡例）
- 10年国債金利
- 10年金利VaR（変化率ベース）
- 10年金利VaR（変化幅ベース）

2003/1　03/2　03/3　03/4　03/5　03/6　03/7　03/8　03/9　03/10　03/11　03/12（年/月）

（出所）　財務省「国債金利情報」を用いて筆者作成

かりに売りを浴びせたという可能性もあるし、価格下落時に一般に発生する、「売りが売りを呼ぶ」という状況であったとも考えられる。あくまでも、一般にプロシクリカリティだといわれている事例として紹介したと理解していただきたい。

2 金融危機後のプロシクリカリティの議論

　銀行界では、バーゼルⅡ導入に向けて検討がなされていた1990年代末にもプロシクリカリティが大きな議論になっていた[29]が、この言葉が世の中で多くの注目を集めるようになったのは、金融危機以降であろう。

　リーマンショック直後の2008年11月のワシントンサミットにおいて、早くもプロシクリカリティが大きなテーマとなり、「金融・世界経済に関する首脳会合宣言」のなかの行動計画のひとつとして、2009年3月31日までの当面の措置として「IMF、拡大されたFSF、及びその他の規制当局・主体は、景

---

[29] 「バーゼルⅡはリスク感応的なのでバーゼルⅠに比べて不況期に資本の要求水準が高まるため、プロシクリカリティが高まるのではないか、という問題意識の下で、経済学者を巻き込んで広範な理論的、実証的な研究が行われた」とのこと（宮内（2015））。

気循環の増幅効果（プロシクリカリティ）を緩和するための提言をとりまとめる。右は、価格評価とレバレッジ、銀行の自己資本、役員報酬、引当金に関する慣行が景気循環のトレンドをいかに増幅させ得るかについての検討を含む」[30]という文言が盛り込まれた。これらの点についてはその後FSF（金融安定化フォーラム、現FSB（金融安定理事会））で検討がなされ、2009年4月に"Report of the Financial Stability Forum on Addressing Procyclicality in the Financial System" という報告書が公表された。報告書では、自己資本規制、引当、価値評価とレバレッジの3点に関する提言がなされている。

　宮内（2015）を参考にして、提言された内容を図表5−16にまとめている。「経済価値との親和性」の欄は、筆者の判断で、リスク感応的であり経済価値との親和性があると考えられるものは○、そうではないものは×、どちらともいえないものは△とした。

　このように整理してみると、プロシクリカリティへの対策のなかで、リスク感応的であり経済価値と親和性があるものと、そうでないものが混在していることがわかる。

　たとえば、「引当」の見直し案のうち、予想損失モデルをみてみよう。予想損失モデルは、将来の損失可能性を債権の残存期間全体にわたって想定し、それをもとに将来の期待キャッシュフローを割り引いた結果、価値が低下する分を予想損失として引き当てるものである。この考え方は、経済価値との親和性がある。つまり、「引当」については、FSFは硬直的な（経済価値的と親和性がない）発生損失モデルが、早期に損失を認識できないためにプロシクリカリティを引き起こす原因になりうるとして、それをよりリスク感応的、経済価値と親和性があるものにするべき、という提言をしていたといえる。その後、このモデルは「予想信用損失」モデルと呼ばれるようになり、昨今ではそのようにして導出された引当金を「フォワードルッキング引当」と呼び、いくつかの銀行では採用もしくは採用を検討するようになってきている。

30　外務省ウェブサイトに掲載されている仮訳を引用した。

図表 5 −16　FSFのプロシクリカリティに対する提言一覧

分野	提言	内容	経済価値との親和性
自己資本規制	カウンターシクリカルな自己資本規制	好況期に所要自己資本を裁量的に積み増し、不況期に積増し分を削減	×
	レバレッジを抑制する補完的手法	非リスク感応的なレバレッジ比率規制を補完的な歯止めとして導入	×
	VaRベースの市場リスク計測手法の見直し	市場リスクの計測のストレステストを導入	△
引当	貸倒引当金の発生損失モデルの再考	より広範な信用情報に基づく引当手法の検討、具体的には①公正価値モデル、②予想損失モデル、③ダイナミック・プロビジョニング	手法により異なる①○②○③×
価値評価とレバレッジ	証拠金、ヘアカットの定量的指標の導入	OTCデリバティブ取引に最低当初証拠金、レポ取引に最低ヘアカットを導入	リスク管理と整合的ならば○
	流動性リスクの評価	マチュリティ転換に伴う流動性リスクのプライシングに関する研究	△
	公正価値会計の副作用に対応する基準の変更	時価会計のプロシクリカリティ懸念に配慮	×

（出所）　宮内（2015）に筆者加筆

　一方、「価値評価とレバレッジ」に関しては、公正価値会計がもたらす潜在的な副作用を低減させるための対応が提言されている。その理由として、公正価値会計のもとでは、極端なリスクテイクやリスク削減を生み出してしまうことへの懸念があげられている。たとえば、社債スプレッドの拡大が、公正価値会計を通じて銀行の純資産を押し下げ、リスクテイク余力がなくなった銀行が社債を売却し、それがさらにスプレッド拡大につながるというプロシクリカルな動きが懸念されている。つまり、こちらではよりリスク感

応的でないものにすべき、という提言をしていたといえる。

③ リスク感応的でない手法のその後

　プロシクリカリティへの対策としてFSFから推奨された手法のその後をみていくと、興味深い事実が浮かび上がってくる。

　まず、カウンターシクリカルな自己資本規制（可変的自己資本規制）について取り上げる。これは、好況期に資本の積増しを求め、不況期に取崩しを認めるという裁量的な規制である。バーゼルⅢにおける大きな目玉のひとつであり、実際にバーゼルⅢに盛り込まれることにはなったが、その運用は各国の裁量に委ねられている。欧州ではいくつかの国で採用されているが、日本や米国はいまだに発動していない。

　また、「引当」の議論のなかで、発生損失モデルの代替案のひとつに「ダイナミック・プロビジョニング」というものがあった。これは、景気情勢に応じて当局が裁量的に引当のルールを決めて、好況時には引当金を厚めに積み、不況期にそれを取り崩すというアイデアである。金融危機以降、ダイナミック・プロビジョニングは、プロシクリカリティにはきわめて有用な手段であるといわれていた。考え方は、カウンターシクリカルな自己資本規制と同じである。

　しかしながら、IASBが国際会計基準として採用したのは予想損失モデルであり、ダイナミック・プロビジョニングではなかった。IASBによる2009年当時の議論をみると、ダイナミック・プロビジョニングに対して肯定的な意見も多くみられるのだが、結果的には採用されていない。その理由については推察するしかないが、1つには会計情報に当局の恣意性が入ることで投資家に対して適切な情報を提供できなくなること、そしてもう1つは、ダイナミック・プロビジョニングが本当にプロシクリカリティを低減させるかについて明確な答えがなかったためではないだろうか。さらに、ダイナミック・プロビジョニングの導入によって金融機関に誤ったインセンティブを与える可能性も指摘されていた。「いまは保守的に引当金が積まれている」という認識のもとで経営がアクションを起こすと（保守的に引当金が積まれてい

る分は、実質的な資本だと認識して経営判断をすれば）、プロシクリカリティの低減効果は生じないことになる[31]。

　カウンターシクリカルな自己資本規制とダイナミック・プロビジョニングという2つの対策については、宮内（2015）が指摘しているように、「そもそも景気局面のどこに位置しているのかという判断が困難」という問題も内包している。いまが景気の底だという判断によって、それまでに厚めに積んでいた資本や引当金をすべて使ってしまった後に、さらに厳しい景気後退が起きたらどうなるのか、判断の誤りに対してだれがどのように責任をとるのか、という問題である。

　また、公正価値会計の副作用に対する懸念も、IASBによる引当金の検討には影響を与えなかったようにみえる。レバレッジ比率規制についても、国際規制として適用されることが決まったものの、EUでは2016年11月に、域内では緩和して適用するという案が提示されている。

　これら[32]に共通しているのは、経済価値と親和性のない（リスク感応的でない）対策であるということである。すなわち、FSFが金融危機直後に推奨した対策のうち、経済価値と親和性のない（リスク感応的でない）ものには、実際には採用されなかったか、適用が任意になった、もしくは緩和して適用されたものが多く含まれている。

　これにはさまざまな背景があると思われるが、2017年1月17日の日本経済新聞朝刊の経済教室への宮内惇至氏の寄稿における、「意図せざる影響」という指摘が最も大きい理由のひとつであろう。リスク感応的でない対策を導入すると、それが金融機関のインセンティブをゆがめてしまい、行動をゆがめることで市場機能の低下を招く、というのが主な「意図せざる影響」である。裁量的な規制だけが導入され、それ以外の面、たとえば、金融機関の投資行動が変化しないならば相応に効果的なのかもしれないが、現実はそうで

31　宮内（2015）によると、スペインでは2000年からダイナミック・プロビジョニングが導入されていたが、大手銀行BBVAはダイナミック・プロビジョニングを経済資本の原資としていた、とのことである。

32　カウンターシクリカルな自己資本規制やダイナミック・プロビジョニング、公正価値会計の副作用に対する懸念、レバレッジ比率規制。

はなかった、ということだ。

4　保険会社のソルベンシー規制に対する示唆

　ところで、銀行に関連したこれらの議論の流れは、保険会社のソルベンシー規制に対して示唆を与えると思われる。

　たとえば、経済価値ベースのソルベンシー規制で終局金利を導入した場合に、その水準を毎年固定して適用すべきかという論点[33]について考えてみる。低金利の環境下である年度末に終局金利を使用して、ソルベンシー規制上の指標が計算されたとする。翌年度にイールドカーブが全体的に低下すると、終局金利の水準を固定している場合には、イールドカーブの補外部分の短期のインプライドフォワードレートは、より急速に終局金利に向かって上昇していくことになる。その結果、補外部分の割引金利の低下が抑制され、経済価値ベースの保険負債価値の増加も抑制されるため、金利低下リスクをもっている場合には、経済価値ベースの純資産の対前期の減少額は、終局金利を使用していない場合よりも小さくなる[34]。イールドカーブが上昇した場合には、逆の効果が働く。結果的に、高金利時には資本を厚めに積むことを求め、低金利時にはそれを取り崩すことを認めるという、カウンターシクリカルな自己資本規制やダイナミック・プロビジョニングと似た効果が生じる。

　ソルベンシーⅡでは一時期、カウンターシクリカルプレミアムと呼ばれるものを無リスク金利に上乗せして、将来キャッシュフローを割り引くことを検討していた。最終的にはボラティリティ調整と呼ばれる措置が導入されたが、これについても同様のことがいえる。

　また、価値ではなくリスクを調整するアプローチとしては、ソルベンシーⅡでも導入されている株式リスクの対称調整メカニズムが存在する。株式リ

33　終局金利を導入するかどうかではなく、導入した場合に終局金利を毎年見直すか、という論点を扱う。

34　終局金利を使用する場合と使用しない場合とで、経済価値ベースの純資産の水準だけではなく、毎期の変化額も異なることになる。ここでは、経済価値ベースの純資産の「水準」ではなく、「毎期の変化額」の違いを議論の対象にしている。

スク係数に対し、株式市場が上昇した場合にはプラス、下落した場合にはマイナスの調整を加えるというものである。これは有識者会議においても、プロシクリカリティ緩和のための手段として紹介されており、議論の俎上にものせていた。

　これらの施策は、カウンターシクリカルな自己資本規制やダイナミック・プロビジョニングと同様に、景気動向に応じて規制上の健全性水準を調節して、プロシクリカリティに対処しようとするものであり、FSFによる提言事項のうち、「リスク感応的ではない」提言と同様の考え方によるものである。それらの提言がその後どのような推移をたどったかもふまえ、保険会社に対するソルベンシー規制の検討を行う必要があると思われる。

　有識者会議では、「規制上のESRの水準のみに基づく機械的・画一的な規制」となってしまうことが課題であると整理し、3つの柱アプローチを採用した。第1章でも述べたが、その考え方が正しく適用されるためにも、第2、第3の柱が重要となる。仮に第1の柱で、リスク感応的ではない措置が適用されたとしても、それはあくまでも第1の柱が目立つために、結果として「外部からの誤解やそれに基づく風評」を回避するためのものであって、経営者自らが意思決定に活用する第2の柱ではそうした措置は不要である。また、第3の柱が正しく機能するためにも、特に市場関係者向けの開示においては、適切な情報を提示すると同時に、その情報が意味するものについて適切な理解がなされるように対話をしていくことも重要である。この対話が適切になされていけば、自然と第1の柱での誤解や風評なども徐々に減っていくのではないだろうか。

⑤　経済価値はプロシクリカルなのか

　ところで、FSFの提言にはなぜ経済価値と親和的な案とそうでない案が混在していたのだろうか。危機直後には犯人探しに躍起になっていたこともあり、一般受けしやすい議論（時価会計悪玉論など）に走る傾向があったのかもしれない。金融危機への対応を迫る政治的圧力や世論の圧力を受け、銀行の活動をとにかく規制すればいい、というわかりやすさが優先されたことも

あるだろう。

　これに対して、金融危機からしばらく経ってからの実証研究では、たとえば、公正価値会計のプロシクリカリティを否定するものが多くなっている。そうした実証研究では、売りが売りを呼ぶといったプロシクリカルなポジティブ・フィードバックは、公正価値会計がなくてももたらされるものであり、むしろ、公正価値が開示されない場合には情報の非対称性を生み、世の中にゆがみをもたらすのではないか、それがプロシクリカリティにつながるのではないか、という論調が多くみられる。リスク感応的、すなわち経済価値的な会計は、プロシクリカリティを招くよりもむしろ緩和するもの、という実証研究が増えている。

　なお、この議論は公正価値会計にとどまらず、リスク感応的な自己資本規制にも当てはまる。バーゼルⅠよりリスク感応的な自己資本規制であったバーゼルⅡ導入時において、まさに同様の議論がなされている。詳しくは宮内（2015）を参照されたいが、バーゼルⅡ導入時の議論でのプロシクリカリティに関する含意について同書でうまくまとめられているので、以下に引用する。

・実証的には規制による資本制約が不況期に貸出を抑制してプロシクリカルに働いたという研究は少ない。
・長い目で見ればリスク感応的な規制の方がプロシクリカリティを抑制する。
・バーゼルⅡ適用後の規制資本の変動は懸念されたほどには大きくない。リスク感応的規制の下で、銀行は不況下の規制資本の拡大を予測して早めに対応したからである。
・その結果、短期的には実体経済に景気の調整コストが生じるが（その限りではプロシクリカル）、金融システムは安定して、大きな景気変動を避けることができる（プロシクリカリティは低い）。
・非リスク感応的なバーゼルⅠの下では、景気変動に対する銀行の反応が鈍くなり、銀行が景気変動のショックを背負う形となり、そうしたなかでさらに景気が落ち込むと金融不安を招きやすい。

終わりに：経済価値ベースのERMがもたらすもの

　本章では、第2版執筆時点までの25年間程度の市場環境変化とそれが保険会社に与えた影響、保険会社による経済価値ベースのERMの進展状況を振り返るとともに、主にマイナス金利政策の導入以降に聞こえてきた、経済価値ベースのERMへの「疑問」をふまえた考察を試みた。さらに、経済価値と親和性がない規制上の対策に関する銀行界での議論を紹介し、そうした対策はむしろプロシクリカリティを生み出す可能性があることをみてきた。

　経済価値ベースのERMへの「疑問」は、経済価値ベースの指標の真の意味に直面してしまったことによる、戸惑いから生じているように思われる。コントロール可能だと思っていた経営指標が変動することに対する不安から、それを拒否したい、コントロール可能な指標を使用したいという気持ちは理解できる。また、経済価値ベースの指標は技術的な複雑さがあって理解しにくいことから生じる不安も理解できる。

　しかし、こうした不安を克服し、経済価値ベースのERMにおいて以下の点を認める覚悟をもつことこそが重要であると考えられる。

- ・技術的な手法には限界があることを理解したうえで、可能な限り適切と考えられる方法で価値・リスクの評価をすること。
- ・自らが抱えるリスクは、自らの責任でとったものであると認識すること。
- ・リスクをとった結果を経営成績として把握し、リスクのとり方の見直しの必要性を判断すること。
- ・リスクをとる以上は、経営成績が不安定になることは当然であると認識すること。

　マイナス金利政策以降の金利環境により、経済価値ベースのERMに対する「疑問」が生じたからこそ、経済価値ベースのERMがもつこうした本質的な意味を理解することができた、ともいえるのではないだろうか。

この覚悟のもとで経済価値ベースのERMが実施されたとき、何がもたらされるのだろうか。

　まず、すべてのリスクに関する経営判断に対してPDCAサイクルが適用される。責任のないリスクテイクを放置することはできない。なぜならば、リスクをとった結果は常に、時間経過とともに企業価値の変化というかたちで顕在化するからである。財務会計のように安定化装置がついていないため、リスクテイクの判断と企業価値の変化の因果関係がより明確にみえるようになる。

　その一方で、安定化装置がない分、負けることもあるという認識が必要になる。そして、その結果はすべて経営判断に起因する。たとえば、市場が大きく変化したとしても、企業価値が下がるのは市場の問題ではなく、市場の変化に企業価値が感応するような経営判断をしたからである。

　しかし、そうした判断を下すこと自体を拒絶してしまっては経営にならない。リスクがあるからこそビジネスがあるのであり、自らの強みを活かせる分野があれば、リスクをとる覚悟をしたうえで意思決定を行い、結果を受け入れる必要がある。連戦連勝できるスポーツチームが存在しないのと同様に、安定化装置がないなかでリスクテイクを判断している以上は、失敗はあるということを素直に認める必要があるし、1つの負けですべてを否定する必要はない。失敗した場合は、その失敗の原因を究明することが重要である。もちろん、うまくいった場合でも原因究明は必要であろう。そして、失敗することもある判断だからこそ、経営の規律が重要となる。

　ERMでは理論的側面が強調されることがあるため、科学的な最適解が得られ、経営者は目の前の「ダッシュボード」をみていれば最適な道筋を教えてもらえる、という誤解も時にみられる。残念ながらそれは逆であり、経営者は自らが解を探す必要に迫られるのである。

　ERMは経営のためのツールであると同時に、経営判断に規律を求めるものでもある。リスクテイクの責任の所在を明確化し、リスクテイクの結果を確認し、リスクテイクの内容を必要に応じて見直す、というサイクルを回すことで、企業価値向上のためにするべきこと、するべきでないことは何かを

これまで以上に真剣に考えるようになる。これこそが経営のリスクアペタイトを考えることである。

　経済価値ベースのERMで真に重要なことは、外形的な態勢の構築というハード面だけではなく、このようなソフト面すなわちERMに「魂」を入れることである。

■ 事項索引 ■

［英字］

ALM ················· 11,24,155,271
BCR ······························· 23
BPV ····························· 125
CERA ···························· 82
CFO Forum ··············· 7,181
COSO-ERM ···················· 52
CRO ···························· 80
EEV
  ···· 7,16,158,178,197,200,208,268
EIOPA ·························· 18
ERMダッシュボード ················ 76
ERM評価 ·········· 21,53,55,98,109
ESR ··· 26,32,38,70,196,276,285,297
FSAP ························· 3,22
FSB ···················· 22,70,96,292
GPS ··················· 125,150,203
G-SIIs ························· 23
HLA ···························· 23
IAIGs ················· 22,178,185
IAIS ············· 3,5,20,22,107,185
ICP ························ 20,107
ICS ············· 23,35,138,185
IFRS ························· 138
IFRS17 ···················· 5,186
MCEV ···· 7,16,26,138,158,179,197,
  200,208,268,274
MOCE ················· 138,185
ORSA ············· 20,37,99,107
ORSAレポート ········· 22,40,99,107
Own funds ··················· 181
PDCAサイクル ····· 59,61,68,82,282
ROEV ························· 268
SCR ·················· 77,181,183

VaR ··· 27,68,72,89,163,181,196,290
VaRショック ·························· 290

［あ行］

アラームポイント ··················· 73
移動可能性 ················· 183,199
インプライドフォワードレート ··· 19,
  123,146,161,182,205,215,228,258,
  296
エマージングリスク ············· 51,68
オプション・保証 ······· 140,161,179,
  197,200,224,239,248,287
オペレーショナルリスク
  ···················· 43,51,139,166

［か行］

カウンターパーティリスク ··· 139,166
確実性等価利益現価 ················· 179
感応度分析 ·························· 68
基礎利益 ··············· 58,74,266,280
期待リターン ········· 90,106,243,246
金融危機 ··· 10,12,24,56,68,147,268,
  291,297
金利感応度 ····· 124,211,217,266,286
金利感応度指標 ····················· 149
金利スワップ ··············· 144,182
経済価値ベースのソルベンシー
  規制 ················· 2,108,296
現在推計 ················· 45,182,185
原材料価格 ··········· 190,232,244,272
コムフレーム ···················· 22
コンベクシティ ············ 125,150,165

[さ行]

再保険 ····················· 102,139,202
三利源 ························· 58,266
死差益 ···· 133,148,157,162,212,233,
　241,266
市場整合的な予定利率 ········ 212,232
市場リスク
　··· 43,159,165,167,184,186,248,290
資本コスト法 ·················· 138,182
資本十分性 ······· 27,62,66,68,71,87,
　156,163,196,228
資本の移動可能性 ·················· 183
資本の代替可能性 ·················· 183
資本配賦 ······················ 67,87,92
終局金利 ···· 19,32,146,168,185,227,
　251,268,296
修正純資産 ·························· 179
勝者の呪い ·························· 193
新契約価値 ······ 92,161,181,199,225,
　229,269,272,282
信用リスク
　·········· 30,43,58,89,118,145,166
スイスソルベンシーテスト ············ 6
ストラクチャー・ペーパー ········ 6,42
ストレステスト ···················· 16,68
スベンソンのモデル ················· 122
生命保険引受リスク ······ 164,166,182
責任準備金
　········· 8,103,128,148,238,265,280
責任準備金対応債券 ················· 171
その他有価証券 ····················· 172
ソルベンシーⅡ ······ 6,18,77,181,296
ソルベンシー・マージン比率
　··················· 2,58,109,158,250
損害保険引受リスク ······ 164,167,182
損失吸収効果 ············· 183,196,198

[た行]

第1の柱 ············· 6,36,39,182,297
第2の柱 ················· 39,108,297
第3の柱 ···················· 39,297
代替可能性 ························· 199
ダイナミック・プロビジョニン
　グ ····························· 294
ディスカウントファクター ··· 114,217
デュレーション
　············· 30,125,150,203,266,287
統合的リスク管理 ················· 37,55
統合的リスク管理態勢ヒアリン
　グ ··························· 21,107
動的解約 ············· 141,224,239,288
トータルリターン ········ 159,191,206

[な行]

内部モデル ············· 27,76,108,182
日本国債の信用リスク ········· 118,251
ネルソンシーゲルのモデル ········· 122

[は行]

費差益 ······ 133,148,157,212,233,266
ビュー ············· 90,105,236,251,282
標準フォーミュラ ·················· 181
ブートストラップ法 ················· 121
フォワード性 ················· 209,266
フォワード取引 ····················· 210
不可避な金利リスク
　··················· 139,207,226,285
フリクショナルコスト ············· 179
プロシクリカリティ ······ 16,277,289
ヘッジ付外債 ······················· 246
ヘッジ不能リスクに係る費用
　··················· 138,179,201
保険検査マニュアル ············· 21,55
保険引受リスク
　···· 43,72,139,159,180,201,229,286

ボトムアップ・アプローチ ……… 63
保有契約価値 ……………… 179
ボラティリティ調整 ……… 182,296

　　[ま行]
マイナス金利 ……… 30,122,145,272
マイナス金利政策
　………………… 29,250,257,272,299
マッチング
　………… 46,104,145,150,203,209
マッチング調整 ………………… 183
満期保有目的債券 ……………… 171
3つの柱 ………………… 6,36,297
モデルガバナンス ……………… 77

　　[や行]
予想損失モデル ………………… 292
予定利率 … 129,204,210,238,265,280

　　[ら行]
リーマンショック …………… 12,291
利源分析 ……………………… 133
利差益 …………… 102,133,162,266
リスクアペタイト
　……………… 15,52,60,66,86,232

リスクアペタイト・ステートメ
　ント ……………………… 61,86
リスクアペタイト・フレーム
　ワーク ……………………… 20,94
リスク委員会 …………………… 80
リスク対比リターン ………… 92,228
リスク対比リターン指標 ……… 67,88
リスク調整後収益 ……… 92,228,231
リスク調整後収益指標 …………… 67
リスク統合 …………… 163,168,198
リスクプロファイル ……… 27,60,63
リスク分散効果
　……………… 91,163,183,199,243
リスクベースプライシング … 103,202
リスクマージン
　… 44,135,161,180,182,197,200,226
リスクマップ …………………… 65
リバース・ストレステスト ……… 69
リミット ………………… 73,250
流動性プレミアム ……… 17,145,243
連続複利 ………………… 116,211

　　[わ行]
割引金利 ………………………… 117
割引率 ………………………… 18,117

経済価値ベースの保険ERMの本質【第2版】

2021年6月10日　第1刷発行
（2017年11月9日　初版発行）

著　者　森　本　祐　司
　　　　松　平　直　之
　　　　植　村　信　保
発行者　加　藤　一　浩

〒160-8520　東京都新宿区南元町19
発　行　所　一般社団法人 金融財政事情研究会
企画・制作・販売　株式会社きんざい
出　版　部　TEL 03(3355)2251　FAX 03(3357)7416
販売受付　TEL 03(3358)2891　FAX 03(3358)0037
URL https://www.kinzai.jp/

校正：株式会社友人社／印刷：株式会社日本制作センター

ISBN978-4-322-13858-0